Stefanie Holtkamp / Andrea Bergmann

Entdeckertouren mit dem Wohnmobil

Korsika

Die Anleitung für
einen Erlebnisurlaub

Der Wohnmobil-Verlag

MIX
Papier | Fördert gute Waldnutzung
FSC® C089473
www.fsc.org

9. vollständig neu recherchierte und verfasste Auflage – Februar 2024
ISBN 978-3-86903-039-5

Titelbild: Die roten Felsen der Calanche am Château Fort (Tour 7)
Bild in vorderer Klappe: In der Bucht von Propriano (Tour 5)

Reihen-, Umschlaggestaltung und Layoutprinzip/Satzvorgaben: www.martinveicht.de
Karten: Andrea Bergmann
Bildnachweis:
Adobe Stock: Seite 144 ©Alcel Vision, Seite 170 ©Harald Tedesco, Seite 226 (unten) ©Sérgio Nogueira, Seite 228 ©Travel World, Seite 242 ©J. Philippe Massard
Shutterstock: Seite 183 ©Hassan Bensliman
Alle weiteren Fotos: Stefanie Holtkamp
Druck: Beltz Grafische Betriebe GmbH, 99947 Bad Langensalza
Vertrieb: GeoCenter GmbH, 70794 Filderstadt
Herausgeber: WOMO-Verlag, An der Liethe 4, 36452 Kaltennordheim
Telefon +49(0)36946 20691 · verlag@womo.de · www.womo.de
GPS: N 50°36'38.2" E 10°07'55.6"
Autoren-E-Mail: holtkamp@womo.de

Einladung

Kallisté, die Schönste – diesen Namen gaben schon die alten Griechen der Insel Korsika. Île de Beauté, Insel der Schönheit, ist das moderne französische Pendant. Korsika verführt zu Superlativen. Strahlend weiße Strände mit türkisblauem Wasser umrahmt von sattgrünen Pinien säumen die Küsten. Im Süden trennen ausgewaschene Felsen aus Granit und rotem Porphyr die Sandbuchten, Taffoni nennt man die fantasievoll geformten Steine. Sie verzaubern die Küstenlandschaft zu einer malerischen Märchenwelt. Baden kann man auf Korsika so etwa von Mitte Mai bis in den Oktober. Die Hochsaison ist jedoch auf Juli und August konzentriert und außerhalb dieser Zeit ist es an vielen Stränden erfreulich still.

Doch wer das Meer nicht verlässt, verpasst das zweite, ebenso attraktive Gesicht der Insel: Im dünn besiedelten Landesinneren wartet ein wildes, ungezähmtes Gebirge mit knubbeligen Granitbergen, knorrigen, vom Wind geformten Laricio-Kiefern, schroffen Schluchten, viel Wasser und steinigen, aber sehr gut markierten Wanderpfaden. Sie führen auf hohe Gipfel, zu malerischen Bergseen und zu den vielen Bergbächen, die an manchen Stellen tiefe, glasklare Gumpen bilden, in denen man ebenfalls baden kann. Korsika ist auch ein Wanderparadies.

Unsere Lieblingsreisezeit für Korsika ist das Frühjahr und der Frühsommer. Dann blüht die Macchia, der raue immergrüne Pflanzenteppich, der einen großen Teil der Insel überzieht, und die ganze Insel duftet. Es ist angenehm warm und noch nicht zu voll. Für uns ist das einfach perfekt!

Und wann entdecken Sie die »Insel der Schönheit«?

Ihre
Stefanie Holtkamp und Andrea Bergmann

Inhaltsverzeichnis

Unsere persönlichen Top Ten

Bonifacio

Die Häuser der quirligen Festungsstadt Bonifacio thronen auf einer Klippe hoch über dem Meer. Eine Treppe mit 187 Stufen führt durch den Fels zum Wasser hinunter.
Tour 4, Seite 105

Filitosa, Cauria, Cucuruzzu

Steinreihen, Dolmen und torreanische Burgen – die Spuren der Vergangenheit reichen bis in die Bronzezeit. Einzigartig sind die Megalithskulpturen, die man in Filitosa gefunden hat. **Seite 71, 124, 138**

Traumstrände im Süden

Glasklares, türkis schillerndes Wasser, weißer Pudersand und dekorative Felsriegel – einige der Strände im Süden der Insel punkten an sonnigen Tagen mit beinahe karibischem Flair.
Tour 4

Die roten Felsen der Calanche

Rostrote, schroffe Felszacken, die steil aus dem tiefblauen Meer ragen – dieses ungewöhnliche Bild prägt die Landschaft im Golf von Porto, die zum UNESCO-Welterbe gehört.
Tour 7

Sant'Antonino und Pigna

Die alten Dörfer der Balagne mit gepflasterten Gassen und trutzigen Steinhäusern wirken komplett aus der Zeit gefallen. Pigna und Sant'Antonino sind unsere Favoriten.
Tour 8, Seite 234 und 235

... das sollten Sie nicht verpassen!

Wandern in den Bergen

Korsika ist eine Wanderinsel. Gut markierte Wege führen an den Küsten entlang und durch eine wenig berührte, atemberaubende Bergwelt mit Bächen, Seen und über 2000 Meter hohen Gipfeln.

San Michèle de Murato

Unter den alten romanischen Kirchen auf Korsika ist die kleine Kirche mit dem Zebramuster und den ausdrucksstarken Figuren in der Fassade unumstritten unsere Favoritin. **Tour 9, Seite 260**

Die alte Stadt Corte

Corte liegt mitten in den Bergen und ist die heimliche Hauptstadt der Insel. Die schmalen Gassen der urigen Altstadt führen hinauf zur Zitadelle, von der man das ganze Tal überblickt. **Tour 6, Seite 166**

Flusswandern

Korsikas Flüsse, die in den Bergen entspringen, bilden tiefe glasklare Gumpen, in denen man Baden kann. Auch Wasserwanderungen und Canyoning sind möglich und ein einmaliges Erlebnis. **Tour 7, Seite 217**

Korsischer Käse

Ob Brocciu, Tomme oder Weichkäse – korsischer Käse wird aus der Milch der Ziegen und Schafe hergestellt, die in den Bergen weiden und schmeckt einfach einzigartig. **Seite 295**

Gebrauchsanleitung

Reisegebiet

Korsika liegt eigentlich eher vor der italienischen Küste, gehört jedoch bereits seit 1769 zu Frankreich. 183 Kilometer sind es vom Cap Corse im Norden zum Capo Pertusato im Süden der Insel. Nur 83 Kilometer misst Korsika an seiner breitesten Stelle von Osten nach Westen und doch ist dieser Weg weit: Ein Gebirge trennt die Ost- von der Westküste. Der höchste Gipfel, der des Monte Cinto, ragt stolze 2.706 Meter über das Meer. 50 weitere Berge sind über 2.000 Meter hoch. »Gebirge im Meer« ist ein weiterer der vielen Kosenamen der Insel. Straßen auf der Insel sind selten eben und führen fast nie geradeaus. Wer sich auf die kurvige Fahrt durch die Berge einlässt, ist mit 30, höchstens 40 Stundenkilometern unterwegs. Korsika entschleunigt!

Während im Westen der Insel das Gebirge bis ans Meer reicht, erstreckt sich an der Ostküste vor dem Meer eine breite Ebene. Früher war sie ein malariaverseuchter Sumpf, heute ist sie trockengelegt und hier wird Obst und Gemüse angebaut. Für eine Mittelmeerinsel ist Korsika erstaunlich wasserreich. Etliche Flüsse und Bäche sprudeln aus den Bergen hinunter ins Meer und bilden auf dem Weg tiefe Gumpen, in denen man auch baden kann. Die Vegetation auf der Insel ist trotzdem eher karg. Die großen Steineichenwälder, die die Korsika einst bedeckten, wurden schon im Mittelalter abgeholzt und so wuchert zwischen den vielen Granitfelsen eine wilde, kratzige Vegetation aus Büschen und Sträuchern: die Macchia. Durch den hohen Gehalt an ätherischen Ölen ihrer Pflanzen ist die Macchia extrem feuergefährdet, sodass Brandschutz im korsischen Sommer ein wichtiges Thema ist. Offene Feuer sind überall verboten.

Korsika ist in zwei Departement unterteilt. Ajaccio ist mit etwa 70.000 Einwohnern die größte Stadt der Insel und die Hauptstadt des Departements Corse du Sud. Das zweite Departement Haute-Corse wird von Bastia aus verwaltet. Die alten korsischen Dörfer liegen nicht an der Küste, sondern in den Bergen. Viele weitere Infos zur Insel, zur Geschichte, den regionalen Spezialitäten, zum Wandern und zum Outdoorsport, aber auch zum Freistehen, das auf Korsika weitgehend verboten ist, finden Sie ab Seite 283, bei unseren Tipps und Infos.

Finden statt Suchen – der Aufbau eines WOMO-Buches:

Wenn dieses Buch Ihr erster Reiseführer der WOMO-Reihe ist, lesen Sie diese Gebrauchsanweisung bitte sorgfältig. Denn nur wenn Sie die Systematik und die Symbole des Buches verstehen, werden Sie sich von Anfang an gut zurechtfinden.

Die Karten im Buch bieten ein gutes Orientierungssystem. Die Basis dazu ist die **Übersichtskarte** hinten im Umschlag. Hier suchen Sie die passende Tour und wechseln dann zur **Tourenkarte,** in der alle Stellplätze und die wichtigsten Sehenswürdigkeiten eingetragen sind. Suchen Sie Informationen über einen bestimmten Ort, hilft Ihnen auch das **Stichwortverzeichnis**. Wichtige Ortsnamen sind im Text fett gedruckt und so gut zu finden.

Im blau unterlegten **Tourenkopf** stellt eine kurze Beschreibung die Route und ihre Highlights vor. Die Kilometerangaben erlauben eine erste Orientierung über die Länge der Tour.

Stellplätze, Farben und Nummern

Praktische Symbole zeigen die Art des »Stellplatzes« an:

001	**Offizieller Stellplatz**	von privater oder amtlicher Hand für Reisemobile – meistens über eine Preisangabe oder ein Wohnmobilsymbol – ausgewiesen
003	**Parkplatz**	für Übernachtung geeignet
P	**Parkplatz**	Übernachtung nicht möglich oder verboten
002	**Campingplatz**	

Auch die **Farbe** eines Stell- oder Parkplatzsymboles hat eine Bedeutung: **Blau** steht für eine nahe Bademöglichkeit in natürlichen Gewässern, einer Therme oder einem besonders interessanten Schwimmbad. **Grün** kennzeichnet einen Platz, an dem typischerweise Wanderungen beginnen und dort meistens beschildert sind. **Hellgelb** sind alle Plätze bei Winzern, Bauernhöfen oder Gaststätten, die nicht öffentliche Parkplätze sind. **Orangegelb** sind die Plätze ohne die vorgenannten Merkmale. Nur Plätze, die eine durchlaufende **Nummer** tragen, sind zur Übernachtung geeignet. Diese Plätze stehen meistens in einem **Stellplatzkasten** mit den wichtigsten Informationen. **Olivgrün** sind dort die Campingplätze.

Die Infos in den Stellplatzkästen

Die Plätze im Buch sind fortlaufend nummeriert. In jedem Stellplatzkasten finden Sie eine Kurzbeschreibung der Gegebenheiten vor Ort und Infos über die Ausstattung des Platzes mit Ver- und Entsorgung, Strom, WC, Dusche, Müll und WLAN. Kostenpflichtige Plätze haben zusätzlich die Kategorie »Preise«. Diese verändern sich besonders schnell und sie werden wahrscheinlich bei Ihrem Besuch nicht mehr stimmen. Wir nennen die Preise trotzdem, um Ihnen eine ungefähre Orientierung über die Preisklasse eines Stellplatzes und das übliche Preisniveau einer Region zu vermitteln. Der angegebene Preis bezieht sich auf ein Wohnmobil mit zwei Erwachsenen in der preiswertesten und in der teuersten Zeit.

»Max. WOMOs« und die freie Übernachtung auf Parkplätzen

Ein wenig speziell ist unsere Angabe der »max. WOMOs«, die Sie auch bei freien Übernachtungsmöglichkeiten auf Parkplätzen finden. Wir geben hier die Zahl der Wohnmobile an, die dieser Platz unserer Meinung nach verträgt. Es geht hier ganz ausdrücklich nicht darum, wie viele Wohnmobile auf diesen Platz passen würden, denn schließlich gibt es auch noch Einheimische und andere Touristen, die hier ebenfalls parken möchten.

Freie Übernachtungsplätze in einem Reiseführer sind eine sensible Sache, denn wenn diese zu stark frequentiert werden, gibt es schnell Probleme. Wenn Sie auf einem »freien Platz« übernachten, machen Sie sich also bitte bewusst, dass Sie sich hier auf einem öffentlichen Parkplatz befinden und verhalten sich entsprechend rücksichtsvoll. Dazu gehört, dass Sie platzsparend parken, Tisch und Stühle nur auspacken, wenn genug Raum ist und niemand gestört wird – und eben auch, dass Sie weiterfahren, wenn die maximale WOMO-Zahl erreicht ist. Freie Plätze, die mit zu vielen Wohnmobilen überlastet werden, tragen unserer Erfahrung nach innerhalb kürzester Zeit ein Verbotsschild.

Zufahrt

Der letzte Stichpunkt in den Tourenkästen ist die Zufahrt. In Zeiten der GPS-Navigation halten wir diese möglichst knapp – es sei denn, die Anfahrt zu einem Platz macht mit dem Navi Probleme.

Die GPS-Daten des Platzes sind ganz oben im Stellplatzkasten zu finden. Zur Angabe von GPS-Daten gibt es verschiedene Formate. Wir verwenden Grad, Minuten und Sekunden (hddd°

mm'ss.s"). Dieses Format müssen Sie vor dem Start an Ihrem Navi einstellen. Sie können die GPS-Daten aller Plätze kostenlos im Shop des WOMO-Verlags herunterladen (siehe Seite 294 und 312) und aufs Navi importieren oder auf einem Handy oder Tablet mit Apps wie zum Beispiel Maps.me, Locus Maps, Osmand oder auch Google Maps in eine digitale Karte übertragen. So haben Sie alle Stellplätze des Buches noch einmal auf einen Blick und in einer detaillierten Karte. Sie können sich auf dieser Karte zudem per GPS orten, was die Orientierung vor Ort sehr einfach macht. Für einige Apps gibt es auch Offline-Karten, die Sie unabhängig vom Handynetz machen.

Tipps und Infos

Die Tipps und Infos am Ende dieses Buches machen Sie mit den Besonderheiten der Reiseregion vertraut. Hier geht es um die spezielle Geschichte und Kultur Korsikas, um regionale Spezialitäten, Outdooraktivitäten und Wassersport, aber auch um praktische Dinge wie Internet, umweltgerechte Entsorgung oder das Freistehen. Außerdem finden Sie dort auch Tipps zur **Anreise**.

Reiseführer und der Zahn der Zeit

Bei den freien Übernachtungsplätzen und allen anderen Angaben kommt es im Laufe der Lebensdauer einer gedruckten Auflage immer wieder zu Veränderungen. Es lohnt sich deshalb stets ein kurzer Blick ins Forum des WOMO-Verlags (www.womo.de).

Wir versorgen Sie dort mit weiteren aktuellen Informationen. Sie können dabei helfen, Hinweise aktuell zu halten, indem Sie melden, wenn sich etwas (auch ein Restaurant, eine Sehenswürdigkeit oder ein Wanderweg) verändert hat, vor allem aber, wenn ein Platz nicht mehr existiert oder verboten ist, oder wenn Sie etwas Neues entdeckt haben. Sie erreichen uns über die Mailadresse holtkamp@womo.de.

Wir freuen uns über jede Zuschrift!

Tour 1

Nonza
D80
Erbalunga
D80
Tour 9
Patrimonio
BASTIA
Désert des Agriates
Saint-Florent
184
D81
D82
Ecomusée du Fortin
Oletta
001
Biguglia
D262
San-Gavino-di-Tenda
San Michele de Murato
Murato
T11
Santa Maria Assunta
T20
002
003
Casa Nostra
Golo
004
Ponte Novu
005
Ponte Leccia
San Tumasgiu
006
008
D615
009
Santa Maria di Riscamone
Morosaglia
Folelli
007
010
Schnellere Alternativroute
Park Galea
T20
Monte San Petrone 1767
011
Couvent d'Orezza
012
Piedicroce
Moriani-Plage
San Nicolao
013
014
Cervione
D71
Prunete
Tour 2
T10
Tavignano
Vivario
N
10 km

Biguglia und die Castagniccia

170 km

Unsere erste Tour macht Sie bekannt, mit zwei ganz unterschiedlichen Seiten der Insel. Wir besuchen die ersten schönen Badeplätze am langen Sandstrand der Ostküste und tauchen ein in die ungewöhnliche Geschichte der Insel. Das hier sind unsere Highlights:

- **Meerblick auf dem Camping San Damiano**
- **Cathédrale la Canonica und das antike Mariana**
- **Dörfer der Castagniccia**
- **Kapelle Santa Maria di Riscamone**
- **Klosterruine von Orezza**

Wenn wir im **Hafen von Bastia** von der Fähre rollen, zieht es uns immer zuerst ans Meer. Entweder aufs Cap Corse oder direkt gen Süden. Für dieses Buch haben wir uns für den Uhrzeigersinn entschieden und sausen zügig aus der Stadt, der Ostküste entgegen. Beschildert ist Aléria, Porto-Vecchio und Bonifacio. Gleich hinter der Hafenausfahrt halten wir uns auf der rechten Spur, denn die linke verschwindet nach wenigen hundert Metern in einem ersten *Tunnel* und der passt nur bis zu einer *Fahrzeughöhe bis 2,60 Meter*.

Rund um den Hafen von Bastia herrscht immer ziemlich viel Trubel und so nimmt man statt der Stadt erst einmal nur Autos wahr. Eigentlich hat **Bastia** so viel Ignoranz nicht verdient, denn dort wo die Rennstrecke in Richtung Süden im nächsten, diesmal mit vier Metern Höhe auch wohnmobiltauglichen Tunnel verschwindet, befindet sich die *Altstadt mit dem alten Fischerhafen* – und die ist durchaus einen Bummel wert. Aber wir verschieben den Stadtbesuch auf das Ende unserer Reise, denn der Ruf des Meeres ist gerade zu laut. Also: raus aus der Stadt!

TOUR 1

Wer im Juli oder August unterwegs ist, kann am Stadtrand von Bastia die allererste Brauerei Korsikas besichtigen. ***La Pietra*** ist ein wichtiger Bestandteil der Inselkultur und wahrscheinlich das einzige Bier der Welt, dass mit Kastanienmehl gebraut wird.

Der goldene Saft der Kastanie

Traditionell ist Korsika eine Weinregion. Bier gab es nicht auf der Insel – bis im Jahr 1992 Armelle und Dominique Sialelli eine Idee hatten. Der Funke sprang bei einem Konzert der Gruppe ***I Muvrini***. Zur korsischen Musik *ein korsisches Bier hätten sie gerne*, äußerten die beiden Gäste vom Festland an der Theke. Dumm nur, dass es das gar nicht gab.

Auf der Suche nach einem Projekt, das ihnen die Rückkehr nach Korsika erlauben würde – Dominique Sialelli stammt aus dem winzigen Dorf Pietraserena – war hier die zündende Idee. Nicht nur ein auf Korsika gebrautes Bier sollte es sein, sondern ein Bier mit dem Aroma der geliebten Insel. Zwei Jahre testete und entwickelte das Paar, dann war klar: Die Kastanie würde dem neuen Bier die besondere korsische Note geben. Ihre Eigenschaften erwiesen sich bei der Fermentierung als optimal. Ihr dunkles Mehl verleiht dem Bier eine satte Farbe, üppigen Schaum und einen kräftigen Geschmack. Zwei Jahre fraß die Planung des Projektes, bis dann 1996 in Furiani die erste Brauerei Korsikas ihre Tore öffnete.

Die Verarbeitung von Kastanien ist aufwendig: Sie werden auch heute noch von Hand gesammelt, von der stacheligen Hülle befreit und im *Fugone* über einem Feuer aus Kastanienholz getrocknet. Nur einwandfreie Früchte werden dann zu Kastanienmehl zermahlen. Das Mehl für ***La Pietra*** kommt aus der Castagniccia und sorgt damit für Arbeit in einer der strukturschwächsten Regionen Korsikas. In der Brauerei vermengt man es mit frischem korsischem Quellwasser und Malz zur Maische. In einem langwierigen Verfahren wird erhitzt, gekocht und Hopfen zugesetzt und dann muss die Flüssigkeit gären. Am Ende der Fermentierung, die insgesamt drei Wochen dauert, wird das Bier gefiltert, bis es seine schöne klare goldgelbe Farbe erhält. Anschließend muss es ohne Luftkontakt, der es verderben würde, in handliche Portionen verpackt werden.

Nicht nur ein auf Korsika gebrautes Bier sollte es sein, sondern ein Bier mit dem Aroma der geliebten Insel.

Heute wandert das La Pietra in schlanken zierlichen 25 cl Flaschen über wirklich jede Theke der Insel. Zum Klassiker Pietra ambrée hat sich inzwischen ein helles Pietra bionda und das naturtrübe Colomba mit Aromen der Macchia gesellt. Das Serena schließlich, ist ein korsisches Bier ohne Zusatz von Kastanie. *Auf Korsika ist La Pietra Kult*, gleichermaßen bei Einheimischen und Gästen – erfolgreicher könnte das Konzept des Ehepaares Sialelli kaum sein. Sie reinvestieren in den Umweltschutz und entwickeln neue Produkte: Corsicacola und Limunata heißen die ersten alkoholfreien Produkte der Brasserie. 2021 hat der Sohn die Brauerei übernommen und setzt weiterhin auf Innovation *(Juli und August, Mo bis Fr 9.30–12 und 14–17.30 Uhr; N 42°39'13.8", E 9°26'35.9"; www.brasseriepietra.corsica).*

So schnell wie möglich verlassen wir die vierspurige Straße – die einzige auf der ganzen Insel übrigens – und verziehen uns auf die lang gezogene Nehrung zwischen dem **Étang de Biguglia** und dem Mittelmeer. *Das Gebiet um Korsikas größte Lagune steht unter Naturschutz* und ist im Winter ein Zufluchtsort für Wasservögel. Manchmal trifft man hier auch auf Flamingos. Der fischreiche See ist nur durch einen schmalen Sandstreifen vom Meer getrennt. Auf der Meerseite erstreckt sich der Hausstrand Bastias, der Lido de Marana. Wer sich für das Ökosystem des Étang de Biguglia interessiert sollte zuerst einen Abstecher zum **Ecomusée du Fortin** machen, das sich auf der Landseite der Lagune auf einer kleinen Insel befindet.

Ecomusée du Fortin

Das Fortin auf dem Inselchen im See ist nur über einen Holzsteg zu erreichen. Das Gebäude selbst ist gute dreihundert Jahre alt und stammt aus der Zeit, in der Korsika von den Genuesen besetzt war. 2011 hat man die Ruine restauriert. Heute ist dort eine Ausstellung über die Tierwelt im Naturschutzgebiet und den traditionellen Fischfang in der Lagune zu sehen. Die Fische werden auf dem Weg zu ihren Laichplätzen abgefangen und in Fallen getrieben oder mit fest installierten Netzen aus dem See geholt. Auch einige der auf dem See verwendeten flachen Boote sind zu sehen.

Die Zufahrt führt über eine schmale, teilweise einspurige Asphaltstraße und ist für sehr große Wohnmobile nicht geeignet. Der Parkplatz befindet sich ein kleines Stück vom Museum entfernt an der zugehörigen Grünanlage (N 42°38'37.8", E 9°26'38.7"). Von dort geht es dann zu Fuß nach links durch den Park in zehn Minuten zum Ecomusée du Fortin *(Mo bis Sa 9–17 Uhr, € 2)*.

In der Lagune von Bigulia sind manchmal auch Flamingos zu sehen.

Bei der **Fahrt über die Landzunge** verläuft die Straße auf der Lagunenseite, das Meer ist ein Stück entfernt. Fahrwege führen nach links durch die Macchia zum Strand, fast alle sind jedoch mit Höhenschranken versperrt. Nur eine Zufahrt war bei unserem Besuch passierbar, hier fehlte der Balken zwischen den Pfosten (N 42°39'04.3'', E 9°27'10.6''). Wir fürchten nur, dass die Höhenschranke schneller repariert ist, als unser Buch gedruckt. Nur mit Vans unter 2,20 Meter Höhe kommen Sie auf die anderen Parkplätze hier am Strand. Für höhere Campervans und Wohnmobile gibt es etwas weiter eine gute, im Sommer allerdings immer gut besuchte, Alternative. Auf dem Camping San Damiano liegt die erste Reihe der *Stellplätze mit Meerblick* fast direkt im Sand. Wir empfehlen bereits ab Juni eine Reservierung.

001 Biguglia – *Camping San Damiano*

GPS/Kontakt: N 42°37'44.0", E 9°28'01.9", Lido de la Marana, Tel. 0033 (0)495336 802; www.campingsandamiano.com. **Öffnungszeit:** April bis Anfang November. **Ausstattung:** Ver- und Entsorgung, Pool, WLAN, gut sortierter Supermarkt, Restaurant am Strand. **Beschreibung:** Tolle Lage auf dem Sandstreifen zwischen Meer und Lagune. Einige Plätze mit Meerblick direkt hinter dem Strand, der sich auch für kleine Kinder gut eignet, da es sehr sanft ins Wasser geht. In Sichtweite der Stadt Bastia und in der Einflugschneise des Flughafens, der am unteren Ende des Étang de Biguglia liegt. Animation im Juli und August. **Preise:** 13,40–40 €, Strom 4,30–10 €, Meerplätze mit Aufschlag. Camperstop von 18–10 Uhr, 10–22 € plus Strom. Eingecheckt wird – mit Unterstützung des Campingplatz-Teams – an einem Automaten. **Zufahrt:** Der Platz liegt neun Kilometer südlich von Bastia auf dem schmalen Sandstreifen zwischen dem Étang de Biguglia und dem Meer. Die Zufahrt ist an der einzigen Straße kaum zu übersehen.

Wer nur baden möchte, kann sein Glück in **Mariana-Plage** versuchen. Außerhalb der Saison gibt es dort einige Parkplätze am Straßenrand. Mit einem kompakten Wohnmobil ist der kostenpflichtige private Parkplatz rechts eine Alternative. Das massive Tor öffnet sich, wenn man heranfährt. Der Platz ist großzügig angelegt, es gibt aber nur PKW-Buchten.

Wir schwenken jetzt am unteren Ende des Sees von der Küste wieder ins Landesinnere und halten dabei auf den Flughafen von Bastia zu. Links an der Straße steht hier *ein unauffälliges Steingebäude mit einer langen Geschichte*. Mit ihren groben, unverputzten Mauern wirkt die alte Kirche ***Santa Maria Assunta*** zuerst einmal etwas ruppig. Es lohnt sich jedoch, genauer hinzusehen. Dazu parkt man am besten vor der Kirche (N 42°32'21.5", E 9°29'41.4").

Stellplatz mit Meerblick auf dem Camping San Damiano

TOUR 1

Cathédrale La Canonica (Santa Maria Assunta)

Im Mündungsgebiet des Golo steht neben der Ausgrabung der alten römischen Siedlung Mariana die ehemalige *Kathedrale Santa Maria Assunta.* Erbaut in der romanischen Epoche zu Beginn des 12. Jahrhunderts gilt *La Canonica*, wie das alte Gotteshaus meist genannt wird, als eine der ältesten Kirchen der Insel. Die Wände des wuchtigen Gebäudes bestehen aus verschiedenfarbigen Steinblöcken, ansonsten ist *Santa Maria Assunta* weitgehend schmucklos. Nur ein Fries mit ausdrucksstarken Tierfiguren ziert den Eingang. Zwischen Mai und September ist das Portal tagsüber geöffnet. Die Kirche steht auf den Resten der römischen Ansiedlung Mariana, die damals einer der beiden wichtigsten Handelshäfen an der Ostküste Korsikas war. 200 Meter weiter führt links ein Schotterweg zu einer zweiten Kirche. *San Parteu* ist noch einige Jahre älter, aber nicht im besten Zustand.

Schaut man von ***La Canonica*** über die Wiese in Richtung Norden, fällt dort ein merkwürdiges Gebäude auf. Auf den ersten Blick wirkt der *kantige Neubau des archäologischen Museums* mit seinen klaren Linien wie ein Fremdkörper in der Landschaft. Von innen entfaltet das Museumsgebäude aber durchaus seine Wirkung. Eine große Glasfläche integriert die dort ausgestellten Fundstücke quasi in die umliegende Landschaft, in der einmal das alte Mariana stand.

Musée archéologique de Mariana

Das 2021 neu eingerichtete Museum zeigt Fundstücke von der prähistorischen Zeit bis ins Mittelalter. Viele stammen aus der Ausgrabungsstätte der römischen Siedlung Mariana. Darunter sind Küchengeräte, Keramik und sehr gut erhaltene Mosaike aus römischen Villen.

An interaktiven Stationen wird die Geschichte Korsikas anschaulich erklärt. Besonders plastisch fanden wir die sich wandelnden Karten, die zeigen wie sich die Machtverhältnisse im Mittelmeerraum in den letzten 4000 Jahren immer wieder verändert haben – von der Antike, als die griechischen Seefahrer erste Handelsstützpunkte errichteten, über die Ausbreitung des Römischen Reiches, bis zu der Zeit, in der die Stadtrepubliken Genua und Pisa ihren Einflussbereich bis nach Korsika ausdehnten *(Di bis So 10–19 Uhr, 7 €; www.musee-mariana.com)*.

Kurz hinter Kirche und Museum hält unsere Route auf den **Flughafen von Bastia** zu, führt an der Start- und Landebahn vorbei und trifft wieder auf die hier immer noch vierspurige »Rennstrecke« in den Süden. Wir könnten sie gleich wieder verlassen für einen Ausflug in die grünen Berge der Castagniccia. *Für alle, die noch ein bisschen Meer brauchen*, bevor sie Berge spannend finden, stellen wir aber zuerst noch einige Plätze vor, an denen Sie besser an die Küste und an den Strand kommen als auf der Nehrung von Biguglia. Der Weg von der Küstenstraße bis zum Meer ist hier etwas weiter, sodass es an diesem Strandabschnitt relativ ruhig ist. Es gibt hier auch noch Plätze, die sich (außerhalb der Hochsaison) zur freien Übernachtung eignen.

Eine erste Stichstraße landet ein Stück unterhalb der **Golo-Mündung** am Meer. Hier ist neben einer mit neuen Häuschen bebauten Ferienanlage eine schicke Strandbar entstanden. Ein Teil des Parkplatzes ist mit Höhenschranken versehen, davor gibt es aber auch noch einige Parkplätze für Wohnmobile. Der Strand ist hier breit und einladend.

Die Strandbar an der Plage du Cap Sud

002 Plage de Cap Sud – N 42°30'49.8", E 9°31'46.8"

Die nächste Stichstraße bringt uns nur wenige Kilometer weiter zur **Marina di Sorbo**. Etwa 50 Meter vor dem geschotterten Parkplatz an der Strandbar liegt links der Straße ein kleiner Parkplatz in einem Eukalyptuswäldchen. An den Wochenenden treffen sich hier die Einheimischen zum Picknick. Unter der Woche ist es, zumindest in der Nebensaison, erfreulich ruhig, sodass auch eine Übernachtung denkbar ist.

003 Marina di Sorbo – N 42°29'27.5", E 9°31'42.6"

An der gleichen Stichstraße zum Meer liegt in ruhiger Alleinlage auch noch ein Campingplatz direkt am Strand.

004 Sorbo-Ocagnano – *Camping Europa Beach*

GPS/Kontakt: N 42°29'01.7", E 9°31'49.1", Route de la mer, Tel. 0033 (0)495364428; corsicacamping-europabeach.fr. **Öffnungszeit:** Mitte Mai bis Anfang Oktober. **Ausstattung:** Ver- und Entsorgung, Bäckerwagen am Morgen, Laden, Bar. **Beschreibung:** Ruhiger, einfacher Wiesenplatz mit vielen großen Bäumen, direkter Zugang zum Strand, der auch im Sommer nicht überfüllt ist. Die Sanitäranlagen sind schon älter und äußerst einfach, aber sauber. **Preise:** 26 €, Strom 5 €. Nur Barzahlung! **Zufahrt:** Auf der Stichstraße zur Marina di Sorbo immer geradeaus fahren, bis sie sich kurz vor dem Meer am Feriendorf Marina di Sorbo teilt. Dort rechts der Beschilderung zum Camping Europa Beach folgen.

Eine dritte Stichstraße bringt Sie zur **Plage d'Anghione**. Hier führte noch vor wenigen Jahren ein Fahrweg an der Küste nach Süden, an dem es viele Plätze für Camper gab. Aus der Straße ist inzwischen ein Fußweg geworden und aus dem Küstenstreifen ein Naturschutzgebiet. Ende April war der Parkplatz direkt an der Plage d'Angione noch ein stilles kleines Paradies. In der Saison kann man dann auf einen Parkplatz im Pinienwäldchen rechts an der Zufahrtsstraße ausweichen und kommt so gut zum Baden ans Meer. Das Freistehen wird von den Einheimischen aber auch hier nicht gerne gesehen. Während der Badesaison raten wir daher, den Platz nur tagsüber zu nutzen.

005 Plage d'Anghione – N 42°28'20.2", E 9°32'05.9"

Angeln und Baden an der Marina di Sorbo

Wenige hundert Meter weiter südlich liegt auf der anderen Seite des neuen Naturschutzbereiches ein Campingplatz mit vielen Häuschen und einem Extrabereich für Wohnmobile, der jetzt nur noch von der Südseite erreichbar ist.

006 Folleli – *Camping Marina di Casinca*

GPS/Kontakt: N 42°27'54.9", E 9°32'01.5", Penta di Casinca, Tel. 0033 (0)495365387; camping-marina-di-casinca.jimdosite.com. **Öffnungszeit:** Ganzjährig. **Ausstattung:** Ver- und Entsorgung. **Beschreibung:** Schön angelegter Platz mit Häuschen. Im hinteren Bereich gibt es für Wohnmobile ein separates Gelände mit WC, Duschen und Spülbecken. Sehr gepflegt und ruhig, etwa 500 Meter von einem Sandstrand entfernt. **Preise:** 14 €, Strom 4 €. **Zufahrt:** Der Platz ist an der Uferstraße beschildert und führt über schmale Sträßchen zwischen Obstplantagen hindurch und über zwei schmale Brücken ohne Geländer. Vorsicht, unser Navi kannte nur die alte Zufahrtsstraße von der Plage d'Anghione und war bei der Anfahrt wenig hilfreich. Die Zufahrt zweigt erst 1700 Meter weiter südlich von der Uferstraße ab.

Rechts von uns sind jetzt schon einen ganze Weile die **Berge der Castagniccia** zu sehen. Steile grüne Hänge mit *trutzigen verschachtelten Dörfern, erbaut aus Schiefer und Granit und umgeben von tausenden Kastanien* bestimmen das charakteristische Bild dieser Bergregion. Erstaunlich große Kirchen und stattliche Häuser zeugen von vergangenem Reichtum. Die abgelegenen Dörfer, weit entfernt vom Meer und vom lukrativen Tourismus, bröckeln heute langsam vor sich hin und entvölkern sich Jahr für Jahr mehr.

Mehrstöckige Häuser aus grauem Stein gruppieren sich auf den Kuppen der grünen Hügel zu trutzigen, leicht finster wirkenden Dörfern.

Die Castagniccia

In der Castagniccia wurde korsische Geschichte geschrieben. Pascal Paoli, der Korsika in seine einzige längere Phase der Eigenständigkeit und Unabhängigkeit führte, erblickte in Morosaglia das Licht der Welt. Er wird auf Korsika heute noch als Held verehrt. Im Kloster von Orezza wurde 1735 erstmals die Unabhängigkeit Korsikas ausgerufen und im Kloster von Alesani krönte man den Abenteurer Theodor von Neuhoff zum einzigen König, den Korsika je hatte.

Brotbaum nannte man die Edelkastanie im Mittelalter – Kastanien waren ein wichtiges Grundnahrungsmittel.

Die mächtigen Kirchen in den Dörfern sind letzte Zeugen der Macht und des Reichtums, dessen Basis die Kastanien waren. Auf der kargen Insel wuchs wenig Getreide, die Kastanien gediehen an den steilen Hängen jedoch prächtig. Kastanienmehl war zur Zeit Paolis das Grundnahrungsmittel. Man buk daraus Brot und Kuchen und verarbeitete es zum nahrhaften Brei mit dem Namen Pulenta. Nirgendwo wuchsen mehr Kastanien als in den grünen Bergen östlich von Corte. Mit der Bedeutung der Kastanie verschwand auch der Reichtum, sodass die Castagniccia heute zu den am dünnsten besiedelten Regionen Korsikas gehört. Inzwischen sind viele der alten Kastanienbäume krank und sterben ab, was die Castagniccia erneut verändern wird.

Zwei gut ausgebaute Straßen, die sich prima zu einer Rundfahrt verbinden lassen, erschließen die grünen Berge. Wer diese Hauptstrecken verlässt, findet sich schnell auf einspurigen, löchrigen Sträßchen wieder. Weitere Abstecher zu den kleinen Dörfern sind daher nur Abenteuerlustigen mit wendigen Campervans, die auch durch enge Dorfstraßen passen, zu empfehlen. Wir beginnen unseren Ausflug in die Castagniccia über das leicht zugängliche Golo-Tal und kehren dann auf der kurvigeren der beiden Castagniccia-Straßen zur Küste zurück.

Badeplatz am Torrent de Cipetto

Durch das Golo-Tal nach Ponte Novu

Auch am Golo wurde korsische Geschichte geschrieben. Im kleinen Ort **Ponte Novu** stehen noch die Reste einer hübschen *Steinbogenbrücke aus dem 17. Jahrhundert*. Für Korsika hat sie eine wichtige Bedeutung, denn an dieser Brücke verlor das Heer Paolis 1769 seine letzte Schlacht gegen die Franzosen. Dies bedeutete das Ende der jungen Republik. Seitdem gehört Korsika zu Frankreich. Zerstört wurde die Brücke allerdings nicht in dieser Schlacht, sondern erst im Zweiten Weltkrieg. Deutsche Soldaten sprengten sie beim Rückzug von der Insel.

Die Straße durch das **Golo-Tal** ist gut ausgebaut und führt ziemlich eben an einer felsigen Rinne entlang, in der tief unten der Fluss sprudelt. Auf halbem Weg nach Ponte Novu lohnt am **Torrent de Cipetto** ein *Stopp zum Baden* oder für eine Pause am Flussufer. Links der Straße markiert eine große Parkbucht (N 42°30'37.6'', E 9°20'20.2") die richtige Stelle. Über einen steilen Pfad kann man hier zum Wasser hinunterklettern. Unten wartet eine kleine Kiesbank, die von seltsam geformten Steinen eingerahmt ist.

Das Village imaginaire de Carriolu

Unser nächster Stopp ist dann schon **Ponte Novu**, das neben der geschichtsträchtigen Brücke noch eine kleine Überraschung bereithält. Jean-Claude Marchi, einer der Einwohner des Ortes, hat vor seinem Haus in liebevoller Kleinarbeit *ein typisches korsisches Dorf in Miniatur* gebaut. Ein genuesischer Turm, eine Kirche, eine Kapelle, eine Mühle, eine Steinbrücke und sogar ein Waschhaus sind hier zu entdecken. Alles ist winzig und alle Häuser sind aus den Steinen der Region erbaut. Etwa eine Woche brauchte der Künstler für ein Haus. Das erste entstand 1997. Das wachsende Mini-Dorf entwickelte sich schnell zur beliebten Attraktion bei jenen, die eigentlich wegen der Brücke kamen. Etwa zehn Jahre dauerte es, bis das kleine Dorf Carriolu fertig war.

Wenn Sie in Ponte Novu schon vor der neuen Brücke links an der Straße am Parkplatz mit den Wertstoffcontainern und den Picknicktischen halten (N 42°29'16.1'', E 9°16'56.2''), finden Sie das Miniaturdorf direkt gegenüber auf der anderen Straßenseite. Hier geht es auch hinunter zum *Aussichtspunkt an der Bogenbrücke*. Dort unten können Sie ebenfalls parken, wenn ihr Wohnmobil nicht zu allzu groß ist, und mit bestem Blick auf die Brücke eine Pause machen (N 42°29'13.4'', E 9°16'51.4'').

An der Ponte Novu verlor Paoli die letzte Schlacht gegen das französische Heer und die korsische Unabhängigkeit war Geschichte.

Bevor Sie jetzt weiterfahren, steht eine Entscheidung an. Fans schmaler Bergstraßen können uns hier auf eine kleine **»Abkürzung« quer durch die Castagniccia-Berge** folgen. Das lohnt sich einmal wegen der schönen, aber kurvenreichen Strecke und zum anderen wegen *zwei kleinen, ziemlich unbekannten Sehenswürdigkeiten*. Die Route ist streckenweise einspurig, schraubt sich manchmal ohne Leitplanke in vielen Kurven durch die Berge und macht daher nur mit handlichen Wohnmobilen Spaß. Wer keine Lust auf allzu schmale Bergsträßchen hat, fährt weiter bis Ponte Leccia und biegt erst dort nach Morosaglia ab.

Wir fahren 1300 Meter hinter Ponte Novu links über Bahnschienen und hinauf in die Berge. 4,5 Kilometer weiter signalisiert rechts am Straßenrand ein weißes Schild den Weg zur Ruine der ***Kapelle Santa Maria***. Gegenüber kann man in einer asphaltierten Bucht an der Straße parken (N 42°27'17.8", E 9°16'38.5"). Zur Kapelle läuft man von hier etwa 15 Minuten.

Die Ruine der Kapelle Santa Maria di Riscamone

Wir folgen dem Schotterweg aufwärts und an einem Haus vorbei bis auf eine Anhöhe. Hier führt, markiert mit einem Wanderschild, ein ausgewaschener Pfad den Berg hinab. Er endet an einer Lichtung, auf der links die Reste von zwei Steingebäuden stehen. Sie sind eingezäunt, um die alten Gemäuer vor den frei laufenden Ziegen, Kühen und Schweinen zu schützen. Das Metalltor lässt sich öffnen (und wieder schließen), sodass wir die Ruinen auch aus der Nähe betrachten können. Rechts stehen die dachlosen Reste der alten Kapelle, deren Bau man auf das 5. Jahrhundert datiert. Zwischen dem 6. und dem 9. Jahrhundert wurde sie erweitert und umgebaut. Die heute noch sichtbaren Mauerreste stammen aus dem 12. Jahrhundert, genau wie die ***Taufkapelle Saint-Jean-Baptiste*** auf der linken Seite. Sie ist eigentlich das interessantere Gebäude. Der Grundriss

An der Kapelle Santa Maria di Riscamone

ist achteckig und dort, wo einst die Portale zu finden waren, hat man die halbrunden Bögen aufgestellt, die wohl früher als Fries über dem Eingang zu sehen waren. Das erste zeigt eine Schlange, die sich selbst in den Schwanz beißt. Das zweite Relief stellt Adam und Eva unter dem Apfelbaum dar und ist wunderbar ausdrucksstark. Das Ensemble steht zudem in der völligen Einsamkeit an einem zauberhaften Platz mit alten Korkeichen. Hier kann man gut einige Zeit verbringen und die Ruhe genießen. Wer dafür empfänglich ist, findet hier definitiv einen der besonderen Orte, die gerne als »Kraftplatz« bezeichnet werden.

Wir fahren weiter in Richtung Morosaglia. Unser Sträßchen *legt jetzt noch einmal etwas zu in Sachen Dramatik* und schraubt sich in engen Serpentinen den Berg hinauf. Auch mit unserem kleinen Campingbus ist definitiv der Einsatz des ersten Ganges angesagt. Oben angekommen treffen wir auf eine Kreuzung. Rechts geht es nach Morosaglia, links in Richtung Castello-di-Rostino. Wer sich für *alte Fresken* interessiert, nimmt hier noch den etwa fünf Kilometer langen Abstecher zum Weiler **Baranciasche** und zur kleinen Kapelle ***San Tumasgiu*** (Saint-Thomas) mit. Wir erreichen das Dorf, durchqueren es auf der schmalen Hauptstraße und folgen den Schildern zur Kapelle, die in einem Friedhof steht. Vor dessen Mauer befindet sich ein kleiner Parkplatz für drei bis vier Fahrzeuge (N 42°28'10.2", E 9°18'47.5"). Der Platz reicht gerade, um auch ein Wohnmobil zu wenden.

TOUR 1

Kapelle Saint-Thomas

Die kleine Kirche stammt aus der romanischen Epoche und ist von außen völlig unspektakulär. Was sie bekannt gemacht hat, sind die Fresken aus dem 15. Jahrhundert in ihrem Inneren. Besonders eindrucksvoll ist der Altarraum, aus dem uns ein riesiger Jesus mit gütigem Blick betrachtet. Schaut man sich genauer um, kann man hier noch den heiligen Michael im Kampf mit einem Drachen, Fegefeuer und Hölle sowie weitere Bibelszenen entdecken.

An der Tür der Kapelle steht eine Telefonnummer, sollte die Tür verschlossen sein. Wir hatten Glück: Schon bei unserer Ankunft wehten sanft getragene Töne über den Friedhof. In der Kapelle probte gerade ein A-Capella-Quartett, zwei Frauen und zwei Männer. Wir durften trotzdem hinein und erlebten nicht nur die Fresken in einem ganz besonders stimmungsvollen Augenblick, sondern konnten uns auch von der ungewöhnlich guten Akustik der Kapelle überzeugen.

Von Saint-Thomas geht es zurück zur letzten Kreuzung und weiter nach **Morosaglia**. Wenn Sie vor der nächsten Sehenswürdigkeit eine Pause brauchen: *Einige Buchten an der Straße ermöglichen vor und hinter Morosaglia einen Stopp mit bester Aussicht neben der mäßig befahrenen Straße.*

Das Dorf ist schnell durchquert und links am Ortsausgang treffen wir dann auf das **Elternhaus Pascal Paolis**, das besichtigt werden kann. Parkplätze gibt es rechts an der Straße (N 42°26'16.2", E 9°18'34.5").

Museo Pasquale Paoli

Im Elternhaus Pascal Paolis in Morosaglia ist heute ein Museum eingerichtet. Ein kurzer Film (auch auf Deutsch) berichtet über das Leben des außergewöhnlichen Mannes und im originalgetreu hergerichteten Haus sind Möbel, Waffen und Dokumente aus dem Besitz Paolis zusammengetragen *(Mai bis September täglich 8–12 und 13–18 Uhr, im Winter nur bis 17 Uhr und am Sonntag geschlossen. 2 €).*

Pascal Paoli – Held des korsischen Widerstandes

U Babbu di a Patria – Vater des Vaterlandes – mit diesen Namen ehrt man Pascal Paoli in seiner Heimat. Außerhalb Korsikas ist der Mann dagegen fast unbekannt. Seine Geschichte ist jedoch bemerkenswert.

Pascal Paoli kommt am 6. April 1725 als jüngster Sohn einer angesehenen Familie in Morosaglia in der Castagniccia zur Welt. Der kleine Pascal wird in eine unruhige Zeit geboren: Die genuesischen Gouverneure verwalten die Insel schlecht. Hohe Steuern quälen die korsische Bevölkerung, die Küsten sind unsicher und ein funktionierendes Rechtssystem existiert nicht. Stattdessen regiert die Vendetta, die Blutrache, die Dörfer. 1729 provoziert dann eine neue Steuer einen Aufstand. 1735 proklamiert eine Versammlung in Orezza die Unabhängigkeit Korsikas. Hyacinthe Paoli, Pascals Vater, ist einer der drei gewählten Anführer. Die schlechte Ausrüstung der Rebellen lässt den Aufstand jedoch schnell verpuffen. Paoli geht ins Exil nach Neapel, seinen Sohn Pascal nimmt er mit.

Was wie eine Tragödie klingt, wird für den 14-jährigen Pascal zum Glücksfall. Er besucht in Neapel die Militärschule und beschäftigt sich mit den Ideen der Aufklärung und der politischen Philosophie Montesquieus. Als in seiner Heimat erneut ein Aufstand ausbricht, ruft man den 30jährigen nach Korsika zurück. Er setzt sich gegen seinen Kontrahenten Mariu Matra durch und abermals weichen die Genuesen vor den korsischen Aufständischen in die Küstenstädte zurück.

1755 entsteht unter der Führung Paolis eine der ersten Republiken Europas mit demokratischen Strukturen.

Dieses Mal hält der Erfolg an: 1756 erhält Korsika seine neue Verfassung. Corte wird Hauptstadt und Paoli beginnt seine *bahnbrechend neuen Ideen* umzusetzen. Er installiert das Prinzip der Gewaltenteilung und lässt ein nationales Parlament wählen. Das Wahlrecht gilt für alle Korsen über 25 Jahren – Männer und Frauen. Mit fester Hand unterbindet er die Vendetta, die die Insel immer wieder ihrer fähigsten Männer beraubt. Erstmals bekommt das korsische Volk Zugang zu Landbesitz und Schulbildung. In Corte entsteht die erste Universität der Insel, die die zukünftige politische Elite ausbilden soll. So entwickelt sich bereits 1755, während der Rest Europas noch fest in der Hand von Monarchen liegt, auf der kleinen Mittelmeerinsel Korsika eine Republik mit demokratischen Strukturen.

Die junge Demokratie erregt Aufmerksamkeit. Der englische Schriftsteller James Boswell widmet ihr das Buch *An account of Corsica*. Auch der französische Philosoph Jean Jacques Rousseau, dessen Gedanken wenig später die Basis der Französischen Revolution sein werden, unterstützt die Ideen Paolis. Doch das korsische Glück ist nicht von langer Dauer: Am 9. Mai 1769 unterliegen die Truppen Paolis bei Ponte Novu der französischen Armee und die junge Republik ist am Ende. Paoli geht nach England ins Exil und wird im Kreis der Intellektuellen seiner Zeit in Ehren empfangen.

Zwanzig Jahre später ist Frankreich in Aufruhr. *Am 14. Juli 1789 stürmt das Volk die Bastille* und Paoli kehrt als Präsident des neuen Departements Korsika in seine Heimat zurück. Schnell gerät er in die Wirrungen der radikaler werdenden Französischen Revolution. Sein Kurs ist gemäßigt, sodass er 1772 als Revolutionsgegner zum Staatsfeind erklärt wird. Paoli sucht Hilfe in England und erkämpft mit dessen Unterstützung eine Republik unter englischen Protektorat im Norden der Insel. An deren Spitze stellt England jedoch den Vizekönig Sir Gilbert Elliot. Paoli wird nach England zurückbeordert und stirbt zehn Jahre später am 5. Februar 1807 in London.

Wenn es jetzt später geworden ist als geplant und Sie den Weg zur Küste zurück nicht mehr fahren wollen, bietet am **Col de Prato** ein Wiesenplatz rechts an der Straße die Möglichkeit über Nacht zu parken. Am Pass öffnet im Sommer eine Pizzeria, außerhalb der Saison ist hier oben wenig los. Hier beginnt außerdem auch der Aufstieg auf den **Monte San Petrone**, den höchsten Gipfel der Castagniccia, den wir aber selbst noch nicht gemacht haben.

007 Col de Prato – N 42°25'38.5", E 9°19'54.2"

Aufstieg Monte auf den Monte San Petrone

Gehzeit: 5–6 h, 14 km, Hm 720. Der Weg ist markiert und beginnt an den Gebäuden auf dem Pass. Eine detaillierte Wegbeschreibung finden Sie zum Beispiel in den Wanderportalen Outdooractive und Komoot.

Wir fahren weiter und treffen nach einigen Kilometern auf eine üppig sprudelnde **Quelle** (N 42°23'54.9", E 9°20'45.6") in einer Linkskurve am rechten Straßenrand. In der nächsten Kurve kann man in einer größeren Bucht unproblematisch halten und ein paar Schritte zurücklaufen, um den Trinkwasservorrat aufzufüllen.

Noch ein paar Kurven weiter begegnen wir erneut einem Ort, der für heimatverbundene Korsen große Bedeutung hat. Die Ruine des Klosters ***Couvent d'Orezza*** bröckelt gewaltig. Einige Jahre war sie abgesperrt und das Betreten verboten. Bei unserem letzten Besuch warnten nur noch einige Schilder vor dem baufälligen Zustand der alten Mauern. Einsturzgefährdet ist die überaus malerische Ruine aber immer noch (N 42°22'56.1", E 9°21'56.7").

Das Passieren von schmalen Ortsdurchfahrten ist in der Castagniccia nicht zu vermeiden.

Couvent d'Orezza

1458 von Franziskanern gegründet hat das Kloster von Orezza viele Jahre korsischer Geschichte gesehen. Wo heute Kühe zwischen bröckelnden Mauern im Schatten dösen wurde der Aufstand der Korsen gegen Genua von der Kirche für heilig und gerecht erklärt. 1735 riefen die Aufständischen hier die Unabhängigkeit Korsikas aus und auch Paolis Verfassung, die erste demokratische Verfassung Europas, wurde im Jahre 1755 im Kloster von Orezza besiegelt. Anfang des 19. Jahrhunderts wurde das Kloster verlassen. Im Zweiten Weltkrieg nutzte die italienische Armee die Kirche als Munitionsdepot und so fielen 1943 die altehrwürdigen Mauern unter dem Beschuss der deutschen Luftwaffe. Eine Initiative zur Renovierung des Gebäudes scheiterte. Und auch der Status als *Monument historique* wurde dem Kloster verweigert. Seine besondere Bedeutung für den korsischen Widerstand dürfte wohl durchaus ein Grund dafür sein.

Die Kirche von Piedicroce

Piedicroce, das nächste Dorf an der Strecke, ist heute das verkehrstechnische Zentrum der Castagniccia. Hier kreuzen sich die drei gut ausgebauten Straßen, welche die Berge durchschneiden. Links ginge es jetzt in Serpentinen hinunter zur Quelle des korsischen Tafelwassers ***Orezza*** und dann undramatisch durchs Tal des Fium'Alto zurück zum Meer. Wer im Ort rechts fährt, kurvt noch einige Zeit weiter durch die grünen Berge. Auf vielen Bergkämmen gruppieren sich hier die trutzigen mehrstöckigen Häuser mit Schieferdach zu kleinen Weilern. Die Fahrt ist spannend und die Straße inzwischen gut ausgebaut. Wir empfehlen daher diese Route (weiter auf Seite 35). Vorher sollten Sie in Piedicroce aber auf jeden Fall einen Blick in die große Kirche werfen.

Das eigentliche Zentrum von Piedicroce befindet sich am Ortsrand. Vom riesigen Platz vor der Kirche hat man einen guten Blick auf die grün bewaldeten Hänge und Berge. Die Tische der Bar, die nur im Sommer geöffnet wird, laden zu einer Pause ein. Die ***Barockkirche Saint-Pierre-et-Saint-Paul*** ist besonders sehenswert. Sie ist im Inneren *reich bemalt* und mit einer alten *Orgel aus dem 17. Jahrhundert* ausgestattet.

Die schnellere Alternative: Durch das Tal des Fium'Alto

Wer jetzt so schnell wie möglich zurück zur Küste will, biegt in Piedicroce links ab. An dieser Strecke liegt außerdem *die berühmteste Quelle der Insel*. In engen steilen Serpentinen geht es stetig abwärts. Unten angekommen sollten Sie auf den Abzweig nach rechts achten, der zur Quelle führt. Er ist leider nur von der anderen Seite beschildert.

Source d'Orezza

Das beste Tafelwasser Korsikas kommt aus der Castagniccia. Es schmeckt tatsächlich richtig gut und hat für unseren Geschmack genau den richtigen Gehalt an Kohlensäure. Sein Preis ist allerdings stolz, ein Liter ***Orezza*** ist kaum preisgünstiger als ein hochwertiger Fruchtsaft. Probieren sollten Sie es trotzdem, denn dieses Wasser ist mit Korsika fast so eng verwoben wie das Kastanienbier ***La Pietra***.

Das Quellwasser von Orezza wird schon seit 1865 zum Verkauf abgefüllt. Vor der Abfüllanlage sprudelt die alte Quelle in ein rostrotes Becken. Probieren ist erlaubt. Allerdings wird man den vertrauten Geschmack des Wassers aus den schlanken Flaschen mit dem blauen Etikett kaum wiedererkennen: Das frische Quellwasser enthält extrem viel Eisen und so schmeckt es auch. Vor der Befüllung der Flaschen wird dem Wasser Eisen und Kohlensäure entzogen. Die Kohlensäure wird dann später wieder zugesetzt. Kostproben des Wassers gibt es in der zugehörigen Boutique und in jedem Supermarkt *(N 42°22'32.2", E 9°22'38.6"; www.orezza.fr)*.

Eine zweite Quelle, an der man das eisenhaltige Wasser kosten kann, liegt ein gutes Stück weiter unten am **Fium'Alto** direkt an der Straße durchs Tal. Links hat man hier einen **kleinen Picknickplatz** (N 42°25'46.7", E 9°24'40.8") gebaut, an dem man parken kann. Die Quelle sprudelt rechts der Straße und die Steine rund um das Becken haben die gleiche charakteristische rostrote Farbe wie die an der Quelle vor der Abfüllanlage.

Kurz darauf kommt man dann an einem sehr einladenden privaten Campinggelände am Ufer des Fium'Alto vorbei, das auch von der Küste aus schnell erreicht ist.

008 Pruno – *Camping Les Cascades*

GPS/Kontakt: N 42°26'11.0", E 9°26'57.1", Route Orezza, Tel. 0033 (0) 621817484; www.campinglescascades2b.fr. **Öffnungszeit:** Ganzjährig. **Ausstattung:** Nur wenige Stromanschlüsse, korsisches Abendessen möglich, Pool, Spielplatz, WLAN am Pool. **Beschreibung:** Ruhiger kleiner Wiesenplatz im riesigen Garten an einem Wohnhaus. Der Platz liegt sehr ruhig mit Bergblick ein Stück im Hinterland. Badegumpe in der Nähe. Sehr nette Betreiber. **Preise:** 18,50 €, Strom 4 €. **Zufahrt:** Kommt man aus den Bergen zweigt die Zufahrt zum Campinggelände auf der linken Straßenseite im spitzen Winkel ab und ist leicht zu übersehen. Von der Küste folgt man der D506 sechs Kilometer in Richtung Castagniccia und sieht dann die Zufahrt schon von Weitem am rechten Straßenrand.

Sechs Kilometer weiter treffen wir beim Ort Folelli wieder auf die Küstenstraße.

Schiefer und Granit bestimmen die Architektur in der Castagniccia.

Schweineleben in Carcheto-Brustico

Unsere Hauptroute und die schönste Fahrt zur Küste: Kurvenreich nach Cervione

Wir fahren in Piedicroce geradeaus weiter, durchqueren das Dorf mit seinen alten Steinhäusern und folgen weiter der D71. Wenig später durchqueren wir das Dorf **Carcheto,** in dem im Sommer eine Bar ihre Tische an die Straße stellt.

Von der ***Kirche Sainte Marguerite*** (N 42°22'00.8", E 9°22'03.2") unten im Ort führt ein gut markierter Wanderweg zu einer Gumpe mit Wasserfall. Zur Kirche hinunterfahren sollte man nur mit kleinen Campern. Ein größeres Wohnmobil parken Sie besser oben an der Straße und gehen dann zu Fuß hinunter ins Dorf.

Wanderung zur Cascade de la Struccia

Gehzeit: 1 h, 2 km (4 km beim Start an der Straße), 50 Hm.

Von der Kirche unten im Ort ist der Wanderweg zum Wasserfall markiert. Ein steiniger Pfad führt uns durch dichten Wald, sodass die kleine Wanderung auch im Hochsommer noch gut machbar ist. Zuerst geht es am Friedhof vorbei, dann kommen wir zur Quelle Funtana di l'Onda. Wenig später liegt der steile Abstieg zum Wasserfall vor uns. In der Gumpe am Wasserfall kann man auch baden. Zurück geht es auf demselben Weg.

TOUR 1

Hinter Carcheto kurven wir fast nur noch durch die Berge. Rechts und links sind immer wieder *kleine Orte zu sehen – meist in pittoresker Lage oben auf einem Bergkamm erbaut*. Einige Buchten an der Straße ermöglichen kurze Pausen. Von einer mit Mäuerchen eingefassten Parkbucht kann man auch zum Stausee von Alesani hinuntergucken. Dann erreichen wir **Cervione**, einen der größeren Orte der Castagniccia und der ehemalige Bischofssitz. Im Ortszentrum ist die barocke Kathedrale *Sainte-Marie et Saint-Erasme* zu sehen, die Ende des 16. Jahrhunderts vom Bischof von Aléria erbaut wurde.

Der hübsche Ort ist heute außerdem das Zentrum des korsischen Haselnussanbaus. Am letzten Wochenende im August feiert man hier die *festa di a nuciola*, das Haselnussfest. Im Ortszentrum versteckt sich ein weiteres Museum, das sich mit der Geschichte der Insel befasst.

Musée ethnographique de Adecec

Association pour le développement des études archéologiques, historiques, linguistiques et naturalistes du centre-est de la Corse – dass dieser Name eine Abkürzung braucht, ist verständlich. Im ethnografischen Museum in Cervione hat die Adecec in 14 Sälen eine umfangreiche Sammlung an Gegenständen und Fotos zusammengetragen, die das Leben im Korsika der letzten beiden Jahrhunderte beleuchten. Dabei werden traditionelle Berufe wie Schmied, Hirte oder Landwirt vorgestellt. Ein Saal zeigt den Weg von der Traube zum Wein, ein anderer beschäftigt sich mit der Herstellung der Kleidung und hinter der nächsten Tür geht es um die Wildschweinjagd *(10 – 12 und 14.30 – 18 Uhr, Sonn- und Feiertags geschlossen. 3 €, N 42°19'53.1", E 9°29'28.0"; www.adecec.net).*

Corniche de la Castagniccia

Zwischen Cervione und dem Dorf San Nicolao hat man den Bergen ein fünf Kilometer langes schmales Sträßchen abgetrotzt, das immer am Hang entlangführt. Es ist als *Corniche de la Castagniccia* bekannt. Der weiße Streifen in der Mitte der Fahrbahn soll wohl daran erinnern, dass es sich nicht um eine Einbahnstraße handelt – die beiden Spuren, die durch die Markierung entstehen, sind nicht mal für einen PKW breit genug.

Weitblick von der Corniche de la Castagniccia

Zweispurig? Auf der Corniche ist der Mittelstreifen eher Dekoration.

Offiziell ist die Corniche auf eine *Fahrzeugbreite von 2,40 Meter* beschränkt, was ziemlich genau dem Abstand zwischen den zwei massiven Steinhäusern entspricht, die auf halber Strecke im Weiler Santa-Maria-Poggio rechts und links der Straße stehen. Andere Einschränkungen gibt es nicht. Wer die Corniche tatsächlich mit einem 2,40 Meter breiten Wohnmobil fährt, sollte damit rechnen, bei Gegenverkehr rangieren und eventuell auch eine längere Strecke zurücksetzen zu müssen. Mit einem Campervan ist die Corniche dagegen noch ganz gut machbar.

Das Highlight an der Route ist ein felsiger Straßenabschnitt mit zwei schmalen Naturtunneln, einer Brücke neben dem hübschen **Wasserfall Cascade de l'Ucelulline** und einem Aussichtspunkt mit Blick hinunter zum Meer. Auf dem größten Teil der Strecke ist die viel gerühmten Aussicht auf die Küste aber inzwischen ziemlich zugewachsen.

Am anderen Ende der Bergstraße wartet das in Terrassen am Hang angelegte **San Nicolao**. Seine attraktive **Barockkirche** befindet sich zwei Kilometer außerhalb auf einer Anhöhe. Nicht nur die Lage ist reizvoll: *Naive Malerei in kräftigen Farben schmückt den Innenraum.* In San Nicolao halten wir uns dann rechts und treffen in Moriani-Plage wieder auf die Küste. Wer sich entscheidet, die Corniche nicht zu fahren und in Cervione direkt zum Meer zurückzukehren, erreicht die Küstenstraße bei Prunete.

Tour 2

T11
Tour 1
009
C
Folelli
010
Park Galea
011
Monte
San Petrone
1767
Couvent
d'Orezza
012
Piedicroce
San Nicolao
Moriani-Plage
013
014
Cervione
Prunete
D71
015
016
017
T10
018
019
021
025
Tavignano
022
020
Étang
de Diane
024
023
Ghisoni
Aléria
D344
Site archeologique
d'Aléria
Étang
d'Urbino
026
T10
027
Ghisonaccia
028
030
029
032
031
033
047
Solenzara
Solenzara
Tour 3
048
N
D268
10 km
Tour 3
Col de
Bavella

An der Ostküste nach Solenzara
80 km

Wer von einem Stellplatz »mit den Reifen im Sand« träumt, hat hier die besten Chancen ihn zu finden. Hinter dem endlosen Sandstrand liegen viele Campingplätze direkt am Meer. Darüber hinaus bietet die Ostküste eine gute touristische Infrastruktur mit Restaurants, Läden und Outdoorsport. Das sind besondere Tipps für die Region:

- **Campingplätze für FKK-Fans**
- **Austern essen am Étang d'Urbino**
- **Kanutour auf dem Tavignano**
- **Demeter-Düfte aus der Macchia schnuppern**

Die **Landschaft an der Ostküste** ist platt und eben. Erst einige Kilometer im Inland erheben sich die Gipfel des Bavella-Massivs und des Fiumorbo und sorgen für eine attraktive Kulisse. Diese Ebene hinter dem Meer, einst ein malariaverseuchter Sumpf, ist heute das größte Anbaugebiet Korsikas und versorgt die Insel mit Obst und Gemüse. Auf dem ursprünglich verwilderten Land wurden nach dem Algerienkrieg in den 1960er-Jahren über 10.000 Algerienfranzosen angesiedelt, die mit viel Elan aus Wildnis Ackerland schufen. ***Pleine Orientale*** nennt man auf Korsika die Region.

Verglichen mit dem Rest der Insel ist die ebene Ostküste landschaftlich wenig reizvoll, und auch nach malerischen Ortschaften sucht man vergebens. Die Häuser der Küstenorte sammeln sich lieblos um die T10, auf der man in Rekordzeit von Bastia in den Süden gelangt. *Wir empfehlen hier deshalb von Ghisonaccia die Fahrt durch die Berge, wie wir sie in Tour 3 beschreiben*.

Wer keine Lust auf schmale Bergstraßen hat oder etwas Zeit sparen will, bleibt unten an der Küste und kann sich dann von Solenzara oder Porto-Vecchio auf der klassischen Rundfahrt über den Bavella-Pass einen weniger zeitraubenden Eindruck von den Bergen des Alta Rocca holen.

Die Ostküste ist zwar landschaftlich nicht ganz so spannend, hat aber durchaus andere Qualitäten. An der Meerseite ist sie von einem langen, durchgehenden Sandstreifen gesäumt, hinter dem etliche Campingplätze liegen. *Wer von einem Stellplatz »mit den Reifen im Sand« träumt*, hat an der Ostküste definitiv die besten Chancen, ihn zu finden. Am endlos langen Sandstreifen gibt es tatsächlich noch ein paar Plätze, an denen auf Korsika das Freistehen noch toleriert wird – zumindest außerhalb der Hochsaison.

Die Plätze oberhalb von Folelli, die natürlich auch schon zur Ostküste gehören, haben wir bereits bei Tour 1 besprochen. Wir starten unsere Tour 2 daher in Folelli. Gleich hier oben haben wir zwei Badeplätze entdeckt, an denen Sie auch ein Wohnmobil parken dürfen. Am ersten in San Pellegrino wartet ein großer Parkplatz hinter einer Strandbar. Der zweite Platz ist dagegen nur klein, liegt hinter einem Wohngebiet und verkraftet *maximal zwei bis drei platzsparend geparkte Camper*, damit auch die Einheimischen hier noch einen Platz finden. Am schmalen Sandstrand stehen hier ein Picknicktisch und eine Bank zur Verfügung.

009 San Pellegrino

GPS: N 42°27'01.7", E 9°32'25.3". **Max. WOMOs**: 5. **Ausstattung:** Gäste der Bar können dort WC und Stranddusche nutzen. **Beschreibung:** Großer schattenloser Schotterplatz hinter einer Strandbar. Wohnmobile werden hier auch über Nacht toleriert. Bitte in der Strandbar anfragen! Eine Einkehr ist dabei nicht obligatorisch, aber durchaus erwünscht und hilft, den Platz für Camper zu erhalten. **Zufahrt:** Von der T10 der Straße San Pellegrino bis zum Parkplatz an deren Ende folgen.

010 Talasani – N 42°25'31.4", E 9°32'31.5"

Zwischen den beiden Badeplätzen liegt die Zufahrt zum **Park Galea**, einer Mischung aus Parkanlage und Museum. In mehreren Pavillons, verteilt auf einer neun Hektar großen mit LandArt geschmückten Parkanlage, informiert der Parc Galea mit kurzen Filmen, einer beachtlichen Sammlung alter Fotografien und mit Schaubildern über Geschichte, Fauna und Flora, Geologie, Musik und Kunsthandwerk auf Korsika *(Mitte Mai bis Mitte Juni 14–18 Uhr, Mitte Juni bis Mitte September 10–19 Uhr. 8 €, Kinder 4 €. N 42°26'00.0", E 9°31'33.9"; www.parcgalea.com).*

LandArt im Parc Galea

Biegt man vor dem Park Galea links ab, endet die Straße an einem einladenden Wiesengelände mit alten Bäumen – dem **Camping de Ficajole**, der jedoch ein ganzes Stück vom Meer entfernt liegt. Wenige Kilometer weiter südlich bietet die Konkurrenz attraktivere Stellplätze direkt hinter dem Strand.

011 Poggio-Mezzana – *Camping Miami Plage*

GPS/Kontakt: N 42°24'37.4", E 9°31'59.6", Lieu dit Figaretto, Tel. 0033 (0) 4 95 36 95 85; camping-miamiplage.fr. **Öffnungszeit:** März bis November. **Ausstattung:** Strandbar, Bäckerwagen morgens. **Beschreibung:** Einfacher Campingplatz direkt hinter dem Strand mit schattigen Wiesenplätzen. Sehr ruhig, viel Platz, freundlicher Empfang. Wer Trubel nicht mag, ist hier richtig. Auf den vorderen Plätzen am Strand stehen Bungalows, die Stellplätze für Camper liegen dahinter. **Preise:** 15–22 €, Strom 6 €, Wasser 2,50 €. **Zufahrt:** Dem Hinweisschild von der T10 in Richtung Meer und dann gleich wieder rechts zum Platz folgen.

TOUR 2

012 Santa Lucia di Moriani – *Camping U Punticchiu*

GPS/Kontakt: N 42°23'29.8", E 9°31'54.1", Tel. 0033 (0)7 7869 33 96; www.upunticchiu.com. **Öffnungszeit:** Juni bis September. **Ausstattung:** Einladende Strandbar mit gutem Essen im Sommer. **Beschreibung:** Schön angelegter Campingplatz im lichten Uferwald, es gibt auch sonnige Plätze näher am Meer. Direkt am Strand von Moriani, der vor dem Platz relativ schmal ist. Einkaufsmöglichkeiten wenige Kilometer entfernt. **Preise:** 17–23 €, Strom 4,50 €, Wasser 2 €. **Zufahrt:** Die Stichstraße von der T10 zum Campingplatz ist beschildert.

Noch ein Stück weiter südlich, dort wo auch die Straße von San Nicolao herunterkommt, steht eines der Schilder der ***Route de Sens Authentiques*** an der Straße. Es weist den Weg zum Hof der Familie Keyserlingk, die hier im Hinterland von Moriani einen landwirtschaftlichen Betrieb mit ungewöhnlichen Produkten aufgebaut hat: Sie produziert Düfte aus den Essenzen der Macchia und anderen Pflanzen der Insel. Die Zufahrt zum Parkplatz ist von der T10 beschildert (N 42°22'13.6", E 9°30'43.4").

Essences Naturelles Corses – natürliche Inseldüfte mit Demeter-Zertifikat

Seit über 60 Jahren ist der Gutshof Bordeo im Besitz der Familie von Keyserlingk. Wo früher Obst angebaut wurde, ist heute ein großer Heil- und Duftpflanzengarten zur Gewinnung hochwertigster ätherischer Öle entstanden. Die schonende Destillation und Extraktion der Essenzen findet vor Ort statt. Neben dem Verkauf der Öle an namhafte Firmen wie zum Beispiel Primavera, werden auf dem biozertifizierten Hof eigene Kreationen angeboten. So können Sie sich an der Theke im grünen Garten der Anlage durch alle Produkte des Hauses schnuppern. Sie erleben dabei ganz sicher manche Überraschung. Haben Sie eine Vorstellung, wie Myrtenwasser riecht? Oder soll es der unerwartet herbe Geruch von Clementine oder das zart duftende Rosenwasser sein? Ob Eau de Parfum, Blütenwasser oder reine ätherische Öle – die Auswahl an natürlichen Düften ist groß. Selbst für eher

praktische Naturen findet sich das Richtige: Bei Keyserlingks bekommt man auch einen wirklich wohlriechenden Mückenschutz.

Wer mehr über die Pflanzen und ihre Verarbeitung wissen möchte, kann von Juni bis September montags, mittwochs und freitags um 10.30 Uhr an einer deutschsprachigen Führung durch Gärten und Produktion teilnehmen. Anschließend sollten Sie einen Besuch im Restaurant des Hauses nicht versäumen. Ab 2023 werden dort vorwiegend vegane Gerichte angeboten. *(Verkauf Juni bis September Mo bis Sa 10–12.30 Uhr und 15–19 Uhr, Oktober bis Mai Mo bis Fr von 10–12 Uhr und 14–17 Uhr, Lieu dit bordeo, San Nicolao, Tel. 0033 (0) 495 38 46 04, www.essences-naturelles-corses.fr).*

Die Route des Sens Authentiques

Familiäre Agrar- und Handwerksbetriebe finden sich in vielen Regionen Korsikas. Sie produzieren nach alten Rezepten, mit traditionellen Methoden und verarbeiten, was die Insel zu bieten hat: Kastanien, Ziegen- und Schafsmilch, Wolle, das Fleisch der halbwild lebenden Schweine, Oliven, Obst und Gemüse und die duftenden Essenzen der Macchia. Die meisten produzieren biologisch.

Die Route des Sens Authentiques soll den Direktverkauf fördern. Blaue Schilder an den Hauptstraßen markieren die zugehörigen Betriebe und sind gleichzeitig ein Siegel für Qualität. Informationen über Adressen in Ihrer Nähe bekommen Sie unter www.gustidicorsica.com oder in einer Broschüre, die in den Gästeinformationen erhältlich ist. Die Idee verdient Unterstützung, denn sie nützt allen. Bauern und Kunsthandwerkerinnen verdienen beim Direktverkauf genug, um in ihrem Dorf von ihrer Arbeit zu leben. Ihnen als Gäste öffnen sich die Türen der Werkstätten, Weingüter, Imkereien und Bauernhöfe. Wenn Sie ein bisschen Französisch sprechen, kommen Sie leicht ins Gespräch und in den Genuss köstlicher Produkte obendrein – so ist dann allen geholfen.

Auch am Küstenabschnitt zwischen Moriani und Prunete sind interessante Campingplätze zu finden. Zuerst folgt bei San Nicolao ein Fünf-Sterne-Platz mit einigen sehr schönen Stellplätzen gleich hinter dem Strand.

013 San Nicolao – *Camping Merendella*

GPS/Kontakt: N 42°21'48.2'', E 9°31'47.6'', Moriani Plage, Tel. 0033 (0)495385347; www.merendella.com. **Öffnungszeit:** April bis Anfang November. **Ausstattung:** Ver- und Entsorgung, Bar, Restaurant, große Poolanlage, Sauna, WLAN, Kajakvermietung. **Beschreibung:** Der große Platz südlich des Ortes Moriani-Plage erstreckt sich von der N 198 bis zum Strand. Es gibt großzügige Stellplätze unter hohen Bäumen, dazwischen stehen blühende Büsche. Die Plätze im oberen Bereich an der Straße sind recht laut. Die besten Plätze liegen direkt unten am Meer. Dazwischen stehen etliche sehr schöne neue Häuschen, einige sogar auf Stelzen mit einer Terrasse in luftiger Höhe in den Bäumen. Gepflegte, moderne Sanitäranlagen. **Preise:** 18–56 € inkl. Strom, Aufschläge für Komfort- und Meerplätze, ACSI-Rabatt (gilt nicht für die Plätze am Meer). **Zufahrt:** Der Platz liegt direkt links an der Uferstraße T10.

Vier weitere, ganz unterschiedliche Campingplätze liegen dicht beieinander auf der Höhe von Cervione.

014 Valle-di-Campoloro – *Camping Olmello*

GPS/Kontakt: N 42°19'45.5'', E 9°32'29.2'', Lieu dit Olmello, Tel. 0033 (0)4 95 38 00 98; camping-olmello-corse.fr. **Öffnungszeit:** Juni bis September. **Ausstattung:** Baguetteservice, Restaurant, Pool. **Beschreibung:** Einfacher Platz im dichten Uferwald, viel Schatten. Schöne Plätze direkt hinter dem Sandstrand. Sanitäranlagen veraltet und nicht besonders sauber. **Preise:** 21–22,50 €, Strom 5 €. **Zufahrt:** Von der Küstenstraße T10 über eine Stichstraße zum Meer erreichbar. Die Zufahrt ist beschildert.

Nur einige hundert Meter weiter südlich folgt der Camping Calamar, unser persönlicher Favorit in diesem Abschnitt der Küste. Für große Wohnmobile gibt es allerdings nur wenige Plätze.

015 Cervione – *Camping Calamar*

GPS/Kontakt: N 42°19'17.4", E 9°32'42.9", Prunete, Tel. 0033 (0)495380354. www.campingcalamar.eu. **Öffnungszeit:** Mitte April bis Mitte Oktober. **Ausstattung:** Ver- und Entsorgung. **Beschreibung:** Familiärer Platz direkt hinter dem Sandstrand. Im hinteren Bereich liegen schöne Plätze für kleinere Fahrzeuge unter eng stehenden knorrigen Olivenbäumen. Hier ist es sehr schattig und es gibt viele Möglichkeiten, eine Hängematte zu befestigen. Größere Wohnmobile stehen besser im Eukalyptushain vorne in Strandnähe. Dort ist es etwas sonniger. Die Sanitäranlagen sind einfach, aber sauber. Der freundliche Besitzer sitzt oft selbst an der Rezeption und spricht gut Englisch. Ein Platz zum Wohlfühlen für alle, denen Nähe zur Natur und eine persönliche Atmosphäre wichtiger sind als Komfort und Animationsprogramm. Supermarkt und Bäckerei sind zu Fuß erreichbar. **Preise:** 20–21 €, Strom 3 €. **Zufahrt:** Von der T10 am *Hyper U* in Richtung Meer abbiegen, dann geht es links durch eine enge Durchfahrt zwischen zwei Steinpfosten in ein kleines Wäldchen direkt hinter dem Sandstrand. Mit größeren Wohnmobilen kann man auch einen Fahrweg weiter vorne links abbiegen und muss dann nicht zwischen den Pfosten hindurch.

016 Cervione – *Camping Le Campoloro (Yelloh village)*

GPS/Kontakt: N 42°18'57.8'', E 9°32'47.0'', Lieu-dit Prunete, Tel. 0033 (0)495380020; www.lecampoloro.com. **Öffnungszeit:** Ende Mai bis Mitte September. **Ausstattung:** Ver- und Entsorgung, Pool, Restaurant, Snack-Bar, Laden, WLAN, Spielplatz, Fitnessraum, Animation. **Beschreibung:** Gut ausgestatteter, komfortabler und sehr schön angelegter Platz mit großer Poolanlage, tollem Spielplatz vorne am Strand, einladender Strandbar und gepflegten Sanitäranlagen. Die Plätze für Wohnmobile liegen ein gutes Stück vom Meer entfernt im hinteren Platzteil. Vorne am Meer stehen Holzhäuschen locker verteilt im Uferwald. **Preise:** 26–58 €. **Zufahrt:** Von der Küstenstraße T10 über eine Stichstraße zum Meer erreichbar. Die Zufahrt ist beschildert.

017 San Nicolao – *Camping Amurucciu*

GPS/Kontakt: N 42°15'52.3'', E 9°33'18.2'', Tel. 0033 (0)4 95 38 87 82; camping-amurucciu.fr. **Öffnungszeit:** Mitte Mai bis Mitte September. **Ausstattung:** Nichts, außer dem Üblichen. **Beschreibung:** Naturnaher Platz mit einfacher Sanitärausstattung in guter Lage und mit einigen tollen Plätzen direkt hinter dem Strand. **Preise:** 21–23 €, Strom 4 €, Dusche 1,50 €. **Zufahrt:** Die Zufahrt ist von der Uferstraße T10 beschildert und führt über ein schmales Sträßchen zwischen Obstplantagen zum Platz. Das letzte Stück ist nicht asphaltiert.

Ende April blüht die Aloe vera an den Stränden der Ostküste.

Wenige hundert Meter weiter kann man der Stichstraße zur **Plage d'Alistro** folgen. An deren Ende steht man dann auf einem großen asphaltierten Parkplatz an einem einladenden Strandrestaurant.

018 Plage d'Alistro – N 42°15'19.1", E 9°33'18.5"

Südlich der Plage d'Alistro reihen sich an der Küste drei FKK-Campingplätze. Zuerst kommt man an zwei kleinere Plätze, die an der gleichen Zufahrt liegen. Auf dem Gelände des *Corsica Natura* dominieren allerdings die Häuschen. Rechts führt ein unebener Fahrweg weiter zum Camping Les Eucalyptus mit naturbelassenen Stellplätzen im schattigen Eukalyptuswald direkt hinter dem Strand. Besonders beliebt ist der dritte FKK-Platz, der komfortable und schön angelegte Camping Bagheera.

019 Bravone – *Camping Bagheera*

GPS/Kontakt: N 42°12'53.1", E 9°33'03.9", Tel. 0033 (0)4 95 38 80 30; www.bagheera.fr. **Öffnungszeit:** Mitte Januar bis Mitte Dezember. **Ausstattung:** Ver- und Entsorgung, Restaurant, Laden, Strandbar, Sauna, Wellnessbereich. **Beschreibung:** FKK-Camping der gehobeneren Klasse. Alle Plätze für Camper liegen sehr schattig im dichten Uferwald. In der ersten Reihe steht man am Hochufer direkt oberhalb des Strandes. Sehr freundliches Personal, das auch gut Englisch spricht. **Preise:** 19,50–39 €, Strom 5,50 €, Aufschlag für Meerplätze, ACSI-Rabatt in der Nebensaison (nicht auf den Meerplätzen). **Zufahrt:** Von der T10 kommen Sie durch das auffällige, auch von der Straße sichtbare, Tor zur Rezeption. **Alternative:** Schöne naturnahe Stellplätze finden Sie auch auf dem benachbarten Camping Les Eucalyptus. **GPS:** N 42°13'24.4", E 9°33'00.4".

Ein weiterer, sehr gut ausgestatteter FKK-Campingplatz ist noch ein Stück weiter südlich zu finden.

020 Aléria – *Riva Bella Naturist Resort*

GPS/Kontakt: N 42°09'39.6'', E 9°33'12.3'', Route de Riva Bella, Tel. 0033 (0)4 95 38 81 10; www.naturisme-rivabella.com. **Öffnungszeit:** Ganzjährig (außer Januar). **Ausstattung:** Ver- und Entsorgung, Restaurant, Laden, Fitness-Bereich, Thalasso-Therapie. **Beschreibung:** Großer, komfortabler Platz, eingebettet in ein riesiges Naturgelände, das im Winter von Lamas beweidet wird. Stellplätze direkt am Strand. Von April bis Oktober FKK-Camping, sonst Textil. **Preise:** 23–45 €, Strom 6,50. ACSI-Rabatt. **Zufahrt:** Die Stichstraße links zum Strand ist von der T10 ausgeschildert.

Zwischen dem Camping Bagheera und dem Camping Riva Bella versteckt sich ein weiteres, sehr einfach ausgestattetes Campinggelände an der Marine du Bravone.

021 Bravone – *Camping de Bravone*

GPS/Kontakt: N 42°12'05.4", E 9°33'19.9", Rte des marines de Bravone, Linguizzetta, Tel. 0033 (0)495388408. **Öffnungszeit:** Juni bis September. **Ausstattung:** Ver- und Entsorgung, Baguetteservice, kleine Bar. **Beschreibung:** Sehr einfach ausgestatteter, unparzellierter Platz direkt hinter dem Strand und an der Mündung des Bravone. Schönes, gepflegtes und trotzdem naturnahes Gelände zwischen Meer und Fluss mit knorrigen Bäumen und lichtem Schatten und ganz ohne die sonst überall stehenden Häuschen. Die vordersten Stellplätze liegen beinahe am Strand. Die Sanitäranlagen sind alt und nicht immer sauber. **Preise:** 28 €, Strom 4 €. **Zufahrt:** Von der T10 in Richtung Marine de Bravone und dann links durch das Tor mit der Aufschrift Camping »Bord de mer«.

Die schönsten Plätze des einfachen Camping de Bravone liegen direkt hinter dem Strand. Im April standen wir hier ganz alleine – der Platz war eigentlich noch geschlossen.

Zwei Kilometer weiter weist ein Schild links an der Straße auf die Zufahrt zu einem Bio-Bauernhof mit Stellplätzen hin.

022 Tallone – *Camping à la ferme Domaine Canicioletto*

GPS/Kontakt: N 42°09'24.7", E 9°31'00.6", Lieux dit pampugliani, Tel. 0033 (0)609651310. **Öffnungszeit:** März bis Oktober. **Ausstattung:** Wasser, Grill, Hofladen mit Produkten aus eigenem Anbau (Obst, Gemüse, Marmeladen, Honig, Wurst, Olivenöl). **Beschreibung:** Kleiner Campingplatz auf einem Bauernhof. Sehr gepflegte Sanitäranlagen. Stellplätze in mehreren Nischen mitten in der Plantage unter Oliven-, Feigen und Zitronenbäumen. Freundlicher Besitzer. Zeitweise viele Mücken. **Preise:** 20 €. **Zufahrt:** Die Domaine mit Gemüseverkauf ist von der T10 beschildert. Am Schild links in die unbefestigte Straße mit einigen Schlaglöchern einbiegen und etwa 300 Meter bis zum Hof hoppeln.

Kurz darauf erreichen wir **Aléria**. Die Häuser des Ortes gruppieren sich ein Stück vom Meer entfernt am Tavignano, die T10 verläuft direkt durch den Ortskern. Eine Stichstraße führt hier zum Meer und zum schönen Strand an der Flussmündung, an dem auch ein Campingplatz zu finden ist.

023 Aléria – *Camping Marina d'Aléria*

GPS/Kontakt: N 42°06'41.0", E 9°32'58.0", Plage de Padulone, Tel. 0033 (0)4 95570142; www.marina-aleria.com. **Öffnungszeit:** Ende April bis Ende September. **Ausstattung:** Restaurant, Pool, Spielplatz, Tennisplätze, Minigolfanlage, WLAN gratis, Kanu- und SUP-Verleih. **Beschreibung:** Komfortabler Platz der Kette Capfun am Ende der Stichstraße von Aléria zum Meer direkt an einem langen Sandstrand. Eine Handvoll Plätze liegt in der ersten Reihe vorne am Meer, auf den hinteren Plätzen steht man unter hohen Bäumen im Schatten. Die Stellplätze sind nicht allzu groß. In der Hochsaison umfangreiches Animationsprogramm am Abend und Discobeschallung aus der Umgebung. **Preise:** 32–58 € inkl. Strom. **Zufahrt:** Der Straße zum Meer bis zum Ende folgen.

Kurz bevor wir den Campingplatz erreichen, zweigt links eine Straße ab. Sie verläuft parallel zur Küste und bringt uns zuerst zur ***Cave d'Aléria***, einem Weinproduzenten mit Degustation und Direktverkauf. Wir folgen der Straße weiter geradeaus und treffen kurz darauf auf einen Parkplatz hinter dem Meer.

024 Aléria

GPS: N 42°07'12.5", E 9°33'10.6", Plage de Mar'e Stagnu. **Max. WOMOs:** 10. **Ausstattung:** Keine. **Beschreibung:** Großer ebener Schotterplatz etwa 100 Meter hinter dem Strand. **Zufahrt:** Von Aléria in Richtung Campingplatz fahren und kurz vor dem Meer der links abzweigenden Straße folgen (siehe Text).

Die Mündung des Tavignano ins Meer können Sie von Aléria auch auf dem Fluss erkunden. Unterhalb der Tavignanobrücke warten die bunten Boote einer Kanustation.

Eine Kanutour auf dem Tavignano

Auch wenn das grünliche Wasser des Tavignano kurz vor der Mündung kaum mehr an den glasklaren Gebirgsbach bei Corte erinnert, lohnt die Paddeltour auf den letzten Kilometern vor dem Meer. Mit einigen sprudelnden Schwällen und mäßiger Strömung ermöglicht der Tavignano hier eine lustig, spritzige Fahrt durch urwaldähnliche Vegetation. Die Fahrt in den stabilen Zweierkajaks ist auch für Familien geeignet.
Der Kanuverleih in Aléria befindet sich auf der östlichen Flussseite unterhalb der Brücke der N198 über den Tavignano. Die Boote liegen am Flussufer und sind von der Straßenbrücke aus zu sehen *(N 42°06'47.0", E 9°30'52.0". Zweierkajak 20 € pro Stunde, halber Tag 40 €. Wer sich Zeit lassen möchte, mietet sein Boot für 50 € den ganzen Tag. Der Transfer von Boot und Personen ist im Preis inbegriffen; cnaleria.blogspot.de)*

Aléria ist eine der ältesten Ansiedlungen auf Korsika, was man dem heutigen Ort nicht ansieht. Am südlichen Ortsrand hat man jedoch Mauerreste der historischen Stadt ausgegraben, die auch besichtigt werden können.

Die Site archeologique d'Aléria und das Musée d'archeologie Jérome Carcopino

Auf den Mauern der griechischen Siedlung Alalia errichteten die Römer 259 v. Chr. eine ihrer ersten Handelssiedlungen auf Korsika. Sie nannten sie Aléria. Während der Blütezeit des Römischen Reiches war Aléria Hauptstadt. Übrig sind heute nur die Grundmauern des Stadtzentrums. Bäder, Forum und Tempel konnte man eindeutig lokalisieren. Die Fundstücke aus der Anlage sind sortiert und mit Erläuterungen versehen im Museum ausgestellt. Sehenswert ist auch das Museumsgebäude: Das Fort Matra wurde 1572 von den Genuesen erbaut *(Mitte Mai bis Mitte September 9–12 und 13–18 Uhr, sonst Mo bis Sa 8–12 und 14–17 Uhr. 2 €, N 42°06'10.5", E 9°30'49.3")*.

TOUR 2

Étang de Diane und Étang d'Urbino

Nördlich und südlich von Aléria liegen zwei große Strandseen zwischen der T10 und dem Meer. Schon die Römer züchteten hier Austern. Auch heute können Sie diese direkt bei den Austernfarmen an beiden Seen kaufen. Oder Sie verspeisen die Spezialität fertig zubereitet in einem der beiden Restaurants, die auf Stelzen im See stehen. Schon kurz vor den Häusern von Aléria geht es links zum ***Aux Coquillages de Diana.*** Uns gefällt das nicht ganz so edle ***Restaurant d'Urbino*** (N 42°03'14.0", E 9°28'04.8") am zweiten See besser. Der Abstecher zum Étang d'Urbino lohnt auch, wenn sie nur ein bisschen am Ufer sitzen möchten. Es gibt dort auch ein kleines Museum.

Route durchs Tavignano-Tal

Von Aléria kann man auch Corte auf gut ausgebauter Straße erreichen. Im Tal gibt es einen naturnahen kleinen Campingplatz, den wir gerne erwähnen möchten, obwohl er nicht direkt an unserer Route liegt.

025 Giuncaggio – *Camping Ernella*

GPS/Kontakt: N 42°12'29.7", E 9°20'43.1", Tel. 0033 (0)628605387; www.ernella.fr. **Öffnungszeit:** März bis Oktober. **Ausstattung:** Badeplatz am Fluss, Kajakverleih. Kajak-Einsetzstelle, Direktverkauf von Gemüse, Brot und Käse. **Beschreibung:** Einfacher Bauernhofcamping zwischen Corte und Aléria. Er liegt direkt an der Route Nationale auf einem vier Hektar großen Gelände zwischen der Straße und dem Ufer des Tavignano. Auf dem Hof werden Esel gezüchtet und mehrmals pro Woche Eselwanderungen für Gäste angeboten. Abendliches Menü auf Vorbestellung. **Preise:** 22 €, Strom 4,50 €. **Zufahrt:** Im Tavignano-Tal links an der Straße, gut 20 Kilometer vom Meer entfernt.

Restaurant und Museum am Étang d'Urbino

In den beiden großen Lagunen werden nicht nur Austern gezüchtet.

Dann erreichen wir **Ghisonaccia**, den nächsten größeren Küstenort. Bevor Sie weiterfahren, müssen Sie hier eine Entscheidung treffen: Erlebnisreich durch die Berge oder zügig auf der Küstenstraße? Wenn Sie noch Bedenkzeit brauchen, haben Sie am Strand von Ghisonaccia gleich drei Campingplätze zur Wahl. Sie liegen an einem schönen, sehr breiten Strandabschnitt und weit abseits der Nationalstraße. Haben Sie sich für die Bergroute entschieden, lesen Sie weiter auf Seite 58.

026 Ghisonaccia – *Campingplatz U Casone*

GPS/Kontakt: N 41°59'56.2", E 9°26'09.4", Route de la mer, Tel. 0033 (0) 4 95560241; www.ucasone.net. **Öffnungszeit:** Mai bis September. **Ausstattung:** Pool, Restaurant, Bar, WLAN-Spot. **Beschreibung:** Ruhiger und schattiger Campingplatz, 15 Gehminuten auf einem Fußweg vom Strand entfernt. Nette Besitzer, die auch Englisch sprechen. Sanitäranlagen schon etwas älter. **Preise:** 26–29 €. Strom 4,50 €. ACSI-Rabatt. **Zufahrt:** In Ghisonaccia den Hinweisschildern zu den Campingplätzen auf die Route de la Mer folgen. Die Zufahrt zum U Casone ist die erste auf der rechten Seite.

TOUR 2

027 Ghisonaccia – *Camping Marina d'Erba Rossa*

GPS/Kontakt: N 41°59'58.9", E 9°26'50.4", Rte de la Mer, Tel. 0033 (0)495562514; www.marina-erbarossa.com. **Öffnungszeit:** Ostern bis Mitte Oktober. **Ausstattung:** Ver- und Entsorgung, Restaurant, Minimarkt, große Poolanlage, Wellnessbereich, WLAN gratis an der Bar (ansonsten kostenpflichtig), Spielplatz. **Beschreibung:** Sehr große, komfortable Anlage mit vielen Häuschen. Der Platz liegt direkt hinter dem langen Sandstrand von Ghisonaccia. Animationsprogramm mit Livemusik und Disco im Sommer. **Preise:** 22–54 €, ACSI-Rabatt. **Zufahrt:** In Ghisonaccia den Hinweisschildern zu den Campingplätzen auf die Route de la Mer folgen. Die Zufahrt zum Marina d'Erba Rossa ist die dritte auf der rechten Seite.

028 Ghisonaccia – *Camping Arinella Bianca*

GPS/Kontakt: N 41°59'54.9", E 9°26'31.5", Bord de mer, Tel. 0033 (0)495560478; www.camping-corse.fr. **Öffnungszeit:** Ostern bis Mitte Oktober. **Ausstattung:** Ver- und Entsorgung, Restaurant, Bar, Laden, große Poolanlage, kostenpflichtiges WLAN auf dem ganzen Platz. **Beschreibung:** Riesiger Platz in ruhiger Lage vor dem breiten Strand mit feinem, weißem Sand. Ein Bach fließt durch das Gelände. In der Mitte gibt es angenehme, sehr schattige Plätze unter hohen Bäumen. Ansonsten ist der Platz inzwischen mit vielen Bungalows vollgestellt. Mehrere große, moderne Sanitärblocks. Animation von Juni bis Mitte September. **Preise:** 26–50 €, Strom 10 €, ACSI-Rabatt. **Zufahrt:** In Ghisonaccia den Hinweisschildern zu den Campingplätzen auf die Route de la Mer folgen. Die Zufahrt zum Arinella Bianca ist die zweite auf der rechten Seite.

Bei Ghisonaccia ist der Sandstreifen an der Ostküste besonders breit.

An der Küste nach Solenzara

Fahren wir von Ghisonaccia an der Küste weiter nach Süden, treffen wir zuerst einmal auf zwei weitere Plätze, die aber ein ganzes Stück vom Meer entfernt nahe an der Uferstraße liegen.

029 Prunelli-di-Fiumorbo – *Camping à la ferme Campu Serenu*

GPS/Kontakt: N 41°59'28.2", E 9°24'34.1", Quarcetta A, Tel. 0033 (0)495561210. **Öffnungszeit:** Mitte Mai bis Mitte September. **Ausstattung:** Gutes Restaurant mit korsischen Spezialitäten. **Beschreibung:** Der Platz liegt im schattigen Eukalyptushain hinter dem Restaurant und mitten im Grünen. Die Küstenstraße ist nicht zu sehen und kaum zu hören. Der Platz hat sehr einfache Sanitäranlagen und er liegt drei Kilometer vom Meer entfernt. **Preise:** 20,50 €. **Zufahrt:** 2,5 Kilometer südlich von Ghisonaccia, ausgeschildert an der Küstenstraße T10.

030 Casamozza di Fium'Orbu – *Camping Via Romana*

GPS/Kontakt: N 41°59'11.8", E 9°23'55.5", Tel. 0033 (0)495570702; www.camping-viaromana.com. **Öffnungszeit:** Mai bis September. **Ausstattung:** Ver- und Entsorgung, Snack-Bar, Baguetteservice, Pool, Spielplatz, kostenpflichtiges WLAN. **Beschreibung:** Kleiner, geschmackvoll und mit viel Grün gestalteter Platz südlich von Ghisonaccia. Er liegt allerdings in einem Wohngebiet und in vier Kilometern Entfernung zum Strand. **Preise:** 19–20 €, Strom 5 €. **Zufahrt:** Von der Küstenstraße T10 beschildert.

Zügig geht es auf der Küstenstraße weiter in Richtung Süden. Wer statt im Meer zur Abwechslung in Süßwasser baden möchte, kann jetzt einen Abstecher ins Landesinnere machen. Folgt man der Straße nach Chisa knapp acht Kilometer, kommt man zu einer großen, relativ unbekannten Badegumpe am Travo. Sie liegt direkt unter einer Straßenbrücke. Hinter der Brücke links kann man parken. Ein steiler Pfad führt hinunter zum Wasserbecken. Eine Übernachtung wäre hier auch denkbar, der Parkplatz liegt aber direkt neben der Straße.

031 Badegumpe Travo – N 41°55'24.5", E 9°18'31.2"

Für Fans einfacher, naturnaher Campingplätze lohnt dann der Abstecher zur Küste ein kurzes Stück unterhalb des Militärflughafens. Hier liegt ein Campingplatz direkt hinter dem immer noch ziemlich breiten Sandstrand. Flugzeuge, die auf dem nahen Flugplatz starten oder landen, fliegen Ihnen allerdings so nahe über das Camperdach, dass Sie auch ohne Tele formatfüllende Fotos machen können. Viele sind es aber normalerweise nicht, es sei denn, Sie erwischen einen Tag mit Manöver.

032 Solaro – *Camping Sole D'Oru*

GPS/Kontakt: N 41°53'33.6", E 9°23'58.6", Marine de Solaro, Tel. 0033 6 13824729; www.soledoru.net. **Öffnungszeit:** Mai bis Mitte September. **Ausstattung:** Ver- und Entsorgung, in der Saison morgens Bäckerwagen, Strandrestaurant. **Beschreibung:** Die große Wiese mit Schatten spendenden Bäumen liegt direkt hinter dem Strand und an einem Lagunensee. In der vorderen Reihe steht man mit Meerblick beinahe im Sand. Vorsicht, in einigen der Sandlöcher kann man sich leicht festfahren. Einfache Sanitäranlagen, sehr nettes Team, das auch ein längeres Stromkabel zur Verfügung stellt, wenn das eigene nicht bis zum Anschluss reicht. **Preise:** 18–23 €, Strom 4,50 €. **Zufahrt:** Am Ende einer Stichstraße zum Meer, sie ist von der Küstenstraße beschildert.

Camping Sole d'Oru (032)

An der Straße gibt es weiterhin nur wenig Aufregendes zu entdecken. Dort, wo sie ganz nahe ans Meer heranführt, quetscht sich noch einmal ein Campingplatz zwischen Straße und Sandstrand. Er ist so schmal, dass fast alle Plätze direkt hinter dem Strand liegen – allerdings weitgehend schattenfrei.

033 Solaro – *Camping Les Eucalyptus*

GPS/Kontakt: N 41°52'36.5", E 9°23'46.1", Tel. 0033 (0)4 95 39 65 52; www.camping-eucalyptus-corse.com. **Öffnungszeit:** Mai bis Mitte Oktober. **Ausstattung:** Ver- und Entsorgung, Bar, WLAN gratis, Strandrestaurant gleich nebenan. **Beschreibung:** Einfacher Platz, der erst einmal einen leicht ruppigen Eindruck hinterlässt. Die Sanitäranlagen sind einfach, aber sauber und auf der Hälfte der Stellplätze steht man weitgehend schattenfrei direkt hinter dem langen Sandstrand. Die Straße ist auf allen Plätzen gut zu hören. **Preise:** 21–25 €, Strom 4,50 €. **Zufahrt:** Direkt links an der T10.

Direkt neben dem Camping Sole d'Oru liegt ein Strandsee mit Süßwasser.

Tour 3

Tavignano
Vivario
Monte d'Oro
2622
Vizzavona
Cascades des Anglais
035
Ghisoni
D344
Site archeologique d'Aléria
034
Bocognano
Cascade du Voile de la Mariée
Tour 2
036
Col de Verde
Ghisonaccia
Bastelica
D69
T10
Tour 2
Zicavo
Gravona
045
046
047
Solenzara
037
048
Col de la Vaccia
Solenzara
D268
P
038
039
040
Col de Bavella
Aullène
Quenza
D420
Zonza
043
Cucuruzzu
042
D268
D368
T10
050
Fautea
041
Levie
049
Pinarellu
051
044
059
054
052
Bains de Caldane
Castellu d'Arraggiu
053
Ospedale
055
060
056
Porto Vecchio
058
057
Tour 4
N
Plage de Palombaggia
10 km

Durch das Fium'Orbo ins Alta Rocca

245 km

Wer die Berge mag, wird diese Route lieben. Die Strecke von Ghisoni nach Aullène ist nur wenig befahren und bringt uns quasi durch die Hintertür in die grandiose Landschaft des Alta Rocca mit ihren urigen Dörfern und schroffen Berggiganten. Das sind unsere Highlights auf dieser Route:

- **Badegumpen am Fium'Orbo**
- **Castello di Cucuruzzu**
- **Wanderung zum Wasserfall Piscia di Gallo**
- **Wanderung am Bavella-Pass**
- **Badegumpen am Fiumicelli**
- **Weitsicht vom Castello d'Arraggiu**

Wer Lust auf eine wenig besuchte Bergregion hat, kommt mit uns ins Fium'Orbo. Dazu biegen wir in Ghisonaccia rechts in Richtung Ghisoni ab. Vorher lohnt noch ein Stopp an der ausgezeichneten **Bäckerei *Dolc'Alina*** an der Ortseinfahrt auf der rechten Seite, um Proviant für ein Picknick einzukaufen. Wenn Sie im Sommer unterwegs sind, können Sie den Einkauf wenige Kilometer weiter in Ghisonaccia Gare vervollständigen: Hier befindet sich die ***Fromagerie Ottavi*** mit Direktverkauf. Die Käserei liegt kurz vor der zentralen Kreuzung auf der rechten Seite, zum Käseeinkauf biegt man 150 Meter weiter nach rechts ab *(N 42°03'28.6", E 9°22'44.4", Di bis Fr 9–12.30 Uhr; www.fromagerie-ottavi.fr)*.

Jetzt rollen wir noch ein kurzes Stück durch die Ebene, dann wird die Straße schmaler und wir kurven hinauf in die Berge. Links von uns sprudelt der **Fluss Fium' Orbo** und bald ist der erste Stausee, das *Réservoire de Trévadine*, zu sehen. Wir passieren die Staumauer und kurz darauf können wir links auf einen Schotterplatz hoppeln, der sich auch zur Übernachtung eignet. Folgt man dem Fahrweg noch ein Stück, kommt man hinunter zum Fluss.

034 Inzecca-Schlucht – N 42°05'32.9", E 9°19'26.2"

Wenig später erreichen wir einen **Aussichtspunkt mit Asphaltfläche**, der sich ebenfalls gut für eine Pause eignet. Dann windet sich die Straße durch die malerisch enge **Inzecca-Schlucht**. Dieser Abschnitt der Strecke ist definitiv ein Highlight der Tour. Ein **zweiter Aussichtspunkt** (N 42°05'38.1", E 9°18'56.8") folgt wenig später oberhalb der Wasserfläche des *Réservoir de Sampolo*, eines zweiten, deutlichen größeren Stausees.

Zwischen dem Réservoir de Sampolo und dem Ort Ghisoni liegt die **Strette-Schlucht**. Hier gibt es mehrere Möglichkeiten zu großen Badegumpen hinunterzusteigen. Einen guten Zugang zum Fluss zu einem weniger berühmten Wasserbecken finden wir schon etwas früher. Direkt hinter einer Steinbrücke, die über einen Nebenfluss des Fium'Orbo führt, kann man hier rechts und links der Straße parken.

Der erste Aussichtspunkt oberhalb des Stausees

035 Fiumorbo

GPS: N 42°06'17.6", E 9°14'36.7", 470 m. **Max. WOMOs:** 2. **Ausstattung:** Keine. **Beschreibung:** Direkt hinter der Brücke liegt links eine Parkbucht, an der man gut halten kann, um zum Wasser hinunterzusteigen. Wer bleiben will, steht besser auf der rechten Seite auf der Grasfläche. Wer sich traut, kann mit einem kleinen Camper auch den Fahrweg noch 50 Meter weiter hinunterhoppeln bis zu einer Nische unten am Bachufer. **Zufahrt:** Direkt an der D344, rechts und links hinter einer Steinbrücke über einen Bach, der hier in den Fiumorbo mündet.

Schon am Parkplatz kann man zu einer einladenden Gumpe hinuntersteigen. Läuft man von hier aus über die Brücke zurück, markiert nach etwa 300 Metern ein Telefonmast einen Abstiegsweg zum Fluss, der zu besonders schönen, sehr großen Badegumpen führt, die auf Google Maps mit dem Namen ***La Piscine de Fiumorbo*** eingetragen sind. Ebenfalls malerisch ist der Platz an der Pont de Mela, einer alten genuesischen Brücke. Knapp zwei Kilometer hinter Platz (035) markiert ein Holzpfeil den Abstiegsweg. Die Straße verläuft hier allerdings hoch über dem Fluss, so-

Am Y-Baum geht es hinunter zu schönen Badegumpen.

dass der Aufstieg zurück zur Straße zu einer kleinen Bergtour wird.

Der bekannteste Badeplatz liegt zwei Kilometer vor Ghisoni. Oben an der Straße markiert der auffällige **Y-Baum** die richtige Stelle. Im Sommer stehen am Straßenrand auch fast immer einige Autos. *Die Becken im Fiumorbo sind an dieser Stelle besonders tief und beliebt für Sprünge von den Felsen ins Wasser.*

Dann folgt der nette Ort **Ghisoni**, einst eine der wichtigsten Ansiedlungen in der Region. Oberhalb des Städtchens liegt eine Skistation, im Sommer ist der Ort eine gute Basis für Wanderungen. Drei markierte Rundwege erschließen die Umgebung. Der kleine Campingplatz in Ghisoni ist nicht für Wohnmobile geeignet, wir fahren also weiter.
Nach etwa 12 Kilometern folgt rechts an der Straße eine **Quelle mit Wasserhahn** (N 42°02'22.8", E 9°11'48.3"), 150 Meter dahinter befindet sich links ein **Picknickplatz** (N 42°05'07.0", E 9°11'52.9"). Kurz darauf führt rechts eine schmale Straße hinauf zur *Bergerie Capanelle*, von der man zum Monte Renoso hinaufsteigen kann. Wer nicht wandern will, bleibt lieber unten, denn die Straße zum Refuge ist schmal und nicht im besten Zustand.

Dann geht es wieder in Kurven bergauf und wir erreichen den **Col de Verde**. Auch vom Col de Verde kann man gut wandern. Der GR 20 führt hier vorbei. Wer will, kann hier eine Prise Hochgebirgsluft schnuppern und den rot-weißen GR-Markierungen folgen bis zur Prati-Hütte.

Aufstieg zum Refuge de Prati

Gehzeit: 4–5 h, 6 km, 600 Hm. Das Refuge ist eine einfache Steinhütte mit 32 Schlafplätzen. Wer dort oben übernachten möchte, kann unter www.pnr-resa.corsica reservieren. Die Hütte ist ganzjährig geöffnet aber nur von Juni bis September bewirtschaftet. Alternativ kann man, wie auch an allen anderen Hütten des GR20, im eigenen oder im gemieteten Zelt auf dem Gelände rund um die Hütte übernachten. Der Aufstieg ist vom Col de Verde gut markiert.

036 Col de Verde

GPS: N 42°01'43.6'', E 9°11'39.3'', 1290 m. **Max. WOMOs:** 2–3. **Ausstattung:** Picknicktisch. **Beschreibung:** Der Platz ist sehr schräg und im unteren Bereich voller Schlaglöcher und Rillen. Fährt man hinauf auf den kleinen Hügel rechts der Straße, befindet sich oben ein ebener Wiesenplatz mit einem großen alten Baum und einem Picknicktisch. **Zufahrt:** Auf der Passhöhe rechts an der Straße den Hügel hinauf.

Die Straße schlängelt sich jetzt meist durch lichten Wald und die Fahrt ist kurzzeitig nicht ganz so spannend. Dann erreichen wir zuerst das Dorf Crozzano und wenig später Zicavo. Einen Kilometer hinter Zicavo lohnt an einer **Steinbrücke** (N 41°54'00.9'', E 9°08'05.7'') ein Stopp. *Links rauscht hier ein Wasserfall durch einen Felstunnel*, oberhalb befindet sich eine malerische Badegumpe mit kleinem Wasserfall.

Hinter dieser Stelle verändert sich die Landschaft. Ab hier durchfahren wir »Schweineland«. Bald sind die ersten der roh zusammengebauten Schweineställe am Straßenrand auszumachen und kurz drauf rollen sich die ersten Schweine neben der Fahrbahn im Staub und marschieren unbeeindruckt und entspannt quer über die Straße. Große alte Steineichen und vereinzelte Kastanien sorgen für gute Futterversorgung. Der Wald lichtet sich immer mehr und bald haben wir guten Weitblick in eine ausgedehnte Berglandschaft. Die Umgebung wird karger und felsiger. Weit und breit ist kein Haus zu sehen. Hier liegt rechts der Straße ein großer Schotterplatz, auf dem ein geparktes Wohnmobil niemanden stören wird.

037 Bocca di Vacchia

GPS: N 41°49'26.9'', E 9°05'01.9'', 1200 m. **Max. WOMOs:** 4–5. **Ausstattung:** Keine. **Beschreibung:** Großer, relativ ebener Schotterplatz neben der Straße. Toller Blick in die Berge und einsame Lage abseits von Dörfern. **Zufahrt:** Direkt rechts an der Straße.

Die bisher perfekt ausgebaute Straße wird plötzlich schmaler. Die Straßenränder bröckeln heftig und sind teilweise leicht unterspült. Auf diesem Straßenabschnitt ist also Vorsicht angesagt – falls die Straße nicht schon bis Aullène ausgebaut ist, bis Sie unterwegs sind. Dort landen wir recht unvermittelt an einer Kreuzung. Rechts geht es nach Corte und geradeaus in Richtung Propriano. Wir biegen hier links ab nach Zonza und rollen so zuerst durch das Dorf und dann in die malerische Bergregion des Alta Rocca hinein.

Aullène war vor wenigen Jahren noch recht verschlafen. Inzwischen wurden hier, und auch in anderen Dörfern des Alta Rocca, viele Häuser renoviert. Es gibt kleine Läden, Bars und Restaurants

Kurve um Kurve durchs Alta Rocca

An der Kirche von Aullène

und in die Dörfer zieht neues Leben ein. Wem es am Bavella-Pass und in Zonza zu voll ist, der fährt oft weiter in die Berge und auch Korsikas schöne Weitwanderwege ziehen viele Menschen an – die Dörfer hier oben leben vor allem vom Wandertourismus. Ein gutes Beispiel dafür ist auch **Serra-di-Scopamène**, der nächste Ort an der Strecke. Vor knapp zehn Jahren startete hier die Französin Paule Schlémaire mit ihrer *Asinerie*, einer kleinen Station zum Eselwandern. Davon profitierte auch der benachbarte *Camping Municipal*, der im Sommer jetzt fünf Monate geöffnet ist. Vor allem naturverbundene Menschen mit kompaktem Camper finden jetzt hier oben ein kleines Paradies mit vielen Tieren. Aus der Eselstation ist im Laufe der Zeit ein echtes Kinderparadies geworden. Außer einer großen Eselherde gibt es hier auch noch Ziegen, Schweine, Ponys, eine Kuh und sehr viele Hühner. Die meisten entstammen alten, robusten Haustierrassen, die teilweise sehr selten und vom Aussterben bedroht sind.

038 Serra-di-Scopamène – *Camping i palacci*

GPS/Kontakt: N 41°45'25.7'', E 9°05'44.0'', 950 m, Tel. 0033 (0)4 95787220. **Öffnungszeit:** Mai bis September. **Ausstattung:** Yogakurse. **Beschreibung:** Schöner, sehr einfacher und naturnaher Platz unter großen, alten Kastanienbäumen. Sanitäranlagen schon etwas älter und einfach, aber sauber. Viele Wanderer wegen der Nähe zum Fernwanderweg *Mare a Mare Sud*. **Preise:** 16 €, Strom 2 €. **Zufahrt:** Am Ortsbeginn von Serra-di-Scopamène links die schmale, sehr steile Straße hinauffahren. Sie endet nach guten 500 Metern zwischen dem Campingplatz und der Asinerie. Nicht geeignet für große Wohnmobile!

Asinerie Alta Rocc'Anes

Die Esel der Asinerie können ohne Probleme mit einem Gewicht bis zu 40 Kilo belastet werden und tragen entweder das Gepäck für eine längere Wanderung oder jüngere Kinder. Wer schon ein bisschen Erfahrung mit Eseln oder Pferden mitbringt, darf sich alleine mit seinem Esel auf den Weg machen. Dazu sind rund um die Asinerie drei verschiedene Wege markiert. Die längste Runde dauert drei bis vier Stunden und führt auf stillen Wegen durch die Berge rund um das Dorf und zu einem Bach. Es gibt aber auch kürzere Runden mit 45 Minuten oder zwei Stunden, die sich auch für jüngere Kinder eignen. Wer noch keine Erfahrung mit Eseln hat, kann sich auch einer der geführten Gruppen anschließen. *(Die kurzen Touren kosten zwischen 15 und 25 € pro Esel, eine Halbtagestour mit Guide 40 € pro Esel. Lieu-dit U Paradisu, Serra-di-Scopamène, Tel. 0033 6 83407048;* ***www.altaroccanes.com****).*

Wenig später durchqueren wir das Dorf **Quenza**. Auch hier gibt es eine Bar mit Tischen an der Straße und selbst am kleinen **Schloss**, das seit vielen Jahren im Dornröschenschlaf liegt, beginnt man zu restaurieren. Das Gebäude ist eine architektonische Kuriosität hier mitten in den korsischen Bergen. Errichtet wurde es 1935 von Sébastien Colonna Cesari nach dem Vorbild eines mittelalterlichen italienischen Palazzos. Cesari, der viele Jahre als französischer Generalkonsul in der Toskana gelebt hatte, holte dazu extra toskanische Handwerker nach Korsika. Er bewohnte das Haus nur

kurze Zeit bis zu seinem Tod im Jahr 1939. Im Zweiten Weltkrieg wurde es als Munitions- und Lebensmittellager der Waffen-SS genutzt. Im September 1943 griffen Partisanen das Lager an und nahmen mehr als 200 SS-Leute gefangen. Heute gehört das Schlösschen der Gemeinde Quenza, die das Gebäude in naher Zukunft wieder nutzen möchte. Mit Hilfe von Spenden wurden 2023 wichtige Sanierungsarbeiten finanziert und das Dach erneuert. Was genau hier in den nächsten Jahren entstehen wird, ist noch nicht ganz geklärt. Die Ideen reichen von Veranstaltungs- und Ausstellungsräumen über ein Naturparkzentrum bis zu Räumen für die Gemeindeverwaltung. Wir sind gespannt!

Zwischen Quenza und Zonza befinden sich zwei der fünf Campingplätze des Alta Rocca. Beide bieten schattige Plätze im Pinienwald. Der Camping La Riviere liegt nahe an der Straße und ist auch mit größeren Wohnmobilen gut zugänglich. Der Camping Bavella Vista ist ein beliebtes Quartier am Weitwanderweg *Tra Mare e Monti* und eignet sich wegen seiner schmalen und steilen Zufahrt eher für Campervans als für Wohnmobile.

039 Zonza – *Camping La Rivière*

GPS/Kontakt: N 41°46'08.6", E 9°10'38.2", 680 m, Tel. 0033 (0)495 786831; www.camping-riviere-zonza.com. **Öffnungszeit:** April bis September. **Ausstattung:** Ver- und Entsorgung, Bäckerwagen morgens, Bouleplatz, WLAN. **Beschreibung:** Zwar an der Straße, aber doch in der Bergeinsamkeit. Es gibt hier schattige Stellplätze, einen freundlichen Empfang und frisch renovierte Sanitäranlagen. Eine schöne Badegumpe im Fluss ist in wenigen Minuten zu Fuß erreichbar. **Preise:** 24 € inkl. Strom. **Zufahrt:** Direkt links an der D420 zwischen Quenza und Zonza.

TOUR 3

040 Zonza – *Camping Bavella Vista*

GPS/Kontakt: N 41°45'17.5", E 9°10'19.8", 750 m, Tel. 0033 (0)642167428; camping-bavella-vista.business.site. **Öffnungszeit:** Mitte April bis Mitte Oktober. **Ausstattung:** Frischwasser, keine Entsorgung. **Beschreibung:** Kleiner Bergcamping im Wald. Terrassierte, von Bäumen begrenzte Plätze, gute Sanitäranlagen, jedoch insgesamt sehr steil. Die Stromanschlüsse sind von vielen Plätzen nur mit einem sehr langen Kabel nutzbar. Morgens kommt in der Saison der Bäckerwagen, ansonsten ist Zonza zu Fuß erreichbar. **Preise:** 24 € inkl. Strom. Anmeldung oben am Haus. **Zufahrt:** Kurz vor Zonza den Hinweisschildern rechts steil bergab hinunter zum Platz folgen. Die Zufahrt ist eine Einbahnstraße. Zurück zur Straße geht es dann auf der anderen Seite des Hauses.

Durch seine Lage an der beliebten Strecke über den Bavella-Pass ist **Zonza** eines der meist besuchten Dörfer des Alta Rocca. Einladende Cafés und Restaurants und ein uriger Laden mit ***Produits Corses*** säumen die einzige Straße des Dorfes. Es gibt einen E-Bike-Verleih und ein kleines Museum, das sich mit der Resistance beschäftigt. In der Mitte des Kreisels im Dorfzentrum hält auf dem Denkmal für die Gefallenen des Ersten Weltkrieges ein Soldat mit seinem Gewehr die Stellung, während um ihn herum be-

Blick auf Levie, den Hauptort des Alta Rocca

Im Bergdorf Zonza

achtlich viele Autos kreiseln. Zonza ist auch ein Verkehrsknotenpunkt. Rechts geht es hinunter nach Levie, im spitzen Winkel links kommt man zum Bavella-Pass. Wer hier geradeaus fährt, kommt zum Stausee von Ospedale und dann hinunter nach Porto-Vecchio. Wenn Sie jetzt zuerst einmal durch das Dorf bummeln oder das Museum sehen möchten, sollten Sie in Richtung Levie abbiegen und gleich wieder rechts auf den Parkplatz bei N 41°45'03.6", E 9°10'16.7" fahren – es ist der einzige im Dorf, der auch für Wohnmobile zugänglich ist.

Abstecher nach Levie und zum Castello di Cucuruzzu

Die Route nach Levie lohnt noch aus einem anderen Grund. Westlich von Zonza versteckt sich in den Bergen des Alta Rocca eine der eindrucksvollsten korsischen Fundstätten aus der Bronzezeit. Auf der Fahrt zum Castello di Cucuruzzu durchqueren wir zuerst den schmucken Ort **San-Gavino-di-Carbini**. Links unterhalb der

Hauptstraße steht dort im Ort eine hübsche kleine Kirche mit einem frei stehenden Glockenturm. Außerdem ist in San Gavino der vierte Campingplatz des Alta Rocca zu finden.

041 San-Gavino-di-Carbini – *Camping d'Orra Municipal*

GPS/Kontakt: N 41°43'20.7'', E 9°09'15.7'', 670 m, Route d'Orra, Tel. 0033 (0)495 784817; camping-dorra-municipal.business.site. **Öffnungszeit:** Mitte April bis Mitte Oktober. **Ausstattung:** WC-Entleerung, Grillstelle mit kostenlosem Holz, WLAN gratis. **Beschreibung:** Naturnaher, sympathischer Platz unter großen Pinien zwischen Zonza und Levie. Sehr freundliche Betreiber, nette Atmosphäre. **Preise:** 20 € inkl. Strom. **Zufahrt:** Im Ort den Schildern zum Campingplatz folgen. Kurz vor dem Ziel wird die Zufahrt etwas schmaler, auf dem Platz fährt man über Waldboden.

Levie, der nächste Ort an der Strecke, ist der Hauptort des Alta Rocca. Hier befinden sich viele Geschäfte des täglichen Bedarfs, es gibt auch einen kleinen Supermarkt und ein sehenswertes Museum. Es ergänzt die Eindrücke, die man aus Cucuruzzu mitbringt mit Informationen, macht also eher nach dem Besuch der archäologischen Stätte Sinn.

Das Musée de l'Alta Rocca

In sieben Räumen illustriert das Museum die erste Besiedelung des Alta Rocca etwa 8000 v. Chr., die Entwicklung einer Hirtenkultur und das Eintreffen der gut bewaffneten Torreaner im Mittelmeerraum. Die Fundstücke der torreanischen Kultur stammen zum großen Teil aus Cucuruzzu. Das wichtigste und bekannteste Ausstellungsstück der Sammlung ist jedoch die »Dame de Bonifacio«, deren Todesdatum man zwischen 7000 und 8000 vor Christus ansiedelt. Das Skelett ist das älteste Zeugnis menschlichen Lebens auf Korsika *(N 41°42'15.0'', E 9°07'30.2'', Juni bis Ende September 10–18 Uhr, im Winter Di bis Sa und nur bis 17 Uhr, 4 €. Route de Carbini, Levie).*

Kurz hinter Levie geht es rechts und auf schmaler Straße weiter. Wir passieren die einladende Snack-Bar ***U Spuntino***, in der korsische Spezialitäten serviert werden und erreichen kurz darauf den Parkplatz am Ende der Straße.

042 Cucuruzzu

GPS: N 41°43'01.2'', E 9°07'42.7'', 740 m. **Max. WOMOs:** 5. **Ausstattung:** Keine. **Beschreibung:** Großer schräger Platz mit Naturboden, im unteren Bereich steht man auf Gras (oder im Sommer Grasresten) relativ gerade. Kein Schatten. **Zufahrt:** Am Ende der Straße nach Cucuruzzu rechts hinunter auf den »parking obligatoire«. **Hinweis:** Auf dem Parkplatz ist der Bau eines Besucherzentrums geplant, sodass er wahrscheinlich nicht mehr allzu lange nutzbar ist.

Das Castellu di Cucuruzzu und die Site archéologique de Capula

Gehzeit 1 h, 3 km. Die Festung von Cucuruzzu und die Siedlung von Capula liegen nicht weit voneinander entfernt und sind mit einem Rundweg verbunden. Er führt uns durch einen mystisch wirkenden Wald mit knorrigen Bäumen, dicken Felsbrocken und moosbewachsenen Mäuerchen. Der Besuch ist außerdem ein Ausflug in die Frühgeschichte der Menschheit. Höhlen und Felsüberhänge vermitteln ein authentisches Bild der frühen Besiedelung des Tales. Die Festung von Cucuruzzu ist torreanischer Bauart und war zwischen 1800 und dem Ende der Eisenzeit (etwa 400 v. Chr.) bewohnt. Die ringförmige Festung gewährt einen grandiosen Weitblick. Um den Innenhof gruppieren sich mehrere begehbare Räume. Auch Capula war schon in der Steinzeit und bis ins Mittelalter bewohnt. Die Trockenmauern der Siedlung schmiegen sich in Lücken zwischen natürlichen Felsüberhängen und ergänzen diese zu einfachen Gebäuden. Schmale Treppen und Wege führen zwischen Felsen ins Herz des Dorfes. Es braucht nur wenig Fantasie, um die uralte Siedlung im Wald mit Leben zu füllen *(Zufahrt: Abzweig zwischen Levie und Ste.-Lucie-de-Tallano von der D 268. Mitte März bis Oktober 9.30 – 18 Uhr, Juni bis September bis 19 Uhr, 4 €).*

Abstecher zum Stausee von Ospedale

Zurück in Zonza wählen wir dieses Mal die Straße zum Stausee von Ospedale. An dieser Strecke ist die Landschaft besonders malerisch. Viele der Granitfelsen sind zu knubbeligen Gestalten verwittert, dazwischen stehen windzerzauste Bäume. Die Straße mit ihrem rötlichen Asphalt bildet einen schönen Farbkontrast zum Grün der Umgebung. Nur auf dem ersten Abschnitt fahren wir noch durch ganz normalen Bergwald, in dem der fünfte Campingplatz des Alta Rocca zu finden ist.

043 *Camping municipal Zonza*

GPS/Kontakt: N 41°45'00.3", E 9°11'41.1", 790 m, Tel. 0033 (0)495786274. **Öffnungszeit:** Mai bis September. **Ausstattung:** Ver- und Entsorgung. **Beschreibung:** Sehr schattige Stellplätze im Pinienwald direkt am Bach. Einfache Sanitäranlagen, viele Wanderer. Der Platz liegt auf fast 800 Meter Höhe. **Preise:** 20 €. **Zufahrt:** Links an der Straße von Zonza nach Ospedale. Drei Kilometer von Zonza entfernt.

Dann wird die Landschaft immer malerischer und bald taucht links ein großer Parkplatz mit Snack-Bar auf. Hier beginnt die kurze Wanderung zum eindrucksvollen Wasserfall ***Piscia di Gallo*** (Piscia di Ghjaddu), die durch eine *zauberhafte Berglandschaft mit windschiefen Laricio-Kiefern und schön geformten Granitfelsen* führt. Am Ziel stürzt das Wasser des Oso senkrecht 70 Meter hinab. Die Wanderung ist gut frequentiert und der Parkplatz tagsüber fast immer voller Autos.

044 Piscia di Gallo

GPS: N 41°41'17.2", E 9°12'03.1", 930 m. **Max. WOMOs:** 10. **Ausstattung:** WC, Snack-Bar, Wanderweg. **Beschreibung:** Parkplatz in der Einsamkeit mitten in den Bergen. Die besten Plätze für Wohnmobile liegen an der Zufahrt rechts. Hier ist es ruhiger, die Plätze sind gerade und es ist mehr Platz. **Preise:** Tagesgebühr in der Saison 5 €. Zeitweise Extragebühr für die Nacht. **Zufahrt:** Links an der Straße von Zonza nach Ospedale, kurz vor dem Stausee von Ospedale.

Zum Wasserfall Picia di Gallo

Gehzeit: 1 h 45, 5 km, 100 Hm. Lassen Sie sich vom Andrang nicht täuschen: Der Weg zum Wasserfall ist gut markiert, aber keine bequeme Sightseeingtour, sondern eine kurze, sehr schöne aber ernst zu nehmende Wanderung auf steinigen Pfaden.

Er beginnt zwischen Snackbar und Restaurant. Auf einem schön angelegten Pfad läuft man zwischen Steinen hindurch, überquert eine Brücke. Dann erreicht man eine schöne Gumpe mit kleinem Wasserfall. Durch ein wildes Wirrwarr aus Felsen und mehr oder weniger abgestorbenen Bäumen führt der Pfad in schönster Bergkulisse bis zu einem breiten Waldweg, auf dem es – immer am Fluss entlang – weiter geht. Am Ende des Weges muss ein Bach von Stein zu Stein balancierend überquert werden, dann steigt man hinauf zu einem großen ebenen Sandplatz, der auch als Hubschrauberlandeplatz dient. Von hier aus wird der Pfad wieder steinig.

Die Landschaft wird karger und schroffer. Der Weg führt zu einem Plateau. Ein großer, auf einem Steinblock balancierender Wackelstein ist das unverwechselbare Kennzeichen dieses Ortes. Rechts unten sieht man ins Tal des Oso, der wenig später besagten Wasserfall bildet. Der Weg geht weiter zwischen dicken Steinblöcken hindurch und führt wenig später über große Felsstufen abwärts. Vor einem riesigen Felsblock, unter dem man sitzen kann, schwenkt der Weg nach rechts und endet wenig später an einem kleinen Plateau mit Blick auf den Wasserfall. Wer trittsicher ist, kann bei trockenem Wetter weiter, fast bis zum Fuß der Kaskade, hinunterklettern. Auf dem gleichen Weg geht es wieder zurück.

TOUR 3

Übernachten verboten, aber gut für eine Pause am Seeufer

Fährt man noch ein paar Kilometer weiter, kommt man zum **Stausee von Ospedale**. Am Ufer gibt es etliche Parkbuchten. Campen ist am See überall verboten, da er im Naturschutzgebiet liegt. Sie dürfen aber parken und eine Pause am Seeufer machen. Baden ist ebenfalls tabu – verständlicherweise, denn der See versorgt den ganzen Süden Korsikas mit Trinkwasser. Während er im Frühjahr meist gut gefüllt ist, sind am Ende eines heißen Sommers oft nur noch Baumstümpfe und rote Erde zu sehen. Am Seeufer gibt es einen **Hochseilgarten**, auf dessen Gelände man neben den klassischen Kletterelementen zwischen Bäumen auch einen einfachen Klettersteig in die knubbeligen Granitfelsen gebaut hat. Direkt daneben kleben die spektakulären Unterkünfte von *Cocoon Village* in den Felsen.

Fahren wir am See geradeaus weiter, kommen wir zum Dorf **Ospedale** und können weiterfahren nach Porto-Vecchio. Das ist die Route der klassischen Bavella-Runde. Da wir aber auch die Küste zwischen Ghisonaccia und Porto-Vecchio sehen wollen, drehen wir hier um und fahren ein weiteres Mal zurück nach Zonza. Dort wählen wir jetzt noch die letzte der vier Straßen und machen uns auf den Weg zum Bavella-Pass und nach Solenzara.

Im Frühsommer gut gefüllt: der See von Ospedale.

TOUR 3

Die letzten Kurven vor der Passhöhe

Über den Bavella-Pass

Den Bavella-Pass erreicht man von Zonza über die D268. Rechts der Straße befindet sich hier mitten im Wald eine Rennbahn – das ***Hippodrome Viseo de Zonza***. Die hier stattfindenden Trab- und Galopprennen, ausgetragen an sechs Sonntagen im Juli und August, sind ein buntes Volksfest, auf dem sich Einheimische und Gäste vom Festland mischen *(N 41°45'54.5", E 9°12'06.5", 5 €; hippodrome-zonza.fr)*.

Dann nähern wir uns der Passstraße. Wie spitze Nadeln (aiguilles) ragen die Felsspitzen des **Bavella-Massivs** in den Himmel. Das Felsmassiv ist ein Klettersport-Paradies, es führen aber auch etliche Wanderwege zwischen die eindrucksvollen Zacken. Die meisten Wege beginnen auf der **Passhöhe**, wo auch der GR 20 die Straße kreuzt. Den besten Ausblick auf die *Aiguilles de Bavella* hat man aber schon vorher – von den Parkbuchten kurz vor der Passhöhe. Oben am Pass befindet sich rechts und links der Straße jeweils ein Parkplatz. Der Rechte ist kostenpflichtig, aber asphaltiert, der Linke hat inzwischen so tiefe Rillen, dass die Zufahrt mit viel Vorsicht zu genießen ist.

P Bavella Passhöhe – N 41°47'44.9", E 9°13'29.7"

Kommen Sie im Sommer nicht zu spät hier oben an und investieren Sie in einen Parkplatz! Von der Passhöhe lohnt sich unbedingt eine Wanderung. Der markierte Rundweg zum *Trou de la Bombe*, einem großen Loch in der Felswand, ermöglicht einen guten Eindruck und ist nicht allzu schwierig. Ein breiter Forstweg führt in leichtem Auf und Ab durch den Wald bis zur *Bocca di Velaco*. Nur der Abstecher zum Loch im Fels erfordert Trittsicherheit.

Wanderung zum Trou de la Bombe

Gehzeit: 2 h 30, 6 km, 110 Hm. Die Tour startet gegenüber der Gîte d'Etape und der großen Marienstatue. Wir überqueren die Straße, folgen der roten Markierung (U Cumpuleddu), die am Ende des Parkplatzes beginnt, und gehen auf einem breiten Forstweg mit tollem Ausblick immer am Hang entlang. Der Weg führt leicht ansteigend in den Wald hinein. Er verläuft ein gutes Stück parallel zur Straße, wechselt dann nach einer engen Kurve die Richtung und trifft nach etwa 40 Minuten auf eine Weggabelung.

Wir biegen nach rechts ab (rote Markierung) und erreichen in einem Bogen 20 Minuten später die *Bocca di Velaco*. Von hier aus kann man dem Wegweiser *U Cumpuleddu* (korsisch für Trou de la Bombe) folgen, der uns in gut 15 Minuten über einen steinigen Pfad durch Felsblöcke hinauf zum Felsloch bringt. Das letzte Stück ist recht anspruchsvoll und führt beinahe weglos über Felsen. Rechts und links krallen sich vom Wind zerzauste Laricio-Kiefern in den Hang, sie scheinen direkt aus den Steinen herauszuwachsen. Von einem Felsdurchstieg hat man einen schönen Blick auf das riesige Loch im Fels. Auf dem gleichen Weg geht es wieder hinunter zur Bocca di Velaco und dann rechts weiter. Wer nicht trittsicher ist, läuft einfach am Abzweig zum U Cumpuleddu vorbei.

Das Loch im Fels – hinaufsteigen sollten nur Kletterprofis.

Auf einem schmalen Waldpfad steigen wir jetzt hinauf auf ein Felsplateau. Von hier geht es ein gutes Stück eben durch den farnbewachsenen Wald. Ein unauffälliger Abzweig nach rechts führt zu einem steinigen Hügel mit Laricio-Kiefern, der für Kinder ein perfektes Kletterparadies ist und sich gut für eine Pause eignet.

Dann geht es weiter durch den Wald, bis am tiefsten Punkt der Weg zur Kapelle links abzweigt. Auf dem Wegweiser steht *Bavella par la Chapelle*. Nach etwa zehn Minuten stehen wir auf einer großen Waldwiese. Einige Bäume bieten Schatten für eine Rast und mittendrin steht eine kleine, weiße Kapelle. Ein wunderbarer Platz für ein Picknick. Später gehen wir an der Kapelle vorbei, folgen unserer Markierung (immer noch rot) nach rechts und stehen zehn Minuten später wieder auf dem Parkplatz am Pass.

Hinter der Passhöhe stehen viele Holzhäuschen am Hang, die nur im Sommer bewohnt sind. Noch etwas weiter unten befindet sich ein großer **Schweinestall** und fast immer liegen hier etliche der Tiere an und auf der Straße.

Auf dem Weg von der Passhöhe nach Solenzara verstecken sich besonders viele Bachtäler mit bildhübschen, tiefen Badegumpen. In den Tälern von Polischellu und Purcaraccia werden **Canyoningtouren** angeboten. Der Canyon des Polischellu ist dabei besonders geeignet für Ungeübte. Auch spielerische Touren für Familien mit Kindern gibt es im Angebot einiger Veranstalter (www.canyoncorse.com, interracorsa.com, www.corsica-forest.com, www.bavellacanyon.com). Die erste **Gumpe des Polischellu** ist auch ohne Klettergurt von der Straße erreichbar und im Sommer ein *echtes Badeparadies im schattigen Bergwald*. Wer die Stelle von früher kennt, wird vergeblich nach dem vertrauten Parkplatz suchen. Er ist abgesperrt, genau wie viele andere Parkplätze an der Passstraße. Man hat aber etwas weiter unten einen neuen, größeren, im Sommer kostenpflichtigen Parkplatz (N 41°49'25.3", E 9°15'46.6") eingerichtet, von dem man den Polischellu gut erreichen kann. Vorsicht! Auch das Parken am Straßenrand ist fast überall an der D268 verboten – die gelbe Linie am Straßenrand signalisiert ein Parkverbot. Im Sommer wird engmaschig kontrolliert, um die Straße für die Feuerwehr freizuhalten.

Knorrige Laricio-Kiefern und schroffe Felsnadeln bestimmen das Landschaftsbild am Bavella-Pass.

Badeplatz am Policellu

Am Policellu gibt es einen ganz besonders netten, aber nicht ganz so einfach zu findenden Badeplatz mit großem Wasserbecken und Doppelkaskade. Der Weg zur Gumpe beginnt vom neuen Parkplatz kommend hinter der Bachbrücke rechts. Wir steigen durch die Betonrinne hinunter und halten uns dicht an dem riesigen Felsbrocken auf der linken Seite. Dort beginnt der schmale Pfad, der parallel zum Bach bis zu ersten großen Gumpe hinaufführt.

Der nächste Spot an der Straße war der Parkplatz an der **Bocca di Larone**, der bei unserem Besuch ebenfalls mit großen Steinen gesperrt war. Im Frühjahr gab es noch eine schmale Zufahrt, die auch genutzt wurde. Mit einem größeren Wohnmobil kann man hier aber nicht mehr parken. Vom Parkplatz führt ein kurzer Aufstieg zu einem Aussichtspunkt hinauf.

Im oberen Bereich des Fiumicelli

Weiter geht es auf der D268 abwärts bis die nächste Brücke in einer engen Kurve einen Seitenzufluss der Solenzara überquert. Der Fluss heißt **Fiumicelli**. Rechts hinter der Brücke liegt ein kleiner Parkplatz (N 41°50'17.0", E 9°18'32.0") mit enger Zufahrt, der schnell belegt ist. An der Brücke geht es dann zum Bach hinunter.

Baden am Fiumicelli

Die schönsten Gumpen des Fiumicelli liegen von der Brücke noch ein Stück flussaufwärts. Zur ersten ist man etwa eine Viertelstunde unterwegs. Einen Weg gibt es hier nicht. Wer hinauf will, muss durch den Fluss wandern. Dazu sind Badeschuhe, Trekkingsandalen oder Turnschuhe, die nass werden dürfen, die richtige Ausrüstung. Barfuß kommt man nicht weit. Die Tour durch den Fiumicelli kann man auch zu einer richtigen kleinen Flusswanderung ausweiten – weiter oben warten noch größere Gumpen. Die Tour ist nicht nur mit Kindern ein echtes kleines Abenteuer. Wir haben sie ausführlich in unserem Familienwanderführer (Naturzeit mit Kindern: Korsika) beschrieben.

Baden an der Solenzara

Die Straße führt jetzt einige Kilometer auf der linken Seite der Solenzara entlang. Direkt unterhalb gibt es hier Badebecken am Fluss. Inzwischen sind auch hier alle Parkbuchten mit Steinen verlegt. Parken darf man nur noch auf dem großen Parkplatz an der Ponte Grossu und der hat eine Höhenschranke. Wer mit Wohnmobil zu den Solenzara-Gumpen möchte, stellt sich am besten auf einen der beiden Campingplätze am Fluss. Der wichtigste Grund für die Restriktionen ist übrigens der Naturschutz. Es waren einfach zu viele Badegäste an der Solenzara, und das durch die Sommerhitze erwärmte Wasser war immer wieder kurz vorm Kippen.

045 Sari-Solenzara – *Camping U Ponte Grossu*

GPS/Kontakt: N 41°50'04.7", E 9°19'19.7", 120 m, Tel. 0033(0)4 95 48 26 61; www.upontegrossu.com. **Öffnungszeit:** Mitte April bis Oktober. **Ausstattung:** Ver- und Entsorgung, Restaurant, kostenloses WLAN, Station von *Corsica Forest Canyoning* am Platz. **Beschreibung:** Wunderbare Plätze über der Solenzara, teilweise sonnig, teilweise schattig, große Badegumpe vorne am Restaurant unterhalb der Brücke. Traumhaft gelegenes Restaurant mit korsischen Spezialitäten auf den Resten der alten Brücke. Sehr gute Sanitäranlagen, zehn Kilometer bis zur Küste. **Preise:** 25–28, Strom 6,50 €. **Zufahrt:** Direkt hinter der Brücke über die Solenzara links.

Nur wenige Kilometer weiter liegt der Camping U Rosumarino an einer besonders malerischen Stelle des Flusstales und an mehreren großen Gumpen. Rechts vor dem Campingplatz befindet sich auch eine Parkbucht. Von hier kann man über den Parkplatz des Restaurants neben dem Campingplatz zum Fluss hinabsteigen.

Die Badestelle am Camping U Rosumarinu

Die Solenzara am Camping U Ponte Grossu

046 Sari-Solenzara – *Camping U Rosumarinu*

GPS/Kontakt: N 41°50'38.7", E 9°20'33.1", Route Bavella, Tel. 0033 (0)495574766; urosumarinu.fr. **Öffnungszeit:** Mai bis Mitte Oktober. **Ausstattung:** WC-Entleerung, gute Pizzeria, WLAN, keine Stromanschlüsse. **Beschreibung:** Kleiner, einfacher und charmanter Platz im Hinterland von Solenzara, etwa sieben Kilometer in Richtung Bavella-Pass. Unterhalb des Platzes gibt es einige sehr schöne Badebecken in der Solenzara. Im vorderen Bereich ist es sonniger, man hat aber Flussblick. Einfache Sanitäranlagen mit sonnenwarmem Wasser. Bei voller Belegung etwas eng. Viele deutsche Familien. Direkt neben einem Hochseilgarten mit Klettersteig. **Preise:** 25–28 €. **Zufahrt:** Links an der Straße von Solenzara zum Bavella-Pass.

Nur wenige Kilometer weiter treffen wir kurz vor Solenzara wieder auf die Küstenstraße. Hier befindet sich direkt an der Flussmündung ein weiterer empfehlenswerter Campingplatz.

047 Solenzara – *Camping Côte de Nacres*

GPS/Kontakt: N 41°51'54.3'', E 9°23'50.1'', Tel. 0033 (0)495574065; www.campingdesnacres.com. **Öffnungszeit:** Mitte April bis September. **Ausstattung:** Ver- und Entsorgung, Restaurant direkt am Strand, Minimarkt. **Beschreibung:** Der Platz zieht sich zwischen Straße und Meer am Strand entlang und endet an der Solenzara-Mündung. Es gibt tolle Plätze in erster Reihe direkt am schönen Strand. An der Solenzara spenden kleine Bäumchen etwas Schatten. Hinter dem Strand stehen hohe Bäume und schützen vor der Sonne. Moderne, saubere Sanitäranlagen. Die Straße ist deutlich zu hören. Der Platzteil an der Solenzara ist nur im Juli und August geöffnet. **Preise:** 28–33 €, Strom 5,50 €. **Zufahrt:** Der Platz liegt direkt nördlich der Solenzaramündung. Die Zufahrt ist an der T10 beschildert.

Der Ort **Solenzara** besteht aus ein paar Häusern hinter dem Jachthafen, einigen Restaurants und Hotels und ein paar kleinen Läden. Die T10, die Ostküstenrennstrecke, verläuft hier fast direkt am Meer und durchquert auch Solenzara. Die besonderen Qualitäten des Ortes sind der schöne lange Sandstrand an der Flussmündung und die günstige Lage für Ausflüge ins Bavella-Gebiet. Ein großer Parkplatz im Ort und links der Straße (N 41°51'23.9'', E 9°24'02.5'') ermöglicht einen Stopp und eine Einkehr in einem der Restaurants am Hafen.

Die klassische Bavella-Runde

Wenn Sie an der Küste von Ghisonaccia hierher gefahren sind, lohnt es sich unbedingt von Solenzara oder Porto-Vecchio eine Runde durch die Berge des Alta Rocca zu drehen. Die Fahrt über den Bavella-Pass gehört zu den landschaftlich eindrucksvollsten Routen Korsikas. Leider ist sie deshalb auch Teil des »touristischen Pflichtprogramms« und oben am Pass ist immer ziemlich viel Trubel. Wenn Sie an der Passhöhe auch wandern wollen, sollten Sie unbedingt früh oben ankommen. Eine gute Alternative ist die Übernachtung auf einem der Campingplätze oben in den Bergen, um morgens früh vor Ort zu sein. Wer auch noch zum Wasserfall Piscia di Gallo wandern will (siehe Seite 73), was ebenfalls unbedingt zu empfehlen ist, sollte für den Ausflug in die Berge mindestens zwei Tage einplanen. Hinunter geht es dann auf der anderen Seite – vorbei am Stausee von Ospedale. Im Dorf Ospedale wird es dann für Wohnmobile kurzzeitig ziemlich eng, bevor die Straße sich in großen Kurven am Hang entlang schwingt und so manchen tollen Blick hinunter zum Meer ermöglicht.

An der Küste von Solenzara nach Porto-Vecchio

Kurz hinter Solenzara liegt direkt links zwischen der viel befahrenen Ostküstenrennstrecke und dem Meer einer der wenigen Wohnmobilstellplätze der Insel. Leider hält er nicht ganz, was das Schild an der Zufahrt verspricht: Strom gibt es längst nicht auf allen Plätzen. Auch Preisinfos haben wir vor Ort vergeblich gesucht. Wir würden einen der Strandcampingplätze vorziehen.

048 Sari-Solenzara – *L'Aire de la Mer*

GPS: N 41°50'31.7", E 9°24'05.3". **Max. WOMOs:** 30. **Öffnungszeit:** Ganzjährig. **Ausstattung:** Ver- und Entsorgung, eine Stromsäule ganz unten am Platz. **Beschreibung:** Leicht abfallender Wiesenplatz am Meer. Abgegrenzte Parkflächen auf unebenem Naturboden, kein Schatten. Zufahrt durch eine Schranke. Die oberen Plätze liegen direkt an der viel befahrenen Straße. **Preise:** 13 €, Frischwasser und Strom gehen extra, Zahlung am Automaten. **Zufahrt:** Direkt links der Straße, genau gegenüber des großen Werbeschildes für den Platz.

Zwischen Solenzara und Porto-Vecchio ist die Küste rau. Nur zwei lange Sandbuchten schmiegen sich zwischen die Felsen. Ein Wohnmobil können Sie hier nirgendwo parken. Den einzigen Zugang bietet der gepflegte Camping Fautea, der in toller Lage in den Felsen klebt.

049 Sainte-Lucie-de-Porto-Vecchio – *Camping Fautea*

GPS/Kontakt: N 41°42'55.4'', E 9°24'08.4'', Tel. 0033 (0)495714151; www.campingfautea.org. **Öffnungszeit:** Mai bis September. **Ausstattung:** Keine Grauwasser-Entsorgung, Baguetteservice, Restaurant, Strandbar. **Beschreibung:** Kleiner Platz am Hochufer mit Zugang zum Strand und mehreren kleinen Buchten. Der vom Platz sichtbare Genueserturm ist mit einem Spaziergang erreichbar. **Preise:** 25–31 €. **Zufahrt:** Am südlichen Ende der Bucht von Fautea. Zufahrt direkt von der T10.

Die T10 entfernt sich jetzt vom Meer und wir werden sie kurz vor **Sainte-Lucie** nach Süden verlassen, um näher an der Küste zu bleiben. Aber auch im Landesinnern bei Sainte-Lucie gibt es noch ein spannendes Ziel zu entdecken. Der Fluss **Cavu** bildet hier besonders schöne Badegumpen, die aber inzwischen mit einem Wohnmobil nicht mehr zu erreichen sind. Ab dem Friedhof an der Ortsausfahrt von Tagliu Rossu ist die Straße für Wohnmobile gesperrt. Immerhin gibt es am Verbotsschild einige Parkplätze. Die letzten 700 Meter zum Parc Aventure Tyroliana, zum E-Bike-Verleih und zu den allerersten Gumpen des Cavu müssen Sie zu Fuß hinaufsteigen. Die Gumpen weiter oben, an denen früher viele Wohnmobile standen, sind nur noch zu Fuß oder mit dem Fahrrad erreichbar, denn kurz hinter dem Hochseilgarten ist die Straße dann für alle Fahrzeuge gesperrt. Wenn Ihnen das zu mühsam ist, besuchen Sie einen der vielen anderen Hochseilgärten und auch schöne Badegumpen gibt es auf Korsika nicht nur am Cavu.

Der Cavu am Parc Aventure Tyroliana

Bilharziose am Cavu

Zwischen 2013 und 2017 gab es nachgewiesene Bilharziosefälle nach einem Bad im Cavu. Es handelt sich dabei um einen Befall durch Saugwürmer (Pärchenegel), die sonst nur in Afrika und Asien vorkommen. Die Erkrankung kann unbehandelt zu ernsten Organschäden führen.

Die Wurmlarven entwickeln sich im Süßwasser und gelangen durch die Haut in den Körper. Für eine Übertragung reicht es, mit nackten Beinen durchs Wasser zu waten. Das Vorkommen im Cavu gilt als ausgerottet, wobei sich aber durchaus Reste der Population neu vermehren könnten. Das Wasser wird an drei Stellen im Cavu und an einer Prüfstelle an der Solenzara regelmäßig kontrolliert. Badeverbote werden vor Ort mit Schildern angezeigt, was aber in den letzten Jahren nicht der Fall war (jedenfalls nicht wegen Bilharziose). Aktuelle Informationen zum Thema sind beim korsischen Gesundheitsamt unter www.corse.ars.sante.fr zu finden.

Nahe an der der Zufahrt zum Cavu gibt es auch einen Campingplatz, der jedoch weit vom Meer entfernt ist.

050 Sainte-Lucie-de-Porto-Vecchio – *Camping Santa Lucia*

GPS/Kontakt: N 41°41'47.7", E 9°20'35.1", Mulindinu, Tel. 0033 (0)495714528; www.campingsantalucia.com. **Öffnungszeit:** Ostern bis Anfang Oktober. **Ausstattung:** Pizzeria, Pool, Musikabende, Supermarkt vor dem Platz. **Beschreibung:** Schattige Plätze, ruhige Atmosphäre, freundliches Personal. Die Gumpen im Cavu sind von hier aus gut mit dem Fahrrad zu erreichen. **Preise:** 18–30 €, Strom 3 €. **Zufahrt:** An der T10 beschildert.

Wir folgen jetzt vor Sainte-Lucie-de-Porto-Vecchio der Straße nach **Pinarellu**. Im sympathischen kleinen Ferienort stehen die Tische der Restaurants und Cafés direkt hinter einem schmalen Sandstrand. Die Uferpromenade ist besonders malerisch, die Preise sind jedoch leicht gehoben. Eine schöne kleine Sandbucht liegt nördlich der Ansiedlung. Im Ort gibt es auch einen Campingplatz. Er ist durchaus empfehlenswert, auch wenn er nicht direkt am Strand liegt.

051 Sainte-Lucie-de-Porto-Vecchio – *Camping U Pinarellu*

GPS/Kontakt: N 41°41'09.4", E 9°22'12.5", Tel. 0033 (0)495714398; campingupinarellu.com. **Öffnungszeit:** Mai bis Mitte Oktober. **Ausstattung:** Ver- und Entsorgung, Baguetteservice, Restaurant, Pool, WLAN gratis. **Beschreibung:** Im Ort Pinarello, etwa 500 Meter vom langen Sandstrand entfernt. Schöne, schattige Plätze unter Korkeichen, einige durch niedrige Hecken parzelliert. Ordentliche Sanitäranlagen. **Preise:** 26 €, Strom 3,50 €. **Zufahrt:** Im Ort rechts der Hauptstraße, kurz bevor man das Meer erreicht und die Straße rechts abknickt.

Westlich von Pinarellu lockt ein langer schmaler Sandstreifen hinter einem schönen Pinienwald. Die Straße hinter dem Strand ist mit Parkplätzen gesäumt, auf denen man auch ein Wohnmobil gut parken kann. Erlaubt ist das immerhin von 8 bis 20 Uhr, sodass einem Badestopp nichts entgegensteht. Wer länger bleiben will, fährt am besten gleich auf den Campingplatz in Pinarellu oder einen der beiden Campingplätze westlich des Ortes. Freistehen ist an der Küste hier im Süden selbst in der Nebensaison kaum noch möglich.

052 Sainte-Lucie-de-Porto-Vecchio – *Camping California*

GPS/Kontakt: N 41°39'59.5'', E 9°22'47.7'', Capu di Fora Pinarello, Tel. 0033 (0)495714924; www.campingcaliforniacorse.com. **Öffnungszeit:** Mai bis Oktober. **Ausstattung:** Ver- und Entsorgung, Restaurant, Laden, WLAN gratis. **Beschreibung:** Liegt an ein geschützten, kleinen Sandbucht. Der vordere Bereich des Campingplatzes ist angenehm schattig. Im oberen Bereich sind die Bäume noch kleiner und der Weg zum Wasser ist weiter, dafür ist hier ausreichend Platz. Durch den angrenzenden Étang zeitweise viele Mücken. Der Strand geht über in das Gelände des FKK-Campings La Villata. **Preise:** 30–38 €, Strom 4 €. ACSI-Rabatt. **Zufahrt:** An der Straße von Pinarello zum Capo di Fora.

Direkt neben dem Camping California stehen an der gleichen Bucht immer ein paar Vans und Wohnmobile direkt hinter den Dünen. Dieser privilegierte Platz gehört zum FKK-Camping La Villata. Der eigentliche Campingplatz liegt ein gutes Stück weiter weg vom Meer in einem Pinienwald. Die wenigen Plätze vorne

Am Camping la Villata

am Meer sind ein Relikt aus alten Zeiten, wo noch der komplette Küstenwald zum Campinggelände gehörte. In den Dünen gibt es keinen Strom und nur ein sehr einfaches Sanitärhäuschen. Der Mindestaufenthalt ist vier Tage, in denen man sich verpflichtet, den Platz mit dem Fahrzeug nicht zu verlassen. Der Grund für diese Regeln ist der Dünenschutz. Die schöne Bucht vor dem Platz ist halb FKK- und halb Textilbadestrand. Wer mit diesen Bedingungen leben kann, steht hier super.

053 Sainte-Lucie-de-Porto-Vecchio – *Camping La Villata*

GPS/Kontakt: N 41°39'36.8", E 9°22'34.5", Tel. 0033 (0)495716290; campingvillata.fr. **Öffnungszeit:** Mai bis Anfang Oktober. **Ausstattung:** Ver- und Entsorgung, Laden, Restaurant. **Beschreibung:** Ein Teil des Platzes liegt direkt in der Düne hinter dem Strand in traumhafter Lage (siehe Bedingungen oben). Der andere Teil befindet sich ein gutes Stück hinter der Düne im Uferwald. **Preise:** 32–35 €, Aufpreis für Plätze in der Düne. Strom 4,60 € (nur im hinteren Bereich). **Zufahrt:** Von Pinarellu der D468 folgen und nach gut 3 Kilometern links zum Campingplatz abbiegen (beschildert).

Nur wenige Kilometer weiter befindet sich, immer noch in interessanter Nähe zum Meer, der ultimative Stellplatz für Pferdefans. Der kleine Reiterhof Villata bietet nicht nur Ausritte an, sondern hat auch ein einladendes Campinggelände.

054 Sainte-Lucie-de-Porto-Vecchio – *Camping à la Ferme Ranch Villata*

GPS/Kontakt: N 41°39'07.6", E 9°20'55.6", Tel. 0033 (6) 84539813; www.ranchvillata.fr. **Öffnungszeit:** April bis Oktober. **Ausstattung:** Reitzentrum. **Beschreibung:** Schöner Bauernhofcampingplatz in ruhiger Lage auf einem Wiesengelände mit großen Eichen. Reitstall und Reitbahn liegen gleich nebenan. Hier können Ausritte gebucht werden, darunter auch Ritte zum Strand. Für Kinder gibt es Ponyreiten. **Preise:** 18–20 €, Strom 3 €. **Zufahrt:** An der D468 zwischen Pinarellu und San Ciprianu. **Hinweis:** Ausritt zwei Stunden 55 €, Baderitt 75€, Ponyreiten 30 Minuten 15 €.

Wir folgen der D468 weiter in Richtung Porto-Vecchio und passieren zwei Campingplätze, die direkt an der Straße liegen und beide keinen Zugang zum Meer haben. Dann folgt links die leicht überdimensioniert wirkende Zufahrt zum komfortablen Camping Golfo di Sogno mit sehr vielen Häuschen, ein paar Stellplätzen für Camper und einem schönen Sandstrand. Er liegt an der tief eingeschnittenen Bucht von Porto-Vecchio, die hier fast wie ein großer See wirkt.

055 Porto-Vecchio – *Camping Golfo di Sogno*

GPS/Kontakt: N 41°37'47.8", E 9°18'45.5", Tel. 0033 (0)495700898; www.golfo-di-sogno.fr. **Öffnungszeit:** Mitte Mai bis September. **Ausstattung:** Ver- und Entsorgung, Strandrestaurant, Laden, Pool. **Beschreibung:** Riesiger Platz mit direktem Zugang zum Meer. Durch ein beeindruckendes Tor geht es auf eine große, völlig ebene Wiese, auf der unter großen Bäumen gut 100 Bungalows verschiedener Größe stehen. Neue und saubere Sanitärblocks. Der Platz liegt zwischen der Bucht von Stagnolo und der Mündung des Osu-Bachs. **Preise:** 21–26 € inkl. Strom. **Zufahrt:** An der D 468 zwischen San Ciprinanu und Porto-Vecchio.

Auf der gegenüberliegenden Seite der Bucht sind noch drei weitere Campingplätze zu finden. Sie teilen sich einen schmalen Sandstrand und sind im Sommer tendenziell überfüllt. Die beiden ersten Plätze ähneln sich sehr. Im vorderen Bereich am Meer steht man auf Terrassen dicht an dicht in der Sonne. Weiter hinten finden sich Plätze in Nischen zwischen großen Steinblöcken und Bäumen. Der Eingangsbereich ist zugestellt mit leeren, geparkten Wohnwagen. Beide Plätze verfügen über moderne, helle Sanitäranlagen.

056 Porto-Vecchio – *Camping La Baie des Voiles*

GPS/Kontakt: N 41°37'24.6", E 9°18'01.5", Route de Pezza Cardo, Tel. 0033 (0)495700123; www.camping-labaiedesvoiles.com. **Öffnungszeit:** Mitte April bis September. **Ausstattung:** Ver- und Entsorgung, Restaurant, Laden, Pool, Bootsverleih, Segelschule, kostenpflichtiges WLAN. **Beschreibung:** Plätze direkt hinter dem Strand unter Bäumen. **Preise:** 26 €, Strom 4,50 €, ACSI-Rabatt. **Zufahrt:** An der D468 zwischen Pinarellu und San Ciprianu links zu den Campingplätzen abbiegen. Der Baie de Voiles ist der erste Campingplatz in der Reihe.

057 Porto-Vecchio – *Camping Ilots d'Or*

GPS/Kontakt: N 41°37'21.4", E 9°17'59.7", Route de Pezza Cardo, Tel. 0033 (0)495700130; www.campinglesilotsdor.com. **Öffnungszeit:** Mai bis September. **Ausstattung:** Ver- und Entsorgung, Restaurant, Baguette-service. **Beschreibung:** Plätze direkt hinter dem Strand unter Bäumen, **Preise:** 24 €, Strom 4,50 €, ACSI-Rabatt. **Zufahrt:** An der D468 zwischen Pinarellu und San Ciprianu links zu den Campingplätzen abbiegen. Der Ilots d'Or ist der zweite Campingplatz in der Reihe.

058 Porto-Vecchio – *Camping Pezza Cardo*

GPS/Kontakt: N 41°37'14.4", E 9°17'56.4", Route de Pezza Cardo, Tel. 0033 (0)495722759; www.pezzacardo.com. **Öffnungszeit:** Mitte Mai bis September. **Ausstattung:** Kleine Bar, Pool. **Beschreibung:** Terrassierte Plätze unter Korkeichen, etwa 400 Meter vom Meer entfernt. **Preise:** 22–24 €, Strom 3,40–4 €. **Zufahrt:** An der D468 zwischen Pinarellu und San Ciprianu links zu den Campingplätzen abbiegen. Der Pezza Cardo ist der letzte Campingplatz in der Reihe.

Bevor wir jetzt weiter nach Porto-Vecchio fahren, lohnt noch einmal der Weg zurück zur T10. Beim Dörfchen **Arraggio**, das einige Kilometer im Hinterland zu finden ist, gibt es zur Abwechslung mal wieder etwas Spannendes zu sehen. Hoch über der Küste auf einem Bergrücken verstecken sich hier die Überreste eines torreanischen Castells. Dort wo die Zufahrt von der T10 abzweigt, sind auch noch einmal zwei Campingplätze zu finden. Sie liegen weit weg vom Meer, sind dafür aber komfortabel ausgestattet.

059 Porto-Vecchio – *Camping Pitrera Village*

GPS/Kontakt: N 41°38'02.8", E 9°17'40.6", Village de Trinité , Tel. 0033 (0)495702010; www.pitrera.com. **Öffnungszeit:** Ostern bis Mitte Oktober. **Ausstattung:** Tolle Poolanlage, Restaurant. **Beschreibung:** Im Eingangsbereich gruppieren sich Bungalows und einige Wohnwagen. Weiter unten liegen unter Korkeichen schöne, schattige Terrassen für Zelte. Trotz seiner Lage an der Straße ist der Platz sehr ruhig. Neue, gute Sanitäranlagen. **Preise:** 21–31 €, Aufschläge für Komfortplätze, Strom 4,50 €. **Zufahrt:** Auf dem Weg nach Arraggio direkt an der T10 gelegen. **Alternative:** Direkt nebenan ist der Camping La Vetta zu finden. **GPS:** N 41°37'56.3", E 9°17'35.9".

Ein kurzes Stück nördlich der Campingplätze zweigt die Straße nach Arraggio ab. Das torreanische Castellu ist hier beschildert.

060 Castellu d'Arraggiu

GPS: N 41°38'31.2'', E 9°15'57.8''. **Max. WOMOs:** 3–4. **Ausstattung:** Keine. Zwei eher hochpreisige, aber sehr gute Restaurants in der Nähe. **Beschreibung:** Ebener Schotterplatz in einsamer Lage etwas abseits des Dorfes. Offizieller Parkplatz für den Besuch des Castellu. **Zufahrt:** In Arraggio an den Restaurants vorbeifahren und den Parkplatzschildern folgen, die uns am Ortsende nach links und kurz darauf noch einmal nach links auf den Parkplatz schicken.

Der Weg zum Castellu

Vom Parkplatz gehen wir an der Straße zurück zu den Restaurants. Der Aufstiegsweg beginnt zwischen den beiden Gebäuden und führt deftig steil und mit einigen hohen Steinstufen 130 Meter aufwärts. Etwa 20 Minuten braucht man für den Weg hinauf. Im oberen Bereich gibt es keinen Schatten, Sie sollten sich also nicht unbedingt in der Mittagshitze auf den Weg machen. Trinkwasser nicht vergessen! Nicht nur die Anlage – auch der Blick über die Küste lohnt den anstrengenden Aufstieg.

TOUR 3

Castellu d'Arraggiu (Casteddu d'Araghju)

Die gut erhaltene torreanische Festung mit mehreren Räumen wurde in der Bronzezeit vor fast 4.000 Jahren auf dem Plateau hoch über der Küste errichtet. Die dicken Mauern sind ganz ohne Mörtel und Zement gebaut, sie bestehen nur aus Steinen, die geschickt übereinandergeschichtet wurden. Innerhalb einer Steinmauer befanden sich mehrere kleine Räume und ein Innenhof. Die Torreaner bauten ihre Castelli an Orten mit gutem Ausblick, herannahende Feinde konnte man so bereits von Weitem sehen. Sobald sich Angreifer von der Küste her näherten, verschanzten sich die Menschen aus der Umgebung in ihrer Burg.

Die Castelli aus der Bronzezeit sind ohne Mörtel und Zement erbaut.

In Friedenszeiten dienten die Castelli als Lagerräume, waren Mittelpunkte des öffentlichen Lebens und vermutlich auch Kultstätten der Priester. Das Castellu d'Arraggiu ist eines der größten torreanischen Bauwerke auf Korsika. Ähnliche Bedeutung haben nur noch das Castellu di Cucuruzzu und die kleinere, längst nicht so gut erhaltene Festung von Tappa.

Ob die torreanische Kultur auf Korsika entstanden ist oder ob ein Seefahrervolk, das die Insel überfiel, diese Bautechnik mitbrachte – man weiß es nicht so genau. Benannt hat man die Kulturepoche nach ihren Bauwerken. Torre heißt ganz einfach nur Turm. Ähnliche konstruierte Gebäude entstanden übrigens zur gleichen Zeit auch auf der Nachbarinsel Sardinien und auf Mallorca.

Der Blick vom Castellu reicht weit über die Berge bis zum Meer

Tour 4

Porto-Vecchio, Bonifacio und die Südspitze

190 km

Die Strände im Süden sind weiß und feinsandig und gehören zu den schönsten Badeplätzen der Insel. Der absolute Touristenmagnet ist jedoch die Festungsstadt Bonifacio, die abenteuerlich auf Kreideklippen erbaut ist. In der wilden Macchia der Südspitze verstecken sich außerdem viele der spannenden prähistorischen Fundstätten Korsikas. Das sind unsere Highlights:

- **Plage de Palombaggia**
- **Klippenweg nach Bonifacio**
- **Iles Lavezzi**
- **Wanderung zu den Orris**
- **Magalithes de Cauria**
- **Sartène**

Zwischen Propriano im Westen und Porto-Vecchio im Osten besteht die Küste aus Felsen, die von langen Sandbuchten unterbrochen sind. Besonders fotogen ist der Strand von Palombaggia bei Porto-Vecchio, wo Granit- und Porphyrfelsen sowie hochgewachsene Pinien eine abwechslungsreiche Küstenlandschaft zaubern. Auch die benachbarten Buchten Santa Giulia und Pinarello bieten echte Traumstrände. Während sich rund um Porto-Vecchio eines der meist besuchten Feriengebiete Korsikas entwickelt hat, sind die Sandbuchten der Südspitze oft nur über schmale Stichstraßen erreichbar. *Wild wuchernde Macchia mit dicken, knubbeligen Granitbrocken prägen die dünn besiedelte Landschaft hinter dem Meer,* die dem Norden Sardiniens – der Gallura – sehr ähnlich ist. Hier wachsen auch einige Korkeichen. Weiter im Inland türmt sich der Granit zur Berglandschaft des Alta Rocca und des Bavella-Massivs. Einige der wichtigsten Kultstätten der Megalithkultur verbergen sich in der Wildnis der Südspitze. Die Siedlung von Filitosa (Tour 5) mit ihren skulptierten Megalithsteinen ist die berühmteste von ihnen. Cauria, Pallaggiu (Tour 4) und Cucuruzzu (Tour 3) sind aber nicht weniger sehenswert.

TOUR 4

Zuerst einmal kommen wir jetzt nach **Porto-Vecchio**. Fünf Bastionen bewachen die Oberstadt, 1542 von den Genuesen als Verteidigungsanlage errichtet. Einlass war nur durch die ***Porte Génoise*** möglich, durch die man nach dem steilen Aufstieg vom Hafen auch heute noch die Altstadt betritt. Schön restaurierte alte

Die Häuser von Bonifacio thronen hoch über dem Meer an der Abbruchkante einer Kreideklippe.

Die Auswahl an Restaurants ist groß in der Altstadt von Porto Vecchio.

Steinhäuser an den schmalen Gassen beherbergen kleine Läden mit Kunsthandwerk und Souvenirs, Cafés und Restaurants. Im Sommer verwandeln sich die autofreien Straßen der Zitadelle in ein einziges stimmungsvolles Freiluftrestaurant. Zentrum der Altstadt ist die schöne Place de la Republique mit der großen Kirche *Saint Jean-Baptiste*. Die interessanteste Lage haben jedoch die Restaurants an der zum Meer gerichteten Seite der schmalen Rue Borgo. Hier versteckt sich hinter jedem Haus eine Terrasse. Von den Tischen in der ersten Reihe bietet sich ein *herrlicher Blick über das Meer und den Hafen, der fast senkrecht 50 Meter unterhalb der Tischkante liegt*.

Außerhalb der touristisch orientierten Altstadt ist Porto-Vecchio eine moderne Stadt mit großen Supermärkten, einem Industriegebiet, einer Ortsumfahrung mit etlichen Kreiseln und einem betriebsamen Hafen, in dem neben den Fähren aus dem nahen Sardinien auch große Schiffe vom französischen Festland einlaufen. Hotels und Ferienunterkünfte verteilen sich im Umfeld von Porto-Vecchio in der Nähe der außergewöhnlich schönen Strände, denen die Region den touristischen Boom verdankt.

Wer die Stadt in Ruhe erkunden und vielleicht am Abend Essen gehen möchte, findet in der Stadt einen recht zentral gelegenen Campingplatz.

Originale *Charcuterie Corse* kommt manchmal leicht archaisch daher.

061 Porto-Vecchio – *Camping La Matonara*

GPS/Kontakt: N 41°35'42.6'', E 9°16'27.6'', Rue Giudice de Cinarca, Tel. 0033 (0)495703705; www.camping-matonara.fr. **Öffnungszeit:** Mai bis September. **Ausstattung:** Ver- und Entsorgung, Restaurant, Pool. **Beschreibung:** Der Camping La Matonara liegt im Stadtgebiet von Porto-Vecchio und trotzdem relativ ruhig und im Grünen. Die Altstadt ist von hier aus bequem zu Fuß zu erreichen. **Preise:** 18 €, Strom 4,50 €. **Zufahrt:** Von Norden kommend immer geradeaus in Richtung Zentrum halten bis zu einem Kreisel nahe der Altstadt. Dort befindet sich die Zufahrt zum Campinggelände.

Da das Zentrum von Porto-Vecchio nicht sehr groß und relativ schnell durchwandert ist, ziehen wir es vor, für die Stadtbesichtigung unten am Hafen zu parken (N 41°35'18.5'', E 9°16'59.4'') und uns zur Übernachtung einen Platz außerhalb der Stadt zu suchen. Am Stadtrand liegt zum Beispiel der Camping Arutoli, aber auch zu den Camping- und Stellplätzen an der Route de Palombaggia ist es nicht mehr weit.

062 Porto-Vecchio – *Camping Arutoli*

GPS/Kontakt: N 41°36'06.6'', E 9°15'57.8'', Route de l'Ospedale, Tel. 0033 (0)495701273; www.arutoli.com. **Öffnungszeit:** April bis Anfang November. **Ausstattung:** Ver- und Entsorgung, Restaurant, Grillplatz, Pool, WLAN gratis an Rezeption, Restaurant und Pool. **Beschreibung:** Offene Wiese unter schönen Korkeichen. Sanitäranlagen für die Größe des Platzes knapp bemessen. Nahe bei Porto-Vecchio, dafür weit vom Strand entfernt. **Preise:** 19–25 €, Strom 3,80–4,50 €. **Zufahrt:** An der Straße nach Ospedale gelegen.

Wer lieber ein bisschen korsische Landluft schnuppern möchte, wird im stillen Hinterland von Porto-Vecchio fündig. Hier gibt es noch einmal einen besonders hübschen Camping à la ferme. Die Fahrt dorthin führt über mit Steinmauern gesäumte Sträßchen durch einen riesigen Korkeichenhain und ist wesentlich spannender als die Fahrt auf der gut ausgebauten T10.

063 Porto-Vecchio – *Camping à la ferme d'Alzetta*

GPS/Kontakt: N 41°35'11.9", E 9°12'01.4", Quartier Vaccile Del Monte, Tel. 0033 (0)495700232; www.fermedalzetta.com. **Öffnungszeit:** Juni bis September. **Ausstattung:** Spielplatz. **Beschreibung:** Sehr schöne Plätze unter Olivenbäumen. Sanitäranlagen einfach, aber okay. Direktverkauf von Bio-Gemüse und Geflügel. **Preise:** 20–22,50 €, Strom 3 €. **Zufahrt:** Fährt man von Porto-Vecchio auf der Route de Muratello D159 ins Landesinnere, kommt man nach etwa sieben Kilometern zum Bio-Bauernhof.

Doch jetzt wenden wir uns endlich den Stränden zu, die die Region um Porto-Vecchio zu einer der beliebtesten Urlaubsdestinationen auf Korsika gemacht haben. Allen voran ist das die **Plage de Palombaggia** mit ihren *roten Felsen, blendend weißem Sand und schillernd türkisblauem Wasser.* Ähnlich hinreißend sind die Strände um Santa Giulia, die aber von den Gästen der dortigen Ferienanlagen belegt sind, und die spektakuläre Plage de Rondinara. Palombaggia ist unser erstes Ziel und dazu verlassen wir südlich von Porto-Vecchio die T10, um die Halbinsel zu umrunden.

Schon nach knappen 100 Metern treffen wir auf den ersten Campingplatz.

064 Porto-Vecchio – *Camping U Stabiacciu*

GPS/Kontakt: N 41°34'18.1", E 9°16'33.4", Route de Palombaggia, Tel. 0033 (0)495703717; www.stabiacciu.com. **Öffnungszeit:** April bis Anfang November. **Ausstattung:** Baguetteservice, Bar, Restaurant, Grillplatz, Pool, WLAN kostenpflichtig. **Beschreibung:** Sehr angenehmer Platz mit freundlicher Rezeption. Plätze zwischen herrlichen Korkeichen, der ganze Platz ist angenehm schattig und schön aufgeteilt und bepflanzt. Gute Sanitäranlagen: Großzügig angelegt, hell, freundlich und recht sauber. Einziger Nachteil: Die viel befahrene N198 führt direkt hinter der Hecke vorbei. Nicht sichtbar, aber deutlich zu hören. Zwei Kilometer nach Porto-Vecchio, zehn Kilometer zur Plage de Palombaggia. In der Hochsaison Konzerte am Pool. **Preise:** 19–26 €, Strom 4 €. **Zufahrt:** Rechts an der Straße direkt hinter dem Abzweig von der T10 auf die Route de Palombaggia.

Wir fahren um die Nordseite der Halbinsel und treffen auf zwei weitere Campingplätze, die sich rechts der Straße den Hang hinaufziehen.

065 Porto-Vecchio – *Camping U Pirellu*

GPS/Kontakt: N 41°35'22.5", E 9°19'54.7", Route de Palombaggia, Tel. 0033 (0)495702344; camping-palombaggia.corsica. **Öffnungszeit:** Mitte April bis Mitte Oktober. **Ausstattung:** WC-Entleerung, Restaurant, Laden, Pool, Spielplatz, WLAN. **Beschreibung:** Der Platz liegt an einem langen, recht steilen Hang. Im unteren Bereich gibt es größere, sehr schattige Terrassen, die sich auch für Wohnmobile eignen. Ein großer, moderner Sanitärblock befindet sich ganz unten am Eingang, der zweite liegt oben auf dem Berg. **Preise:** 22,50–33 €, Strom 4 €. **Zufahrt:** Rechts direkt an der Route de Palombaggia kurz vor der Ansiedlung Piccovaggio.

Taffonifelsen im Wasser an der Plage de Palombaggia

066 Porto-Vecchio – *Camping Bella Vista*

GPS/Kontakt: N 41°35‘17.7'', E 9°20‘03.7'', Route de Palombaggia, Tel. 0033 (0)4 95 70 58 01; www.bellavista.corsica. **Öffnungszeit:** Mai bis September. **Ausstattung:** Snack-Bar, Laden, Pool, WiFi gratis an der Rezeption. **Beschreibung:** Direkt an der Route de Palombaggia und mit schönem Blick am Hang gelegen. Das Gelände ist nicht ganz so steil wie am U Pirellu und weniger schattig. **Preise:** 23–28 €, Strom 4 €. **Zufahrt:** Rechts an der Route de Palombaggia kurz nach dem Camping U Pirellu.

Gegenüber dem Camping U Pirellu zweigt eine schmale Straße ab, an deren Ende der gut ausgestattete FKK-Campingplatz La Chiappa zu finden ist. Mit eigener Tauch- und Surfschule ist auf dem Platz in Sachen Wassersport besonders viel geboten. Auf dem Weg dorthin kommen wir außerdem an einem ebenfalls recht einladenden Bauernhof-Campingplatz vorbei.

067 Porto-Vecchio – *Camping à la Ferme U Paradisu*

GPS/Kontakt: N 41°35'27.5'', E 9°20'18.6'', Route du phare, Tel. 0033 (0)6 16211074; www.campinguparadisu.com. **Öffnungszeit:** April bis November. **Ausstattung:** Freilaufende Tiere. **Beschreibung:** Wenig Schatten, Sanitäranlagen einfach, aber sauber, nette Atmosphäre. **Preise:** 15–18 € inkl. Strom. **Zufahrt:** Am Camping U Pirellu der schmalen Straße nach links folgen. Der Platz liegt rechts an der Straße kurz bevor man den Lagunensee erreicht.

Dann umkurvt unser Sträßchen einen Lagunensee und wir passieren eine wirklich schön gestaltete **Strandbar** an einer etwas ruppigen Kiesbucht und kommen zum Tor des Campingplatzes, der ein bisschen am Ende der Welt liegt.

068 Porto-Vecchio – *Camping La Chiappa*

GPS/Kontakt: N 41°35‘29.4'', E 9°21‘40.6'', Route de Palombaggia, Tel. 0033 (0)495700031; www.chiappa.com. **Öffnungszeit:** Mitte Mai bis September. **Ausstattung:** Ver- und Entsorgung, Restaurant, Bar, Laden, Pool, WLAN, Reitstall und deutschsprachige Surf- und Tauchschule. **Beschreibung:** Gut ausgestattete FKK-Campinganlage mit schönen Stellplätzen am Meer. Drei Tage Mindestaufenthalt! **Preise:** 33–47 € inkl. Strom. **Zufahrt:** Am Camping U Pirellu der schmalen Straße nach links folgen bis sie nach drei Kilometern am Campingplatz endet.

Wir folgen an der Kreuzung am Camping U Pirellu der Route de Palombaggia geradeaus weiter, fahren an mehreren einladenden, besonders schön gestalteten Restaurants vorbei und kommen dann zum nördlichen Zugang zur **Plage de Palombaggia**. Hier befinden sich große, kostenpflichtige Parkplätze in der Pineta, auf denen Sie mit dem Wohnmobil auch über Nacht bleiben können.

069 Porto-Vecchio – *Parking de la Plage Palombaggia*

GPS: N 41°33'51.7'', E 9°20'03.3'', Quartier Palombaja. **Max. WOMOs:** 50. **Öffnungszeit:** Mai bis September. **Ausstattung:** Ver- und Entsorgung möglich, kalte Außenduschen. **Beschreibung:** Erster Parkplatz auf der rechten Seite. Etwa 400 Meter vom Strand entfernt, dafür ruhiger. Gemischter Parkplatz unter Bäumen. Keine Beleuchtung. **Preise:** 10 € für 24 Stunden, nur tagsüber 4 €, Trinkwasser 2 €. **Zufahrt:** Von der Route de Palombaggia links zu den Strandparkplätzen abbiegen und rechts in den ersten Parkplatz fahren.

070 Porto-Vecchio – *Parking I Pini*

GPS: N 41°33'42.9'', E 9°20'02.9''. **Max. WOMOs:** 50. **Öffnungszeit:** Mai bis September. **Ausstattung:** Ver- und Entsorgung, öffentliche Toiletten in 100 Metern Entfernung, kalte Außendusche, Baguetteservice. **Beschreibung:** Sehr großer, bewachter Platz mit vielen Bäumen, der im vorderen Bereich auch als normaler Strandparkplatz dient. Zugang zu den Stränden von Palombaggia (50 Meter). Sehr nettes Personal. **Preise:** 10 € für 24 Stunden, nur tagsüber 4 €. **Zufahrt:** Zweiter Parkplatz auf der rechten Seite.

Am Ufer des Lagunensees geht es zum Camping La Chiappa, dem FKK-Paradies im Süden der Insel.

Vom Parkplatz führt ein Fußweg in Richtung Meer und trifft am Strandrestaurant *Chez Pierre* auf den Strand. Versteckt hinter einem Piniengürtel, ein Stück von der Straße entfernt, reihen sich hier mehrere, von flachen Felsbarrieren getrennte Buchten aneinander. Der Palombaggia ist tatsächlich etwas Besonderes und sein Ruf als »Karibikstrand« nicht nur ein Marketingspruch. Während der Badesaison bleibt von dieser außergewöhnlichen Schönheit aber nicht mehr viel übrig – es tummeln sich hier einfach zu viele Menschen. Auch in der Nebensaison, wenn andere Strände fast menschenleer sind, ist hier immer noch was los. *Nur früh am Morgen hat man die karibische Schönheit auch im Sommer beinahe für sich allein.* Vom Stellplatz ist der Weg ja nicht weit. Es lohnt nicht nur ein Bad am frühen Morgen – auch ein ausgedehnter Strandspaziergang ist sehr zu empfehlen. Am Ende der ersten langen Bucht führt ein Fußweg über den Felsriegel und Sie kommen zu einem besonders malerischen Strandabschnitt mit dicken knubbeligen Felsen, die sich vor der Küste zu kleinen Inseln auftürmen. Diese Bucht heißt ***Plage de Tamaricciu***. In ihrem Zentrum befindet sich eine gemauerte Terrasse, auf der bis 2019 eine einzeln stehende Pinie stand. Das vielfotografierte Wahrzeichen der Palombaggia-Buchten ist leider einem Sturm zum Opfer gefallen. Hinter dem nächsten Felsriegel folgt eine weitere, kleinere Bucht die ***Plage d'Acciaghju***. Bis hierher sind es etwa vier Kilometer.

Ein **weiterer Zugang zum Strand** befindet sich an der zweiten Bucht: Von der Küstenstraße führt hier ein Fußpfad steil hinunter zur Plage de Tamaricciu – erkennbar schon an den Autos, die oben am Straßenrand (N 41°33'11.0'', E 9°18'47.0'') parken. Diesen Zugang können wir nur in der absoluten Nebensaison empfehlen. In der Badesaison tobt hier der Bär und die Straße ist zugeparkt. Wir empfehlen die oben beschriebene stressfreie Anfahrt zur nördlichen Bucht.
Ein kurzes Stück weiter würde ein kleiner

Plage de Palombaggia

privater Stellplatz den Zugang zur dritten Bucht, der Plage d'Acciaghju, ermöglichen. Die Stellplätze liegen aber direkt unterhalb der Straße und der Übernachtungstarif ist mit 30 bis 50 Euro pro Fahrzeug so überzogen, dass wir dem Platz hier kurzerhand einen Stellplatzkasten verweigern.

071 Plage d'Acciaghju – N 41°33'00.7", E 9°18'22.9"

An der Plage d'Acciaghju ist auch das schöne Strandrestaurant Le Dune zu finden. Die Straße hinunter zum Parkplatz ist jedoch extrem schmal geraten.

Die Zufahrten zum Meer weiter südlich auf der Halbinsel können Sie getrost auslassen. Hier ist die Küste mit Feriensiedlungen verbaut. Der nächste interessante Strand an der Route liegt ein ganzes Stück weiter südlich.

Die beinahe kreisrunde **Bucht von Rondinara** ist aus der Vogelperspektive ist ein besonders beliebtes Postkartenmotiv. In der Sommersaison ist der sanft ins Meer abfallende geschützte Strand ein toller Badeplatz – gerade auch für Familien mit jüngeren Kindern. Der große Parkplatz am Ende der inzwischen asphaltierten Stichstraße, die zwischen Bonifacio und Porto-Vecchio von der Nationalstraße abzweigt, ist meistens gut gefüllt und im Sommer mit einer Höhenschranke versehen. Wer zum Strand möchte, muss also auch hier auf den Campingplatz. Von dort führt dann ein schmaler Fußweg hinunter zum Meer.

072 Bonifacio – *Camping La Rondinara*

GPS/Kontakt: N 41°28'22.2'', E 9°15'47.2'', Route de la plage, Tel. 0033 (0)495704315; www.camping-rondinara.com. **Öffnungszeit:** Mitte Mai bis September. **Ausstattung:** Ver- und Entsorgung, Restaurant (leckere Holzofenpizza), Laden, tolles Schwimmbecken mit Blick aufs Meer, WLAN kostenpflichtig. **Beschreibung:** Großer Platz oberhalb der Bucht von Rondinara auf einem Hügel gelegen. Aufwendig und mit gutem Gespür angelegtes Gelände. Im Zentrum ist Platz für größere Wohnmobile, rundherum findet man Nischen für Zelte und Vans auf Terrassen zwischen den Bäumen. Die Sanitärblocks sind hell, großzügig und werden gut gepflegt. 400 Meter Fußweg durch die Macchia den Hügel hinab zum herrlichen Strand. Der Platz ist sehr beliebt und auch in der Nebensaison noch gut besucht. **Preise:** 33–57 € inkl. Strom. **Zufahrt:** Von Der T10 links zur Plage de Rondinara abbiegen und der schmalen Straße folgen. Sie endet am Strandparkplatz. Die Zufahrt zum Campingplatz befindet sich auf halber Höhe rechts an der Straße.

Unser nächstes Ziel ist die Festungsstadt **Bonifacio**. Sie ist einerseits eines der absoluten Highlights einer Korsikareise, anderseits

Von oben gesehen ist die Bucht von Rondinara fast kreisrund.

Wer beim Camping Araguina keinen Stellplatz bekommt oder einen der schöneren Plätze in der Umgebung vorzieht, braucht **in Bonifacio** einen **Parkplatz**. Das Angebot der Reederei, die jahrelang für die Gäste ihrer Ausflugsfahrten einen kostenlosen Parkplatz zur Verfügung stellte, existiert leider nicht mehr. Alle Parkplätze in Bonifacio sind kostenpflichtig. Die in zentralerer Lage rechnen viertelstündig ab (Stand 2023: 70 Cent pro Viertelstunde). Sie sind außerdem für Wohnmobile verboten oder haben eine Höhenschranke. Um die Stadt in Ruhe anzusehen, parken Sie aber eh am preisgünstigsten auf dem Parkplatz Orena am Stadtrand (N 41°23'13.2", E 9°10'15.9"), auf dem auch genug Platz für Wohnmobile ist. Der Tagestarif liegt hier bei etwa 15 Euro.

Bonifacio (Bunifaziu)

Erst der Blick vom Meer macht es sichtbar: *Haarscharf am Rand der überhängenden Klippen errichtet, bieten die Häuser der mittelalterlichen Bastion einen abenteuerlichen Anblick.* Zum Land hin, ist die Stadt oben auf dem Felsen von einer massiven meterhohen Mauer geschützt. Im Inneren des uneinnehmbaren Bollwerks schlendert man durch freundliche Gassen mit Läden, die vor allem Kunsthandwerk, Kleidung und Schmuck anbieten – Bonifacio ist ein Einkaufsbummelparadies. Dazwischen sorgen Cafés und Restaurants für gemütliche Stimmung. Am Fuß der Mauer liegen im geschützten Naturhafen Jachten aller Größen neben der bunten Flotte der Ausflugsboote, die den perfekten Blick auf die Stadt ganz einfach machen.

La Marine – der Hafen von Bonifacio

Wer sich Bonifacio von der Landseite nähert, trifft zuerst auf die von Restaurants gesäumte Promenade am Hafen. Gleich vorne am Kai starten die Ausflugsboote zur Rundfahrt unter den weißen Klippen. Weiter hinten ankern riesige private Jachten und unterhalb der Stadtmauer werden die Autofähren nach Sardinien beladen. Ein kleiner Platz in Form eines modernes Amphitheaters wird am Abend zum Treffpunkt der Nachtschwärmer, dahinter führen Treppen hinauf zur Oberstadt.

Die Ticketschalter für die Fahrten mit dem Ausflugsboot sind am Hafen kaum zu übersehen. Zuerst trifft man auf das blaue Haus der größeren Linie SPMB. Die roten Boote von La Mèditerranée ankern weiter hinten an der langen Seite der Mole. Zumindest außerhalb der Saison sind hier die Tickets meist ein kleines bisschen billiger. (*Die einstündige Rundfahrt zum Grain de Sable und zur Wasserhöhle Grotte du Sdragonato kostet 20 € pro Person, Kinder bis 4 bis 12 Jahre 13 €. Abfahrt ist etwa alle 30 Minuten. www.spmbonifacio.com*).

Die Oberstadt

Steigt man die Treppen zur **Zitadelle** hinauf, landet man zwischen dem gut gesicherten Stadttor *Porte de Gênes* und der weißen *Chapelle de Saint-Roch*. An der Kapelle beginnt der **Klippenweg**, der am Rand der Abbruchkante aus der Stadt hinausführt. Ein erster Aussichtspunkt ist schnell erreicht, weitere folgen im Verlauf des Weges. Von den Klippen ist der Blick auf die Oberstadt fast so gut wie vom Meer. Folgt man dem Weg immer weiter, trifft man etwa nach einer halben Stunde auf den Fahrweg zum Leuchtturm am Capo Pertusato.

Vom Aussichtspunkt kehren wir zurück zur Porte de Gênes, durch die wir die **Bastion l'Etendard** betreten. Die Bastion war im Mittelalter der wichtigste Teil der Befestigungsanlagen, beherbergt heute ein Museum über die Stadtgeschichte und bietet den besten Blick über die Oberstadt *(Mai bis August Mo bis Fr 9–18 Uhr, am Wochenende ab 11 Uhr, 3,50 €. Kombiticket Bastion und Escalier du Roi d'Aragon 6,50 €)*.

Im Zentrum der Oberstadt steht die **Kirche St. Marie Majeure**. Sie ist vermutlich das älteste Gebäude Bonifacios und diente zur Zeit der genuesischen Herrschaft auch weltlichen Zwecken. In der Loggia, der Vorhalle der Kirche, versammelten sich die Stadtältesten und es tagte das Gericht. Im Altar der ursprünglich romanischen Kirche, die über die Jahrhunderte mehrfach durch Umbauten verändert wurde und heute keiner klaren Stilrichtung zuzuordnen ist, werden die Reliquien des Heiligen Bonifazius verwahrt. Der gilt als Schutzpatron der Stadt. Unter der Kirche befindet sich eine Zisterne, die die Wasserversorgung sicherstellte.

Halten wir uns in den Gassen der Stadt immer links, kommen wir zu einem der berühmtesten Bauwerke Bonifacios – der **Escalier du Roi d'Aragon**. 187 Stufen führen im Fels der Steilwand hinunter zum Meer. Die Legende behauptet, dass der König von Aragon, der Bonifacio im Jahr 1420 fünf lange Monate belagerte, die steile Steintreppe in einer einzigen Nacht in den Felsen schlagen lies, um die Einwohner der Stadt zu überrumpeln. Die List wurde rechtzeitig entdeckt und die Stadt wenig später von genuesischen Schiffen gerettet. Eine Quelle am Fuß der Treppe legt dagegen die Vermutung nahe, dass das imposante Bauwerk der Trinkwasserversorgung diente und die Legende der Fantasie entsprungen ist. Nichts desto trotz: der Abstieg über die steilen Stiegen lohnt sich. Die Treppe endet auf einer Galerie in der Klippe dicht über dem Meer und ist sehr eindrucksvoll *(Zugang zur Treppe in der Zitadelle von Bonifacio beschildert, 9–17.30 Uhr, 5 €)*.

Ganz am Ende des Felsen und hinter der Altstadt lässt das Getümmel deutlich nach. Hier oben steht eine weitere große Kirche. Die **Kirche Saint-Dominique** wurde 1270 von dominikanischen Mönchen als Teil eines Klosters erbaut und ist eine der wenigen gotischen Kirchen auf Korsika. Das Gebäude ist innen und außen eher schlicht. Besonders sehenswert ist der stattliche Hauptaltar. Wegen der außerordentlich guten Akustik des Raumes finden hier auch Konzerte statt. Hinter der Kirche befindet sich die alte offene Markthalle, in der am Freitagvormittag der **Wochenmarkt von Bonifacio** zu finden ist.

Musik für Ohren, Herz und Seele

A Seconda, die tragende Stimme, eröffnet das Lied, dann vervollständigt u bassu das Spiel der Töne und die dritte Stimme – a terza – in der Stimmlage vergleichbar mit der Chorstimme des Tenor, webt ein Netz fremd klingender und doch passender Töne über die Grundmelodie. Das ist die Grundstruktur einer traditionellen korsischen Paghjella, die ohne Instrumente intoniert wird. Korsische Polyphonie ist emotional und stimmungsvoll und wurde 2009 von der UNESCO als schützenswertes kulturelles Erbe klassifiziert. Besonders vielschichtig sind die akustischen Eindrücke auf den großen Festivals in Pigna (Estivoce, *www.voce.corsica*) und Calvi (Rencontre polyphonies corses, *rencontrespolyphoniques.com*). In den Sommermonaten sind die Bands auf der ganzen Insel auf Tournee, Infos auf *corsemusicevents.fr*. In Bonifacio finden zwischen April und Oktober wöchentlich Konzerte statt. Karten bekommen Sie meist auch spontan an der Abendkasse.

Hinter der Kirche überqueren wir einen weiteren großen Parkplatz (für Wohnmobile verboten) und kommen so zu einer weißen Mauer, hinter der sich der Friedhof von Bonifacio verbirgt. Meist wird er als **Cimetière marin** (Matrosenfriedhof) bezeichnet. *Campusantu*, heiliges Feld, nennen ihn die Einheimischen. *Der alte Friedhof besteht aus vielen kleinen Häusern und wirkt wie ein Dorf der Toten.* Ein Grab auf diesem Friedhof ist den Bürgern von Bonifacio vorbehalten. Jede der kleinen Kapellen ist ein Familiengrab. Manche sind neu und glatt geschliffen, bei anderen bröckeln Stuck und Farbe. Die schmalen Gassen haben Namen und auch ein zentraler Platz fehlt nicht in diesem besonderen Dorf. Hier befindet sich der eigentliche Marinefriedhof, auf dem die Opfer eines Schiffsunglücks begraben sind. Die komplette Besatzung kam ums Leben, als die französische Fregatte Sémillante 1855 während eines schweren Sturms auf ein Riff lief und vor den Lavezzi-Inseln sank.

Besonders stimmungsvoll ist der Klippenweg zum Sonnenuntergang.

Verlässt man den Friedhof auf der anderen Seite, führt dort eine Treppe unter die Erde. Hier versteckt sich **Le Gouvernail**, eine unterirdischen Geschützstellung, die ursprünglich von französischen Militärstrategen erbaut wurde. Im Zweiten Weltkrieg nutzten sie deutsche und italienische Truppen, um die Meerenge zwischen Korsika und Sardinien und die Einfahrt des Hafens von Bonifacio zu überwachen. Vom Ausguck im Felsen blickt man weit über das Meer *(Mai bis Oktober, 10–18 Uhr, 3 €)*.

Zwei weitere Campingplätze sind auf der Halbinsel östlich von Bonifacio zu finden. Unser Favorit ist der Camping Les Iles, der an der Straße zum Leuchtturm von Pertusato liegt. Auf dem Weg dorthin kreuzen wir auch den Klippenweg. Schöner, als mit einer Wanderung auf den Klippen, kann man sich Bonifacio nicht nähern.

077 Bonifacio – *Camping Pian Del Fosse*

GPS/Kontakt: N 41°23'58.9", E 9°12'04.4", Route de Sant' Amanza, Tel. 0033 (0)4 95 73 16 34; www.camping-piandelfosse.com. **Öffnungszeit:** Mai bis Mitte Oktober. **Ausstattung:** Ver- und Entsorgung, Baguetteservice, Snack-Bar, Laden. **Beschreibung:** Ruhiger Platz 3,5 Kilometer vom Hafen von Bonifacio entfernt. Schöne Plätze unter Bäumen. **Preise:** 18–32 €, ACSI-Rabatt. **Zufahrt:** Am Hafen von Bonifacio vorbeifahren, links abbiegen und kurz darauf links der Beschilderung zum Campingplatz folgen. Alternativ lässt sich der Campingplatz auch schon vor Bonifacio über die links abzweigende Straße nach Santa Manza anfahren, was die Fahrt durch das Gewusel am Hafen von Bonifacio erspart.

078 Bonifacio – *Camping des Îles*

GPS/Kontakt: N 41°22'42.4", E 9°12'37.9", Route de Piantarella, Tel. 0033 (0)495731189; camping-desiles.com. **Öffnungszeit:** April bis September. **Ausstattung:** Ver- und Entsorgung, Restaurant, Laden, Pool, Spielplatz. **Beschreibung:** Vier Kilometer östlich von Bonifacio, großes Areal auf mehreren Ebenen. Ganz oben auf dem Hügel gibt es auch schattenfreie Plätze mit tollem Ausblick. Der Beginn des Klippenweges ist mit dem Fahrrad erreichbar. **Preise:** 17–30 €, Strom 4 €. **Zufahrt:** Am Hafen von Bonifacio vorbeifahren, links abbiegen und kurz darauf rechts in Richtung Capo Pertusato fahren. Der Campingplatz ist hier beschildert.

Auf dem Klippenweg nach Bonifacio

Einfach 1,6, Kilometer. Am Wegbeginn bei N 41°22'56.3", E 9°10'24.2" befinden sich mehrere Parkbuchten am Straßenrand. Der Spot ist besonders beliebt zum Sonnenuntergang. Alternativ können Sie hier oben aber auch parken oder (einfacher) ihre Fahrräder abstellen, um den Weg nach Bonifacio über den Klippenweg anzutreten. So nähern Sie sich der Stadt von ihrer eindrucksvollsten Seite. Am Ende des Weges läuft man auf die trutzige Stadtmauer zu, steigt den alten gepflasterten Zugang über die Bastion d'Etendard hinauf, und betritt Bonifacio durch das alte Stadttor und die Festung aus dem 15. Jahrhundert. Besser kann man sich dem Ort kaum nähern.

Fährt man am *Camping des Iles* vorbei bis zum Meer, kann man am Straßenrand (N 41°22'37.4", E 9°13'15.1") parken. Hier verstecken sich die **Plages de Sperone**, zwei bildschöne Sandbuchten, die mit Villen hinterbaut und von der Landseite schwer erreichbar sind. Am besten kommt man übers Wasser dorthin. An der der **Plage de Piantarella** am Ende der Straße gibt es eine Kajakstation, sodass Sie die Küste mit den Buchten und einer Höhle mit dem Kajak oder SUP erkunden könnten.

Bonifacio vom Meer – die sportliche Variante

Noch mehr Eindruck machen die mächtigen Kalkklippen und die Mauern von Bonifacio, wenn man in einem kleinen Kajak auf dem Meer schaukelt. Begleitete Touren kann man bei ***Bonif Kayak*** buchen. Die Station befindet sich an der Plage de Piantarella. Vom Strand paddelt man dann an der Steilküste entlang. Für Ungeübte eignen sich die 1,5-stündige begleitete Tour *Balade Détente* oder die *Balade Découverte* mit 2,5 Stunden. Wer entsprechende Erfahrung mitbringt, kann auch ein Kajak mieten und ohne Begleitung auf Entdeckungstour gehen. Verliehen werden die bequemen, stabil im Wasser liegenden Sit-on-Top-Kajaks *(ab 35 € pro Person für eine begleitete Tour, Halbtagesmiete für ein Zweierkajak: 42 €. www.bonifacio-kayak.com).*

TOUR 4

An der Plage de l'Archiarina auf den Îles Lavezzi

Die Meerenge zwischen Korsika und Sardinien ist reich an Tieren und Pflanzen und sie ist eine viel befahrene Route im Mittelmeer: Luxuriöse Jachten, Fähren, Ausflugsboote aber durchaus auch der ein oder andere Frachter sorgen für regen Verkehr. Schon seit den 90er Jahren hat man daher besonders fragile Regionen der Meerenge wie die Iles Cerbicales oder die Îles Lavezzi unter strikten Naturschutz gestellt. Im Dezember 2012 wurde dann aus dem korsischen Schutzgebiet *Parc Naturel des Bouches de Bonifacio* und dem sardischen Schutzgebiet *Parc National de l'Archipel de La Maddalena* ein gemeinsames Schutzgebiet in französisch-italienischer Kooperation (www.rnbb.fr). Zum Gebiet gehören auch die Îles Lavezzi, die man von Bonifacio mit einer Bootstour besuchen kann.

Die Steinbuchten der Lavezzi-Inseln eignen sich perfekt zum Schnorcheln.

Mit dem Boot durch den Nationalpark – Îles Lavezzi und Reserve Naturelle Bouches de Bonifacio

Die Hauptinsel der Lavezzi-Inseln ist flach und zerklüftet. Dicke Felsbrocken in tollen Formen – sowohl an Land als auch im Wasser – sind das markante optische Merkmal des kleinen Archipels. Sie können auf der Insel von Bucht zu Bucht wandern und baden. Auch zum Schnorcheln ist Lavezzi ein Traumziel. Die flotte Anfahrt mit dem Boot führt unter den Klippen von Bonifacio entlang und auf dem Rückweg wird auch die Drachenhöhle besucht.

Im Februar 1855 zerschellte das französische Kriegsschiff Semillante auf der Fahrt von Toulon nach Konstantinopel in einem Unwetter an den Felsen der Îles Lavezzi. Keiner der über 700 Soldaten überlebte das Unglück. Seitdem gibt es auf dem Felseneiland einen Matrosenfriedhof, ein Denkmal in Form einer weißen Pyramide und einen Leuchtturm. Die meist besuchten Plätze der Insel sind jedoch die beiden langen Sandbuchten auf der Westseite. Die größere von beiden, die **Plage de l'Achiarina**, liegt weiter nördlich. Kleinere Sandflecken mit einer sehr schönen Bucht zum Schnorcheln entdecken Sie an der **Cala della Chiesa** an der Nordspitze. Winzige Sandbuchten, an denen man aber nur schwer ins Wasser kommt, verbergen sich in der **Cala di Greco** und gegenüber und südlich vom Bootsanleger. Wegweiser helfen bei der Orientierung. Da Sie sich im Naturschutzgebiet befinden, dürfen Sie die Wege nicht verlassen. Die Insel bietet ansonsten keinerlei Infrastruktur und kaum Schatten. Denken Sie unbedingt an ausreichend Wasser und einen Sonnenschutz und nehmen Sie auch einen kleinen Müllbeutel für Abfälle mit.

Eine Schnorcheltour mit den Rangern des Naturparks: An der Plage l'Achiarina beginnt eine Schnorchelrunde (45 min) auf dem Sentier Sous-Marin, die von Rangern des Nationalparks begleitet wird. Zwischen den Felsen treffen Sie auf eine ungewöhnlich bunte Unterwasserwelt. Anmeldung unter Tel. 0033 (0)6 25 25 03 74. Auch an vielen anderen Stellen lohnt sich das Schnorcheln, sodass Sie auch auf eigene Faust losziehen können.

Die Fahrt auf die Inseln wird als Tages- oder Halbtagestour von Bonifacio aus angeboten. Es empfiehlt sich, früh loszufahren, damit vor Ort genug Zeit bleibt. In ein bis zwei Stunden kann man einmal um die Insel laufen, für den kürzesten Weg zum Strand braucht man etwa 15 Minuten. Die Hinfahrt mit dem Boot dauert 30 Minuten, die Rückfahrt im Bogen über die Île de Cavallo und die Drachenhöhle etwa eine Stunde *(in der Saison erste Abfahrt um 9.30 Uhr, letzte Rückfahrt um 18.30 Uhr, 39 € pro Person; www.spmbonifacio.com).*

Von Bonifacio nach Propriano

Mit Bonifacio haben wir den südlichsten Punkt der Insel erreicht, ab jetzt geht es in nördlicher Richtung langsam wieder an der Küste hinauf. Unsere Küstenstraße trägt ab jetzt die Nummer T40. Das Gebiet westlich von Bonifacio ist nur dünn besiedelt, wir fahren durch eine bergige Landschaft, viele der Hänge sind mit Macchia überwuchert, aus der knubbelige Granitfelsen ragen. *Taffoni nennt man diese Form der Verwitterung auf Korsika* und bei Roccapina, wo die Felsen besonders malerische Formen haben, beschäftigt sich ein kleines Museum mit dem Phänomen.

Auf einen ersten großen Taffoni-Felsen treffen wir aber schon früher. Links an der Straße türmen sie sich zum zerklüfteten Granitberg Mont de la Trinité auf. Auf halber Höhe steht die Wallfahrtskapelle ***Notre-Dame de la Trinité***. Von den Felsen vor der Kapelle hat man einen tollen Blick über die Küste. Ein schmales Sträßchen windet sich von der Küstenstraße hier hinauf. Die Straße ist im Sommer mit einer Höhenschranke versperrt, im Mai stand die Barriere noch offen. Vor der Schranke gibt es eine Möglichkeit zum Wenden – zumindest dann, wenn diese nicht zugeparkt ist. Alternativ ist die Wallfahrtskapelle von einem **Parkplatz an der Küstenstraße** (N 41°24'43.3", E 9°07'26.1") auch stressfrei zu Fuß zu erreichen.

Die Granitfelsen an der Kapelle laden ein zum Klettern.

Wanderung zur Wallfahrtskapelle La Trinité

Gehzeit: 1 h 30, 4,5 km, 170 Hm. Vom Parkplatz folgen wir dem markierten Weg, bis er auf die Route des Fenu-Rundwegs trifft. Diesem folgen wir nach links und am Hang hinauf bis zur Kapelle. Zurück geht es dann auf dem gleichen Weg.

Der Weg von der Straße zur Kapelle ist Teil des acht Kilometer langen Rundwanderwegs (Gehzeit 3 bis 4 Stunden), der an der Küste entlang zum Capo di Feno und durchs Landesinnere zurückführt.

Unterhalb des Mont de la Trinité befindet sich ein Campingplatz. Er liegt vor allerschönster Kulisse, aber leider auch ziemlich nahe an der Straße.

079 Bonifacio – Camping de la Trinité

GPS/Kontakt: N 41°24'36.2", E 9°07'36.4", Tel. 0033 (0)495 731091; campinglatrinite.com. **Öffnungszeit:** Mitte April bis Oktober. **Ausstattung:** Großer Pool, Restaurant, Laden. **Beschreibung:** An der Straße von Bonifacio nach Porto-Vecchio. Ebener Platz vor herrlicher Bergkulisse. Wiesenboden, sehr eben, schöne Schattenplätze unter den wenigen großen Bäumen, ansonsten noch etwas sonnig. Unterteilt durch große Steinblöcke und Büsche. Moderne, gepflegte Sanitäranlagen. Einziger Nachteil ist die nahe vorbeiführende Straße. **Preise:** 18–25 €, Strom 4 €. **Zufahrt:** Etwa sieben Kilometer westlich von Bonifacio links an der Küstenstraße T10.

TOUR 4

Taffonisteine an der Plage de Figari

Wir folgen weiter der T40 und wenig später zweigt eine erste schmale Straße zum Meer ab. Sie führt zur **Plage de Tonnara**, die mit vielen Granitfelsen, einem alten Steinturm und zwei einladenden Strandrestaurants durchaus attraktiv ist. Gegenüber fällt der Blick auf eine felsige, von Möwen umschwärmte Insel. Wie auch an der folgenden Bucht von Figari weht hier jedoch oft ein strammer Wind, was diese *Ecke für Wind- und Kitesurfer* besonders attraktiv macht. Die Zufahrt zum Parkplatz von Tonnara (N 41°25'35.5", E 9°06'23.3") ist mit einer Höhenschranke versehen, die außerhalb der Badesaison aber häufig offen steht. Wir konnten Anfang Mai problemlos auf den Parkplatz fahren. Ein Weg führt vom Strand weiter an der Küste entlang und lädt zu einem Spaziergang ein.

Auch die nächste Bucht eignet sich wunderbar für einen ausgedehnten Strandspaziergang von Bucht zu Bucht. Oft kann man dabei Surfern zusehen, wie sie über das Wasser flitzen. Leider dürfen Sie an der **Bucht von Figari** mit einem Wohnmobil nicht parken. Ob Sie es außerhalb der Saison riskieren wollen, Ihren Camper für einen Spaziergang auf dem dann fast immer leeren Parkplatz stehen zu lassen, müssen Sie selbst entscheiden.

Im Dörfchen **Pianotoli Caldarello** führt die nächste Stichstraße zum Meer. Hier ermöglichen zwei Campingplätze einen längeren Aufenthalt. Beide liegen nicht direkt am Strand.

080 Pianottoli Caldarello – *Camping Le Damier*

GPS/Kontakt: N 41°28'34.1", E 9°02'50.1", Tel. 0033 (0)495 714885; www.camping-le-damier.com. **Öffnungszeit:** April bis Oktober. **Ausstattung:** Laden, Pizzeria, Pool. **Beschreibung:** Rechts der Straße, ausreichend schattig, gute Sanitäranlagen. Kurzer Fußweg zum Strand. **Preise:** 22–30 €, Strom 4 €. **Zufahrt:** In Pianotolli-Caldarello links der schmalen Straße mit dem Hinweis »Campings« folgen. Der Camping Le Damier liegt dann rechts an der Straße.

081 Pianottoli Caldarello – *Camping Kevano*

GPS/Kontakt: N 41°28'21.7", E 9°02'37.0", Route du bord de mer, Tel. 0033 (0)603365736; www.campingkevano.de. **Öffnungszeit:** April bis Mitte November. **Ausstattung:** Ver- und Entsorgung, Baguetteservice, Restaurant, Laden, WLAN. **Beschreibung:** Der Platz liegt im Naturschutzgebiet, 400 Meter sind es zu einem schönem Sand-Kies-Strand. Die traumhaft schönen terrassierten Stellplätze zwischen Felsen, Bäumen und Büschen oben am Hang hat man 2023 größtenteils mit Häuschen zugestellt. Das Gebäude am Eingang ist komplett umgebaut, sehr edel und geschmackvoll, und mit hohen Holzpalisaden sichtgeschützt. Im Zentrum sind neue Plätze für Wohnmobile entstanden – schattenfrei und sauber parzelliert, aber leicht anzufahren. 2023 sah noch alles etwas nach Baustelle aus. Wer den Platz (wie wir) aus der Zeit vor dem Umbau kennt und liebt, wird schwer schlucken. **Preise:** 35–78 € inkl. Strom. **Zufahrt:** In Pianotolli-Caldarello links der schmalen Straße mit dem Hinweis »Campings« folgen. Am Camping Le Damier vorbei fahren und dann links zum Camping Kevano abbiegen.

Die **Plage de Chevano**, ein hübscher weißer Sand-Kiesstrand, ist auch für einen Badestopp erreichbar. Wir fahren dazu am Camping Kevano vorbei und nach 250 Metern rechts auf einem Sandweg zum Parkplatz. Übernachten ist verboten.

P Plage de Chevano – N 41°28'12.0", E 9°02'25.0"

Rechts oberhalb der Küstenstraße liegt **Monaccia d'Aullène** in den Hügeln. Das Dorf selbst ist wenig spektakulär, spannend ist jedoch die kurze Wanderrunde, die hier markiert ist. Sie führt zu mehreren Felsenhäusern. Von der Küstenstraße fahren Sie dazu die westlichere der beiden Straßen nach Monaccia d'Aullène hinauf. Vor dem Ort liegt rechts an der Straße eine Parkbucht (N 41°30'39.1", E 9°00'24.9").

Die Orius von Monaccia d'Aullène

Gehzeit: 1 h 30, 3,6 km, 110 Hm. Oriu nennt man auf Korsika die mit Mauern geschlossenen Felsüberhänge, die in der Steinzeit als Wohnstätten gebaut wurden und später auch als Viehställe oder Lagerräume zum Einsatz kamen. Unter den ungewöhnlich geformten Taffonisteinen entstehen dabei besonders hübsche Unterkünfte. Hier bei Monaccia verstecken sie sich in großen Felsbrocken, die in verwilderten Olivenbaum- und Korkeichenhainen verstreut liegen. Dass der Weg zwischen den Felsenhäusern von Trockensteinmauern begrenzt wird, weist darauf hin, dass das Land früher auch landwirtschaftlich genutzt wurde.

Wegbeschreibung: Vom Parkplatz laufen wir etwa 150 Meter die Straße hinauf bis links ein Sandweg abzweigt. Ein Schild mit dem Namen des Weges *Sentier du Patrimoine de Monaccia d'Aullène* markiert den Wegbeginn. Wir wandern ein Stück durch die Macchia hinunter bis zu einem Bach, der im Hochsommer meist trocken ist. Hier geht es links und immer am Bachbett entlang, bis rechts von uns eine Brücke zu sehen ist. Wir überqueren diese und folgen dem stetig ansteigenden Weg, bis wir die von Olivenbäumen umgebene Ruine eines größeren Steinhauses erreichen. Hinter dem Haus führt ein Pfad über Steinstufen hinauf zur ersten Felsenwohnung.

Die Orius von Monaccia sehen ein bisschen so aus, als wären hier Hobbits zu Hause.

Zurück an der Ruine biegen wir rechts ab und folgen dem markierten Weg zwischen zwei Steinmauern. Wir wandern jetzt relativ eben am Hang entlang bis wir nach 500 Metern eine Kreuzung erreichen. Hier folgen wir unserem Wegpfeil nach links.

Jetzt geht es wieder bergab durch einen Zauberwald mit dicken Steinen. Nach etwa 200 Metern führt rechts des Weges ein Pfad zum nächsten Oriu. Links steht ein steinerner Elefant und gegenüber findet sich eine Höhle, die

gut als Vorratskammer gedient haben könnte. Dann umrunden wir einen Felsen. Dahinter bringt uns ein weiterer Pfad zum dritten Felsenhaus. Hier schließt eine Mauer den Raum unter einem überhängenden Felsen.

Dann geht es immer weiter hinab bis wir nach einer Linkskurve wieder auf den (trockenen) Bachlauf treffen. Der Weg führt an ihm entlang bis zur Ruine einer kleinen Wassermühle. Kurz vor der Mühle geht es über einen Holzsteg ans rechte Bachufer und wenig später taucht die bereits bekannte Brücke vor uns auf. Auf dem vom Hinweg vertrauten Pfad steigen wir wieder zur Straße hinauf und kehren zum Parkplatz zurück.

Dort wo sich die T40 wieder dem Meer nähert, türmen sich die Taffoni-Felsen zu wilden Gestalten. Der Stein ist hier teilweise leicht rötlich, was die Landschaft aus Felsen und Macchia besonders ungewöhnlich macht. Einige Parkbuchten an der Straße zeigen die besten Positionen. Von hier aus können Sie schauen, ob Sie unter den Felsgestalten auch den ***Lion de Roccapina*** entdecken können. Die eindrucksvolle Steinformation, die aussieht wie ein mächtiger Löwe, ist von der T40 gut zu sehen. Am kurz darauf folgenden Col de Roccapina steht rechts an der Straße das ***Museum Casa di Roccapina***. Thema der Ausstellung ist das geologische Phänomen des Taffoni, das Steinformationen wie den

Rechts auf dem Hügel liegt der Taffoni-Löwe von Roccapina.

Löwen von Roccapina hervorbringt *(Mitte April bis September Di bis So 10–18 Uhr, 2 €)*. Auf den Parkplatz gegenüber passen nur PKW, Wohnmobile sind verboten. Der Stopp in einer der Parkbuchten vor oder hinter der Passhöhe lohnt nicht nur für das kleine Museum, sondern auch für den kurzen Rundweg, der am PKW-Parkplatz beginnt. Der hübsche, *gut markierte Pfad führt zu mehreren Orius – ehemals bewohnten Taffonihöhlen – und zu einem schönen Aussichtspunkt.*

Unterhalb der weithin sichtbaren Steinformation des Löwen von Roccapina versteckt sich mitten in der Wildnis eine malerische Sandbucht mit weißem Strand und türkis glitzerndem Wasser: die **Bucht von Roccapina**. Das Wasser ist seicht, der Strand sehr angenehm. Die Zufahrt beginnt bei der *Auberge Coralli* (N 41°30'54.2", E 8°56'59.9"). Nicht von ungefähr befinden sich hier oben am Straßenrand viele Parkplätze. Die zwei Kilometer lange Piste, die von der T40 zum Meer hinabführt, ist in üblem Zustand und hat viele tiefe Löcher. Im Sommer ist zudem der Straßenrand zugeparkt, sodass das Wenden auf der Strecke kaum möglich ist. Ein Schild an der Zufahrt verbietet Wohnmobilen zwischen 22 und 8 Uhr die Durchfahrt, gemeint ist damit wohl auch ein Nachtparkverbot am Strand. Der Parkplatz am Ende der Straße ist außerdem in der Badesaison mit einer Höhenschranke versperrt, vor der man parken kann, um die letzten Meter zu Fuß zum Strand zu gehen. Wer die Piste nicht fahren, aber den Traumstrand sehen will, kann oben an der Auberge Coralli parken und den Weg zum Meer zu Fuß gehen.

Die Bucht von Roccapina ist nur über eine löchrige Piste erreichbar.

Vom Parkplatz an der Bucht von Roccapina (N 41°29'49.6", E 8°56'03.7") führt ein markierter Pfad zu den Resten eines alten genuesischen Turms. Nach einer knappen Stunde Kraxelei ist man oben und hat von hier aus wunderbare Aussicht auf die Küste, die einsame Bucht von Erbaju und auf den Löwen von Roccapina.

Auch hinter dem berühmten Spot von Roccapina führt die T40 weiter durch eine malerische Landschaft mit vielen Felsen. Hier in der Einsamkeit haben sich einige kleine landwirtschaftliche Betriebe angesiedelt, die auf den Direktverkauf setzen und teilweise auch Stellplätze für Camper anbieten. Der erste davon liegt links an der Straße. Die *Domaine Pero Longo* ist ein biologisch produzierendes Weingut mit zugehörigem Restaurant.

082 Sartene – *Camping du Domaine Pero Longo*

GPS/Kontakt: N 41°32'02.3", E 8°57'45.7", Sartène, Tel. 0033 (4)95770711; domaine-pero-longo.amenitiz.io. **Öffnungszeit:** April bis Oktober. **Ausstattung:** Sehr einladendes Restaurant mit korsischen Spezialitäten, Pool. **Beschreibung:** Kleiner naturnaher Campingplatz an einem Bio-Weingut. Der Platz liegt hinter dem Haus in einer Senke und ist in Terrassen unterteilt. Die meisten eignen sich nur für Zelte, drei oder vier Plätze passen aber auch für Wohnmobile. **Preise:** 25 €, Menü im Restaurant ab 23 €. **Zufahrt:** Der Hof liegt direkt an der T10. Zufahrt zu den Stellplätzen auf einem schmalen, naturbelassenen Fahrweg.

Nur wenige Kilometer weiter zweigt eine gute Asphaltstraße nach rechts ab ins Tal des Ortolo. Ein Schild mit Biene verrät, dass auf diesem Hof Honig produziert wird. Außerdem ist ***Heidis Escape*** ein kleines Naturparadies in traumhafter Lage vor einer wild zerklüfteten Felswand. Das Campinggelände liegt oberhalb des Hofes und ist nur für Vans bis etwa sechs Meter Länge zu empfehlen. Die Zufahrt ist schmal und steil und oben ist zwischen den Bäumen nur wenig Platz zum Rangieren.

TOUR 4

083 Sartene – *Camping à la ferme Heidis Escape*

GPS/Kontakt: N 41°33'29.0", E 8°58'58.4", La vallee de l'Ortolo, Tel. 0033 (0)610391429. **Öffnungszeit:** März bis Oktober. **Ausstattung:** Verkauf von Honig, Bio-Obst und -Gemüse je nach Saison. **Beschreibung:** Hier steht man mitten in der Natur. Die Stellplätze liegen in kleinen Nischen in naturbelassenem Umfeld und haben teilweise einen tollen Blick über das Tal und auf die malerische Felswand hinter dem Hof. Im Zentrum des kleinen Platzes gibt es ein einfaches Sanitärhäuschen. Das Wasser kommt aus einer Quelle und ist ungechlort. Der Fluss Ortolo ist zu Fuß erreichbar. Heidi, die Inhaberin, kommt aus Österreich. **Preise:** 25 €, Strom 5 €. **Zufahrt:** Kurz hinter der Domaine Pero Longo rechts dem Hinweisschild mit der Biene folgen bis zum Hof. Die Zufahrt zu den Stellplätzen erfolgt über einen engen steilen Fahrweg.

Öle aus Pflanzen der Macchia produziert der kleine Betrieb ***Vitalba***. Die Zufahrt ist ebenfalls direkt an der T40 zu finden, führt aber so steil abwärts, dass man ein größeres Wohnmobil besser oben in einer der Buchten an der Straße parkt. Unten gibt es einen großen Parkplatz und einen Hofladen, in dem Sie die Produkte testen und kaufen können. Produziert werden Ätherische Öle, Massageöle und Hydrolate *(N 41°33'55.1", E 8°58'01.9", Mo bis Fr 10–19 Uhr, Sa 10–18 Uhr, www.vitalba.fr)*.

Schließlich kommen Sie dann noch am Holzhaus der ***Bergerie d'Acciola*** (N 41°34'45.8", E 8°56'31.5") vorbei. In der ehemaligen Bergerie südlich von Sartène präsentiert die Familie Henri ausgewählte lokale Produkte. Im Laden, der leicht erreichbar direkt an der T40 liegt, bekommen Sie eine gute Auswahl an Käse und Schinken, Kastanienprodukten sowie Wein, Likör und Konfitüre aus der Region. *Auf der gemütlichen Terrasse mit traumhaftem Blick, können Sie das Angebot gleich testen.* Hier werden mittags und abends zu fairen Preisen Charcuterie und Käse, aber auch Gegrilltes und hausgemachte Desserts serviert.

Kurz vor Sartène zweigt dann links eine Stichstraße ab, die quer durch die ansonsten schwer zugängliche Südspitze der Insel bis zum Küstenort Tizzano führt. Ein Großteil des Landes ist abgesperrt und in Privatbesitz. Nur die Steinreihen von Cauria und Pallaggiu, zwei der wichtigsten Fundstätten aus der Megalithkultur, hat man notdürftig zugänglich gehalten. **Cauria** ist inzwischen ohne Probleme zu finden und recht unproblematisch anzufahren. Sogar die schmale Straße dorthin war 2023 frisch asphaltiert. Sie zweigt nach neun Kilometern links von der Hauptstrecke ab und wird dann beständig schmaler. Nach weiteren 4,5 Kilometern ist das Ziel erreicht. Rechts steht ein Wegweiser nach Stantari, so heißt die erste Steinreihe nahe am Parkplatz. Rechts und links der Straße liegt der zugehörige Parkplatz mitten in der Einsamkeit. Wenn Sie hier nach dem Besuch der Alignements einmal über Nacht stehen bleiben, ist das sicher kein Problem. Tagsüber werden die knappen Parkplätze jedoch für die Besucher gebraucht.

084 Cauria – N 41°32'08.0", E 8°54'58.0"

Heidis Escape

Der Dolmen von Fontanaccia

Megalithes de Cauria

Ein knapp einstündiger Rundweg verbindet drei eindrucksvolle Kultplätze der Megalithkultur. Am ältesten ist das *Alignement de Renagghiu*, dessen locker in einem Steineichenhain verstreute Megalithen aus der Zeit zwischen 4500 und 3000 vor Christus stammen. Die Steine des Alignement von Stantari, das gut 1000 Jahre jünger geschätzt wird, sind dagegen sauber aufgereiht und zeigen deutliche Ansätze von Armen und Schultern und angedeutete Gesichter. Das dritte Monument, der Dolmen von Fontanaccia, ist auf einer kleinen Hochebene mit Ausblick platziert und schützt einen Grabraum von vier Quadratmetern. Alleine die massive Deckplatte wiegt mehr als drei Tonnen. Welche herausragende Persönlichkeit des frühzeitlichen Korsikas hier begraben lag, ist vollständig unbekannt. ***Die drei Kultstätten sind mit einem Rundweg verbunden, der durch eine außerordentlich schöne Landschaft führt und sich schon deshalb unbedingt lohnt.*** Er führt zuerst zu den Steinreihen von Stantari, die man inzwischen leider ordentlich eingezäunt und auf Schotter gestellt hat. Links an den Steinen vorbei geht es weiter nach Rinagghiu und dann im spitzen Winkel zurück. Wir durchqueren ein Steineichen-Wäldchen, dessen Bäume sich um dicke Felsbrocken gruppieren, und steigen dann auf den flachen Hügel mit dem Dolmen. Von dort geht es zurück zum Parkplatz.

Deutlich schwieriger zu finden sind inzwischen die **Steinreihen von Pallaggiu**. Wir kehren dazu zurück auf die Hauptstrecke und folgen ihr links in Richtung Tizzano. Einen guten Kilometer hinter dem Weingut ***Domaine de Mosconi*** mit Direktverkauf befindet sich rechts der Straße, ein mit Steinen versperrter Sandweg. Mit weißer Farbe ist das Wort *Menhir* auf eine Mauer gesprüht. Eine Reihe dicker Steine versperrt die Einfahrt für Fahrzeuge. Am Straßenrand gibt es eine schmale Parkbucht (N 41°32'49.0", E 8°52'54.0"), in die maximal ein Fahrzeug passt. Früher gab es hier einen kleinen Parkplatz, der jedoch auf Privatbesitz liegt und abgesperrt wurde. So bleibt also nur noch die Möglichkeit, am Straßenrand eine Parkmöglichkeit zu suchen.

Alignements de Pallaggiu

Gehzeit: 1 h, 3 km. Wir durchqueren den Durchlass neben den Steinen und folgen der ausgewaschenen Piste den Berg hinauf. Am höchsten Punkt stehen wir vor der Ruine eines Hauses. Links wächst eine kreisförmig angeordnete Gruppe großer Olivenbäume. Hier biegen wir rechts ab und folgen einem schmalen Sandpfad weiter in die Macchia, bis nach etwa 700 Metern links von uns die Reste eines Tores zwischen den Büschen zu sehen sind. Hier biegen wir links ab und stehen nach wenigen Schritten vor den Menhiren. 258 Steine, angeordnet in mehreren Reihen und ausgerichtet in Nord-Süd-Richtung bilden die beeindruckende Steinreihe von Pallaggiu. Sie wird auf das Jahr 4000 vor Christus datiert. Einige Steine stehen heute noch streng aufgereiht, andere liegen und manche stecken schräg im Boden, so als würden sie immer noch fallen .

Die Alignements de Pallaggiu stehen gut versteckt in der Macchia.

Im Hafen von Tizzano gibt es mehrere gute Fischrestaurants

Am Ende der Straße liegt der ehemalige Fischerort **Tizzano** mit mehreren sehr guten Restaurants, auf deren Terrasse man direkt über dem Meer sitzt. Das einzige Problem: Es gibt keinen Parkplatz, sodass die Straßenränder im Ort meist zugeparkt sind. Im Extremfall ist es so eng, dass Sie am Mini-Hafen vor dem Schild, das Wohnmobilen die Weiterfahrt verbietet, kaum mehr drehen können. Davon abgesehen ist Tizzano ein wirklich sympathischer Ort. Wer etwas davon sehen will, sollte seinen Camper allerdings lieber auf dem Campingplatz östlich des Dorfes lassen und es zu Fuß besuchen.

085 Tizzano – *Camping L'Avena*

GPS/Kontakt: N 41°32'04.0'', E 8°51'47.9'', Route de Tizzano, Tel. 0033(0)4 95770218. **Öffnungszeit:** Ende Mai bis Mitte September. **Ausstattung:** Ver- und Entsorgung möglich, Laden, WLAN kostenpflichtig. **Beschreibung:** Das Campinggelände liegt am Hang oberhalb der Bucht von Tizzano. Etwa zehn Minuten Fußweg zum schönen Sandstrand und weitere zehn Minuten in den Ort. Umfangreiche Animation im Sommer. **Preise:** 24–40 €, ACSI-Rabatt. **Zufahrt:** Vor dem Ort Tizzano links den Hinweisschildern folgen. Die schmale Straße hat viele Schlaglöcher, überquert eine der schmalen Brücken ohne Geländer und führt hinauf zum Campingplatz.

Wir sind zurück auf der T40 und sehen schon nach kurzer Zeit die ersten Häuser von **Sartène** vor uns. In der Altstadt ist wenig Platz für Wohnmobile, am besten rollen wir daher gleich auf den großen **Parking Sartène** (N 41°37'11.8'', E 8°58'10.1'') unterhalb der Stadt. Eine Alternative ist der **Parking Bassaciu** (N 41°37'00.8'', E 8°58'29.5''), der ebenfalls unterhalb der Altstadt liegt. Vom Parking Sartène folgen wir der Straße bis in die enge Kehre und gehen dort über die Pont d'A Scaledda in Richtung Altstadt.

Sartène (Sartè)

Die Tische der Cafés auf der Place Porta im Zentrum von Sartène sind meist gut besetzt. Gleich dahinter beginnen die engen Passagen der Altstadt. Zwischen den hoch aufragenden Steinhäusern ist es immer kühl und etwas finster. Sie passen gut zur schaurigen Geschichte Sartènes. *Bis weit ins 19. Jahrhundert beherrschte die Vendetta die Stadt.* In einer besonders radikalen Form der Selbstjustiz, wie sie der französische Schriftsteller Prosper Mérimée in seinem Roman *Colomba* greifbar beschrieb, wurden auf Korsika Verletzungen der Ehre zwischen hochrangigen Familien mit Mord gesühnt. Ein Mord zog zwangsweise den nächsten nach sich – sodass am Ende nur trauernde Mütter und Witwen mit der verteidigten Familienehre zurückblieben.

Sartène blieb den alten Sitten lange treu, aber glücklicherweise ist die Vendetta auch hier schon über 150 Jahre Geschichte. Viele der alten Häuser sind gut renoviert und Läden und Restaurants profitieren vom besonderen Image der Stadt, das viele Gäste anlockt. So bummelt man selten alleine durch die engen Gassen. Und doch, verirrt man sich neugierig umherblickend in abgelegene Winkel und lässt Geschäfte und Restaurants hinter sich, ist da tatsächlich etwas spürbar: Ein leichtes Schaudern ergreift uns zwischen den feuchten Mauern...

Wer Lust auf eine Route abseits der Schnellstraße hat, folgt uns von Sartène auf die schmale D 69. Dazu fährt man am besten den Wegweisern zum Camping Olva nach, der in den Hügeln nordöstlich der Stadt zu finden ist. Direkt neben dem Campingplatz liegt ein Park, der vor allem Familien mit Kindern glücklich machen wird.

086 Sartène – *Camping Olva, Corsica Lodge*

GPS/Kontakt: N 41°38‘24'', E 8°58‘37'', Route de la Castagna, Tel. 0033 (0)495 771158; www.camping-olva.com. **Öffnungszeit:** Mai bis September. **Ausstattung:** Pizzeria, Bar, Laden, Pool. **Beschreibung:** Netter Bergcamping in schöner Lage mit schattigen Plätzen, nördlich von Sartène. **Preise:** 23–26 €, Strom 4 €. **Zufahrt:** Von Sartène über die D69.

Parc naturel d'Olva

Auf dem Gelände des Parc Naturel d'Olva leben in großen Gehegen die typischen Haustiere eines korsischen Bauernhofes: Gänse, Enten, Schafe, Ziegen, Schweine, Esel und auch Ponys. Die Idee der Farm ist, die traditionelle korsische Landwirtschaft zu erhalten und für Kinder erlebbar zu machen. Viele Tiere kann man streicheln und auf dem Gelände gibt es einen Picknickplatz und Ponyreiten. *(Juni bis September von 9.30–19 Uhr, April, Mai und Oktober Di bis So 10–18 Uhr. Rest des Jahres auf Anfrage. 8 €, Kinder 4–18 Jahre 5 €. Die Zufahrt zur Farm liegt links der Straße hinter dem Campingplatz bei N 41°38'22.0", E 8°58'41.0"; www.parc-animalier-corse.com).*

Dann treffen wir auf eine Kreuzung und folgen der D 69 nach rechts. Sie führt hier noch einmal ins Landesinnere. Folgt man ihr immer geradeaus, landet man wieder im Alta Rocca. Wenn Sie noch nicht in **Cucuruzzu** waren: Die torreanische Festung ist auch von dieser Seite gut zu erreichen. Auf dem Weg dorthin gibt es aber auch noch andere interessante Spots, die wir Ihnen nicht vorenthalten wollen.

Links der Straße versteckt sich zuerst eine uralte Bogenbrücke. ***Spin A Cavallu*** wird sie genannt, was so viel heißt wie Pferderücken. Ungewöhnlich ist, dass sie in der Mitte spitz zuläuft, was sie nur für Fußgänger passierbar macht. Die Brücke überspannt den Rizzanese in einem acht Meter hohen Bogen. Sie stammt ursprünglich aus dem 13. Jahrhundert und ist damit eine der ältesten Brücken Korsikas. 1993 wurde sie bei einem Hochwasser beschädigt und wenig später restauriert. Sie ist also nicht mehr im Originalzustand. Parken können Sie in einer großen Parkbucht direkt neben der Brücke (N 41°39'18.3", E 8°58'51.09").

Kurz hinter der Bogenbrücke liegt am Flussufer ein weiterer kleiner Campingplatz mit einem tollen Flussschwimmbad auf einem biologisch bewirtschafteten Bauernhof.

087 Arbellara – *Camping à la Ferme La Rivière*

GPS/Kontakt: N 41°39'41.1", E 8°59'41.7", Tel. 0033 33 (0)495505116; www.camping.la.riviere.encorsedusud.fr. **Öffnungszeit:** Juni bis September. **Ausstattung:** Restaurant, Grillplatz, Flussschwimmbad mit Riesenrutschen, Verkauf von Bio-Gemüse und Bio-Käse. **Beschreibung:** Wiesenplatz unter Bäumen am Flussufer. **Preise:** 23 €, Strom 4 €. **Zufahrt:** Von der D 69 abbiegen und etwa 250 Meter auf Fahrweg bis zum Hof fahren. **Hinweis:** Im Moment ist die Zukunft des Platzes ungewiss.

Noch ein gutes Stück weiter in den Bergen ist das *einzige Thermalbad Korsikas* zu finden. Die heiße Quelle der ***Bains de Caldane*** speist drei kleine Becken im Freien – erwarten Sie also keine schicke Anlage mit Spa. Das heiße Bad im Thermalwasser kommt auf Korsika eher urig daher. Die heißen Quellen hat man schon in der Antike zum Baden genutzt. Die 37 Grad heiße Schwefelquelle gilt als Kurbad mit positiven Auswirkungen für Haut und Gelenke und als Therapie bei Entzündungen im Nasen-Rachenraum. Besonders groß ist der Genuss natürlich, wenn Sie in der kühleren Nebensaison unterwegs sind. Auf dem Gelände befindet sich auch ein Restaurant *(N 41°40'25.9", E 9°04'51.1", 9–20 Uhr, 7 €)*.

Von den Bädern fahren wir zurück zur D 69. Wer hier rechts weiterfährt, kommt zügig ins Alta Rocca und nach Levie (Tour 3). Wir biegen links ab, fahren zurück zur Küste und erreichen bei Propriano unsere Tour 5.

Golf von Porto
Calanche
Porto
Col de Vergio
D84
Evisa
136
Tour 7
Piana
137
D81
111
110
109
Vico
P
Cargèse
P
P
Sagone
Liamone
Golf von Sagone
108
106
107
A Cupulatta
T20
D81
Tour 6
105
Ajaccio
103
102
104
Porticcio
Golf von Ajaccio
101
100
099
Gravo
N
10 km
D55
096
Coti-Chiavari
Filitosa
Sollacaro
098
097
093
092
Olmeto
Porto Pollo
094
095
091
090
Propriano
Golf von Valinco
T40
Campomoro
D121
088
Tour 4
089
Sartèn
D48
D1

Tour 5

Vier Finger im Westen

205 km

Die Westküste ist der wildeste Teil Korsikas. Die Wellen schlagen oft kraftvoll gegen die steinige Küste, die Strände sind nicht ganz so weiß und die Brandung ist deutlich stärker als in der Balagne oder im Süden der Insel. Vier sehr unterschiedliche Buchten fressen sich in die zerklüftete Küste. Das hier sind unsere Highlights auf dieser Tour:

- **Genueserturm von Campomoro**
- **Megalithen von Filitosa**
- **Plage de Cupabia**
- **Ajaccio und die Pointe de la Parata**
- **Die Kirchen von Cargèse**

Weit entfernt von den großen Fährhäfen liegt **Propriano** relativ abgeschieden am Golf von Valinco. Die Landschaft rundherum ist hügelig und unauffällig. Hier ist es nicht so schick wie in Porto-Vecchio, die Strände sind schön, aber nicht spektakulär und wer eine verwinkelte Altstadt sucht, muss bis Sartène fahren. Trotzdem reihen sich an der breiten Hafenpromenade Cafés und Restaurants und auch das Sportangebot lässt nichts zu wünschen übrig. Segeln, tauchen, reiten – alles kein Problem.

Die schönsten Campingplätze liegen an den Buchten nördlich der Stadt. Wer aber einfach nur baden möchte, tut sich an der langen **Plage de Portigliolo** auf der südlichen Seite der Bucht leichter, einen Parkplatz mit Zugang zum Wasser zu finden. Der lange Strand erstreckt sich von der Mündung des Rizzanese bis zum Örtchen Portigliolo und ist dem häufig vom Meer kommenden Wind direkt ausgesetzt. Die Brandung ist oft entsprechend stark. Ein Teil des Strandes liegt vor dem winzigen Flugplatz von Propriano. Kurz vor dem Ort Portigliolo kann man gut am Straßenrand parken. An den Zugängen zum Strand befinden sich Parkbuchten. In der Mitte des Strandes gibt es einen kleinen Parkplatz unterhalb der Straße, der auch einigermaßen übernachtungstauglich ist.

Das lange Sandband an der Plage de Portigliolo

088 Plage de Portigliolo

GPS: N 41°39'02.0", E 8°52'46.7". **Max. WOMOs:** 3–4. **Ausstattung:** Keine. **Beschreibung:** Leicht schräger Naturplatz unterhalb der mäßig befahrenen Straße. 200 Meter Fußweg auf einem schmalen Pfad bis zum breiten Sandstrand. **Zufahrt:** Von der Straße nach Portigliolo rechts auf einen schmalen Sandweg abbiegen und diesem etwa 100 Meter bis zum Parkplatz folgen.

TOUR 5

Ausflug nach Campomoro

Fährt man die Straße auf der Südseite der Bucht bis zum Ende, kommt man in einer knappen halben Stunde auf einer schmalen Küstenstraße zum 17 Kilometer entfernten Fischerort Campomoro, der ein bisschen am Ende der Welt liegt. Die alten Häuser des Dorfes gruppieren sich um die Bucht, in einigen sind Restaurants zu finden. Die Bucht vor den Häusern ist seicht und das Wasser schimmert türkisblau. Das kleine Paradies ist schon lange kein Geheimtipp mehr und leer ist es hier trotz der abgeschiedenen Lage nur noch in der Nebensaison. Ein besonders lohnendes Ziel ist der gut restaurierte **genuesische Wachturm** mit Resten einer dicken Festungsmauer oberhalb des Dorfes, in den man auch hinein kann. Von der Plattform schaut man dann weit über den Golf von Valinco. Am Turm beginnt außerdem ein Küstenweg, der sich zwischen wild geformten Taffonisteinen hindurchwindet. Wer Campomoro mit dem Wohnmobil besuchen will, muss allerdings direkt zum Campingplatz fahren. Die vor dem Dorf für Besucher angelegten Parkplätze sind für Wohnmobile verboten. Wer den Turm sehen will, ist quasi gezwungen, mindestens einmal zu übernachten.

089 Campomoro – *Camping Peretto Les Roseaux*

GPS/Kontakt: N 41°37'33.5", E 8°48'51.2", Belvédère-Campomoro, Tel. 0033 (0)495742052. **Öffnungszeit:** Mitte April bis Mitte Oktober. **Ausstattung:** Ver- und Entsorgung, Baguetteservice, Laden, Pizzeria. **Beschreibung:** Terrassierte schattige und sonnige Plätze, einfache Sanitäranlagen. Für größere Wohnmobile gibt es nur wenige Stellplätze. In gut zehn Minuten läuft man hinunter zum netten kleinen Ort und zum Strand von Campomoro. **Preise:** 20 €, Dusche 1 €, Strom 3,50 €. **Zufahrt:** Um den Platz zu erreichen, muss man ins Dorf hineinfahren, unten am Meer links abbiegen und gleich wieder links zum Campingplatz hinauffahren.

Wanderung um den Turm von Campomoro

Gehzeit: 1 h 45, 5,5 km, 150 Hm. In Campomoro kann man zu einem der wenigen restaurierten Genuesertürme der Insel hinaufsteigen und kommt auch in den Turm hinein. Von der Strandpromenade folgen wir dazu den Wegweisern und laufen die Straße am Meer entlang. Nach einem guten Kilometer erreichen wir den schmalen schattigen Pfad, der zum Turm hinaufführt. Wenig später stehen wir vor der Befestigungsmauer, die am Fuß des Turms einen mit Olivenbäumen bewachsenen Platz umsäumt. Über die Außentreppe kommt man dann hinauf in das dunkle, höhlenartige Zwischengeschoss und weiter bis zur gut gesicherten Plattform mit weitem Ausblick.

Der Turm wurde 1586 als Wachturm erbaut, um die Einwohner vor Angriffen von Piraten zu warnen.

Anschließend lohnt es sich unbedingt, auf der anderen Seite des Turms zum Meer hinabzusteigen. Dazu beginnen wir den Abstieg auf dem gleichen Weg, biegen aber nach wenigen Metern links in Richtung *Anse des Génois* ab. Der steile Pfad führt uns hinab in eine außergewöhnliche Bucht mit ausgewaschenen Taffoni-Steinen. Mit wenig Fantasie sind in den Felsen Gesichter und Figuren zu erkennen. Wir gehen links auf einem sandigen Pfad zwischen den Felsen hindurch. Nach wenigen Minuten treffen wir an einer ebenen Wiesenfläche auf einen ersten Abzweig, auf dem wir direkt unterhalb des Turms in gut 15 Minuten nach Campomoro zurück spazieren könnten.

Der markierte Weg fuhrt aber auch noch weiter an der Küste entlang. Hier sind weitere ungewöhnliche Felsen zu entdecken. Nach einem knappen Kilometer folgt dann ein zweiter Abzweig nach links. Der Weg bringt uns auf den Bergrücken hinauf. Oben biegen wir links ab und laufen auf dem Bergkamm zurück zum Turm und dann rechts zurück zur Straße.

Wer einen Campingplatz direkt am Meer sucht, hat nördlich von Propriano ein bisschen Auswahl. Biegt man von der T40 links auf die schmale D157 ab, reihen sich hier mehrere Plätze um schöne, ruhig gelegene Badebuchten. Der erste, der komfortable Camping Vigna Maggiore, liegt gleich am Abzweig rechts an der Straße. Der Weg zum Meer ist von hier aus aber etwas weiter. Da gibt es definitiv bessere Alternativen. Die D157 verläuft jetzt ein gutes Stück über dem Meer, sodass die Campingplätze links der Straße entweder am steilen Hang liegen oder eine entsprechend »dramatische« Zufahrt haben. Zuerst kommen wir zum Camping Esplanade, kurz darauf folgt die Zufahrt zum Camping Chez Antoine.

090 Olmeto – *Camping l'Esplanade*

GPS/Kontakt: N 41°41'43.6", E 8°53'18.5", Tel. 0033 (0)495760503; www.campingesplanade.fr. **Öffnungszeit:** April bis Oktober. **Ausstattung:** WC-Entsorgung, großer Pool mit Blick auf die Bucht von Propriano, Restaurant, Laden, WLAN gratis am Restaurant, verschiedene Sportplätze. **Beschreibung:** Schöner, sehr schattiger Platz mit eigener kleiner Bucht. Fußweg zum Strand vom unteren Teil des Platzes etwa fünf Minuten. Die Plätze liegen auf Terrassen am Hang. Nur wenige sind für größere Wohnmobile nutzbar. Der ganze Platz ist so steil, dass selbst der Weg zur Toilette schweißtreibend wird. Ein Marsch vom Strand hinauf zur Rezeption ähnelt bereits einer kleinen Bergwanderung. **Preise:** 28–48 € inkl. Strom. **Zufahrt:** Die Einfahrt liegt direkt links an der D157.

091 Olmeto – *Camping Chez Antoine*

GPS/Kontakt: N 41°41'41.3", E 8°53'00.5", Campitello, Tel 0033 (0) 495704307; campingchezantoine.com. **Öffnungszeit**: April bis Oktober. **Ausstattung:** WC-Entsorgung, Bäckerwagen am Morgen in der Saison. **Beschreibung:** Einfaches, unparzelliertes Campinggelände direkt hinter einem schönen Sandstrand. Teilweise Schatten unter Baumgruppen. Ruhige, entspannte Atmosphäre ohne Schnickschnack. Ältere Sanitäranlagen, die etwas knapp bemessen sind, wenn der Platz voll belegt ist. Eine Handvoll Plätze mit Meerblick. **Preise:** 25 €, Strom 5 €. **Zufahrt:** Von der D157 der Beschilderung links in eine sehr schmale Straße zwischen zwei Mauern folgen. An ihrem Ende geht links um eine enge Kurve und dann steil hinunter zum Platz.

Der Strand am Camping Chez Antoine an einem Tag ohne Brandung

Wenige Kilometer weiter zieht sich rechts der Straße der komfortable Camping U Libecciu mit tollem Infinity-Pool am Hang hinauf. Zur schönen Bucht Cala Pisciona auf der anderen Seite der Straße läuft man aber einige Minuten.

092 Olmeto – *Camping U Libecciu*

GPS/Kontakt: N 41°42'04.5'', E 8°51'28.3'', Route de Porto Pollo, Tel. 0033 (0)4 9740128; campingulibecciu.com. **Öffnungszeit:** Mai bis September. **Ausstattung:** Ver- und Entsorgung, beheizter Infinity-Pool, Restaurant, Spa. **Beschreibung:** Ein wirklich schöner Campingplatz mit sehr vielen Bungalows und einigen terrassierten und überwiegend schattigen Plätzen für kleinere Wohnmobile oder Vans. Freundliche Rezeption. **Preise:** 21–27 €, Strom 5 €. **Zufahrt:** Rechts an der D157 beschildert.

Noch ein kurzes Stück weiter, die Straße verläuft jetzt auf Meeresniveau, erreichen wir einen weitläufigen Campingplatz, der auch mit größeren Wohnmobilen stressfrei anzufahren ist. Um zum Strand zu kommen, muss man nur die Straße überqueren.

093 Olmeto Plage – *Camping Ras L'Bol*

GPS/Kontakt: N 41°42'10.4", E 8°50'08.1", Route de Porto Polo, Tel. 0033 (0)495740425; www.camping-hotel-propriano.com. **Öffnungszeit:** April bis September. **Ausstattung:** Ver- und Entsorgung, beheizter Pool, Restaurant, Laden, umfangreiches Freizeitangebot, Fahrradverleih. **Beschreibung:** Sehr großer, gepflegter Platz an der D157 beim Weiler Abartello. Von der Straße abgeschottet durch Büsche und mehrere Reihen großer Palmen. Der Platz ist im vorderen Teil sehr eben und auch gut für größere Wohnmobile geeignet. Im hinteren Bereich geschützte Nischen zwischen großen Steinblöcken. Mehrere große Sanitärblocks. Lange schmale Sandbucht auf der gegenüber liegenden Seite der Straße. **Preise:** 21–32 €, Strom 4,50 €. ACSI-Rabatt. **Zufahrt:** Direkt rechts an der Uferstraße D157.

Zwei weitere, eher einfach ausgestattete Plätze liegen in der Bucht von Porto Pollo direkt hinter einem schönen Sandstrand. Einen dritten Campingplatz, der uns aber von der Lage nicht halb so gut gefallen hat, gibt es im Ort **Porto Pollo**.

094 Serra-di-Ferro – *Camping Cyrnos*

GPS/Kontakt: N 41°42'50.4", E 8°49'00.4", Route de Porto Pollo, Tel. 0033 (0)4 95740055. **Öffnungszeit:** Juni bis September. **Ausstattung:** Ver- und Entsorgung, morgens kommt ein Bäckerwagen und zweimal wöchentlich ein mobiler Marktwagen, Restaurant, Kitesurfschule. **Beschreibung:** Zwangloser Campingplatz direkt am schönen Strand in der Nähe von Porto Pollo. Die Sanitäreinrichtungen sind zwar in die Jahre gekommen, aber sauber. Etwas ab vom Schuss. Kein WLAN. Viele Familien. **Preise:** Ab 26 €. **Zufahrt:** Von der D157 links nach Porto Pollo abbiegen und nach 900 Metern links in die schmale Zufahrt zum Campingplatz einbiegen. Der Fahrweg ist schmal, voller Schlaglöcher und endet nach einem Kilometer am Parkplatz vor der Rezeption des Campingplatzes.

095 Serra-di-Ferro – *Camping U Caseddu*

GPS/Kontakt: N 41°42'37.9", E 8°48'20.6", Porto Pollo, Tel. 0033 (0)4 95740180. **Öffnungszeit:** Mitte Mai bis Mitte September. **Ausstattung:** Ver- und Entsorgung, Restaurant, kleiner Laden. **Beschreibung:** Am Ortsrand von Porto Pollo, aber trotzdem am Meer. Einige Plätze auch direkt hinter dem Strand, sehr einfache, aber saubere Sanitäranlagen. Mehrere Strände in Gehweite. **Preise:** 32 – 37 €. **Zufahrt:** An der Ortseinfahrt von Porto Pollo links an der Straße.

Ein Abstecher ins Hinterland bringt uns von Porto Pollo zur wichtigsten archäologischen Fundstätte Korsikas. Die ***Site préhistorique de Filitosa*** liegt etwa sechs Kilometer von der Küste entfernt in einer lieblichen Hügellandschaft.

Site préhistorique de Filitosa

Auf dem Gelände, das schon vor über 8000 Jahren bewohnt war, haben sowohl die Menschen der Megalithkultur als auch die nachfolgenden torreanischen Besatzer ihre Spuren hinterlassen. Die Reste des Dorfes, die sich zwischen großen Felsen um das zentrale Heiligtum gruppieren, sind torreanisch. Besonders bekannt ist Filitosa jedoch für seine Megalithskulpturen mit deutlichen menschlichen Zügen. Gleich am Eingang der Anlage empfängt Sie freundlich Filitosa V mit elegantem Langschwert. Weitere sechs Statuen, die nicht mehr in voller Größe erhalten sind, hat man am Hauptmonument platziert. Besonders ausdrucksstark ist Filitosa IX auf der rechten Seite. Die besten Fotos machen Sie in Filitosa übrigens zur Mittagszeit, wenn das senkrecht einfallende Licht das Relief der Steine besonders gut hervorhebt.

Weitere Megalithstatuen stehen zu Füßen einiger uralter Olivenbäume unten am Steinbruch. An fünf Metallsäulen an den wichtigsten Plätzen des Geländes bekommen Sie per Knopfdruck Erklärungen in akzentfreiem Deutsch. Zur Zeit baut man an einem neuen Museum, dass die wenigen Vitrinen im Pavillon am Eingang ergänzen soll *(N 41°44'38.8", E 8°52'17.0", April bis Oktober 9 Uhr bis zum Sonnenuntergang. 9 €, Station Préhistorique de Filitosa, 20140 Petreto-Bicchisano; www.filitosa.fr).*

Nur wenige Kilometer von Filitosa entfernt versteckt sich eines der besten Restaurants der Region. Im ***Le Frère*** wird vorrangig mit Zutaten von der Insel gekocht: dem Fleisch der wilden schwarzen Schweine und der *Vaches tigre*, einer Kuhrasse mit getigerten Fell. Diese alte korsische Rasse wird hier im Süden gezüchtet – vom Bruder des Restaurantinhabers. Der im Le Frère kredenzte Wein stammt dann aus der Domaine des dritten Abatucci-Bruders. Direkt neben dem Restaurant gibt es auch einen Camping à la ferme...

096 Casalabriva – *Camping Aire Naturelle Abbatucci*

GPS/Kontakt: N 41°46'19.4", E 8°54'32.7", Tel. 0033 (0)495 243630; www.domainekiesale.com. **Öffnungszeit:** Mitte April bis September. **Ausstattung:** Restaurant, Direktverkauf von Wein, Honig, Fleisch. **Beschreibung:** Großes naturbelassenes Gelände am Hügel hinter dem hervorragenden, aber nicht ganz billigen Restaurant *Le Frère*. Mitten in der Natur, ruhig und erholsam. Einfache Sanitäranlagen. **Preise:** 21 €, Strom 3,50 €. **Zufahrt:** Von Filitosa der D457 folgen, bis kurz vor der Überquerung des Taravo rechts die Zufahrt zum Restaurant markiert ist.

Von Filitosa machen wir uns jetzt wieder auf den Weg zurück zur Küste. Mit sehr großen Wohnmobilen sollten Sie allerdings besser auf der T40 im Landesinneren nach Ajaccio weiterfahren. Die Fahrt auf der **Küstenstraße** kostet deutlich mehr Zeit, ist aber auch viel schöner. Zuerst versteckt sich auf der Höhe über dem Golf von Propriano im winzigen Dorf Serra-di-Ferro ein kleiner Campingplatz, der ganzjährig geöffnet ist.

097 Serra-di-Ferro – *Camping U Turracconu*

GPS/Kontakt: N 41°43'31.9", E 8°47'42.2", Tel. 0033 (0)6 12 91 26 21. **Öffnungszeit:** Ganzjährig, im Winter aber nicht betreut und geputzt. **Ausstattung:** Pool und Bar im Sommer. **Beschreibung:** Schattige Stellplätze, einige davon mit außergewöhnlichen Blick auf die Bucht von Propriano, Sanitäranlagen deutlich in die Jahre gekommen. **Preise:** 20–38 €. **Zufahrt:** Im Dorf Serra-di-Ferro den Hinweisschildern folgen.

Nördlich von Serra-di-Ferro verbirgt sich die abgelegene **Bucht von Cupabia**. Eine Stichstraße führt zum langen, geschützten Sandstrand. Mit ihrem blendend weißen, feinen Sand, eingerahmt von Felsen, ist die Bucht ein besonders schöner Anblick. Ein einfacher Campingplatz hinter dem Strandrestaurant bietet die Möglichkeit zu bleiben, wenn er denn geöffnet ist. Wir waren schon mehrfach auf dem Platz, standen aber auch schon zweimal vor einem fest verschlossenen Tor. Einmal weil die Rezeption in der Nebensaison am Sonntag einfach geschlossen blieb (ohne Info am Tor übrigens – war halt einfach keiner da). Das junge Team am Surfbrettverleih hat dann freundlicherweise für uns telefoniert und uns mitgeteilt, dass eine Anmeldung erst am Abend möglich sei. Wir sollen doch einfach ein paar Stunden auf dem Parkplatz warten… Das zweite Mal scheiterten wir im Mai 2023 am verschlossenen Tor. Kurz vor der Veröffentlichung dieses Buches haben wir erfahren, dass der Platz 2023 komplett geschlossen blieb. Es scheint unklar, wie und ob es weitergeht. Lange Geschichte, kurzes Fazit: Die Campingwiese an der Plage de Cupabia ist ein grandioser Ort, wenn auch definitiv überteuert. Erwarten Sie außerdem weder viel Service noch besondere Freundlichkeit und drücken sie die Daumen, dass der Platz weiterhin existiert.

TOUR 5

098 Serra-di-Ferro – *Camping Cupabia*

GPS/Kontakt: N 41°44'16.9", E 8°47'02.8", Tel. 0033 (4)95 740438. **Öffnungszeit:** Theoretisch Mai bis September. **Ausstattung:** Kleiner Laden, sehr gutes Strandrestaurant in gehobener Preisklasse. **Beschreibung:** Im vorderen Bereich schattenlose Wiese mit vereinzelten Bäumen, im hinteren Bereich auch Schattenplätze. Außergewöhnliche Lage direkt hinter einer der schönsten Buchten der Insel. Tritt man aus dem vorderen Tor, steht man im feinen, weißen Sand der Bucht. Sanitäranlagen in schlechtem Zustand und auch nicht immer geputzt. Man sollte unbedingt vorher einkaufen und sich mit Trinkwasser versorgen, da die Wasserqualität unklar ist. **Preise:** 30 €. **Zufahrt:** Am Ende der Stichstraße zur Plage de Cupabia. **Hinweis:** Der Platz blieb 2023 geschlossen, die Zukunft ist unklar.

Die Sandbuchten der Plage de Cupabia

Hinter der Plage de Cupabia schraubt sich die D155 die nächste Landzunge hinauf. Wer nicht selbst fahren muss, genießt dabei einen unvergleichlichen Ausblick. *Die Straße ist überall breit genug für zwei Fahrzeuge, kommt aber komplett ohne Leitplanken daher.* Da wir an der Bergseite fahren, ist das nicht ganz so schlimm, und wir erreichen recht entspannt den höchsten Punkt und den hübschen Ort **Acqua Doria.** Dort halten wir uns links in Richtung Ajaccio und folgen der D155 auf der anderen Seite der Landzunge wieder hinunter. Der Blick reicht jetzt weit über die zweite Bucht zwischen den »vier Fingern«.

Der Golf von Ajaccio

Die Bucht steht ganz im Banne der Stadt Ajaccio, der Hauptstadt des Departments Corse-du-Sud. Das Stadtzentrum liegt direkt am Meer und das städtische Flair breitet sich aus bis zur Pointe de la Parata an der Spitze des Golfes. Hier finden wir blühende Gärten, gut ausgebaute Straßen und gut besuchte kleine Strände. Im Süden zieht sich der lebhafte Badeort Porticcio zwischen Straße und Küste entlang, der Strand liegt hier vor einer von Hotels gesäumten Uferstraße. Nur ganz im Süden ist die Bucht von Ajaccio noch ursprünglicher. Wir durchqueren den Ort Portigiolo. Der Strandparkplatz hat leider eine Höhenschranke. Doch nur wenige Kurven weiter folgt die hübsche kleine **Plage de Verghia** mit weißem Sand und einigen knubbeligen Taffoni-Felsen im Wasser. Hier kann man an einem kleinen Parkplatz direkt hinter dem Strand halten (N 41°48'32.6", E 8°45'54.7"). Rechts befindet sich die Zufahrt zu einem schönen kleinen Campingplatz mitten im Grünen.

TOUR 5

099 Coti Chiavari – *Camping La Valleé*

GPS/Kontakt: N 41°48‘31.4“, E 8°45‘54.6“, Plage de Verghia, Tel. 0033 (0)495254466. www.camping-lavallee.fr. **Öffnungszeit:** Mai bis September. **Ausstattung:** Laden nur im Hochsommer, besser vorher einkaufen. **Beschreibung:** Der einfache, aber angenehme Platz liegt ganz am Ende der Bucht von Ajaccio und weit weg vom Trubel bei Porticcio. Ein schmaler Grasstreifen zieht sich von der Straße weg ins Hinterland und die Plätze im hinteren Bereich sind auch im Sommer saftig grün und angenehm ruhig. Die Sanitäranlagen sind einfach. Über die Straße geht es direkt zu einem grobsandigen Strand und rechts daneben über Felsen zu einer größeren Sandbucht. **Preise:** 21–28 €, Strom 3–4,50 €. **Zufahrt:** Rechts an der Uferstraße.

Von der Plage de Verghia führt ein spannender **Fußweg über Steinplatten** mit vielen kleinen Treppen durch die Uferfelsen hinüber zur längeren **Plage de Mare e Sole**.

Zwischen den beiden Stränden gibt es am Straßenrand viele Parkmöglichkeiten. Im Sommer ist hier immer einiges los, nicht nur wir finden, dass die beiden Buchten die schönsten im Golf von

Ajaccio sind. Ebenfalls recht einladend ist die zwischen Felsen eingebettete **Plage de Ruppione** und auch an diesem Strand gibt es einen Campingplatz.

100 Porticcio – *Camping Le Sud*

GPS/Kontakt: N 41°49'42.2", E 8°47'03.3", Ruppione Plage, Tel. 0033 (0)620323977; www.camping-le-sud.com. **Öffnungszeit:** April bis Oktober. **Ausstattung:** Ver- und Entsorgung, Laden, Restaurant. **Beschreibung:** Terrassen am Hang zwischen großen Oliven- und Erdbeerbäumen sorgen selbst bei voll besetztem Platz für ausreichend Abstand. Auf der anderen Seite der Straße liegt die schöne Plage de Ruppione mit feinem weißem Sand, eingerahmt von großen Felsblöcken. Durch die Lage ein Stück über der Straße ist der Platz trotz Straßennähe ruhig. Der Sanitärblock ist leider in nicht mehr so gutem Zustand, im Frühsommer 2023 wurde auf dem Platz jedoch renoviert. **Preise:** 18–25 €, Strom 3,50 €. **Zufahrt:** Das Campinggelände liegt direkt an der Küstenstraße gegenüber der Plage de Ruppione.

Auch an der nächsten Bucht, der Plage d'Agosta, finden Sie einen Campingplatz - diesmal jedoch ein Stück vom Meer entfernt.

101 Porticcio – *Camping Europe*

GPS/Kontakt: N 41°51'06.1", E 8°47'48.9", Route de Pietrosella, Tel. 0033 (0)4 95 25 42 94; www.campingeurope.fr. **Öffnungszeit:** Ostern bis Mitte Oktober. **Ausstattung:** Ver- und Entsorgung, Laden, Restaurant. **Beschreibung:** Großer Platz mit vielen Stellplätzen für Wohnmobile, Strand 400 Meter entfernt, einfache Sanitäranlagen. **Preise:** 19–23 €, Strom 5–6 €. **Zufahrt:** Am Beginn der Plage d'Agosta der Beschilderung folgen und rechts ins Landesinnere abbiegen. Der Campingplatz liegt 500 Meter weiter links an der Straße.

Ein Treppenweg führt von der Plage de Verghia zur Plage de Mare e Sole.

Hinter Le Ruppione wird die Bebauung dichter. Rechts der Straße gruppieren sich Hotels und Geschäfte, links ist oft ein schmaler Streifen Sand zu sehen. Aufgereiht wie Perlen folgen links an der Straße die Buchten Plage Isolella, Plage Augusta und der lange Strand von Porticcio, der unterhalb der Landebahn des Flughafen liegt und dann ins Stadtgebiet übergeht. Kurz vor dem Flughafen folgen zwei weitere Campingplätze, die wir allenfalls als Quartier für den Stadtbesuch in Ajaccio wählen würden. Der Camping Benista und der Camping U Prunelli liegen, fast nebeneinander, direkt an viel befahrenen Straßen.

102 Porticcio – *Camping U Prunelli*

GPS/Kontakt: N 41°54'39.9", E 8°49'34.5", Pont du Prunelli, Tel. 0033 (0)4 95 25 19 23; camping-prunelli.com. **Öffnungszeit:** April bis Mitte Oktober. **Ausstattung:** Ver- und Entsorgung, Restaurant, kleiner Laden, Pool. **Beschreibung:** Großer üppig bepflanzter und komfortabel ausgestatteter Platz. Die Sanitäranlagen sind gepflegt. Die Umgebung ist nicht sehr idyllisch: nah an der Straße, neben dem Flughafen, das Meer ein Stück entfernt. Dafür gibt es eine gute Busverbindung nach Ajaccio. **Preise:** 23–36€, Strom 6,20€, ACSI-Rabatt. **Zufahrt:** Nördlich von Porticcio an der D55. **Alternative:** Der benachbarte Camping Benista liegt etwas weiter von der Schnellstraße entfernt, ist aber inzwischen etwas in die Jahre gekommen. www.porticcio-camping.fr

Kurz bevor wir dann in die Stadt kommen, ermöglicht ein Parkplatz hinter einer langen Sandbucht eine Pause oder auch das Parken über Nacht.

103 Ajaccio – N 41°55'38.9", E 8°46'31.5"

Mit knapp 70.000 Einwohnern ist **Ajaccio** die größte Stadt der Insel und einer der wenigen Orte Korsikas mit urbaner Ausstrahlung. Hier gibt es breite Alleen mit lebhaften Verkehr, Parkhäuser

in der Innenstadt und Boutiquen mit großen Schaufenstern. In der Altstadt sind jedoch auch malerische Gassen zu finden. Sie ist genuesisch geprägt, versteckt sich am Fuß der Zitadelle und ist das stimmungsvollste Viertel der Stadt.

Ein Bummel durch Ajaccio

Parken ist in Ajaccio so schwierig wie in jeder größeren Stadt. Kommen Sie am besten früh am Vormittag. Wir hatten bisher immer Glück auf den Plätzen längs der Uferstraße an der Plage Saint-Francois nördlich der Altstadt (N 41°55'00.9", E 8°44'12.1"). Wer dort parkt, läuft am Meer entlang zur **Zitadelle**. Sie wurde zwischen 1554 und 1559 von französischen und genuesischen Verwaltern der Stadt errichtet, und ist das einzige Wehrgebäude dieser Zeit, das auf Korsika immer noch in militärischer Nutzung ist. Bewundern kann man sie daher nur von außen.

Rechts an der Zitadelle befindet sich auch der **Port de Plaissance Tino Rossi**. Hier starten die Boote zum Badeort Porticcio und die Ausflugsfahrten nach Bonifacio, in den Golf von Porto und zu den Îles Sanguinaires. Am Übergang zur Place Foch warten außerdem die weißen Touristenzüge, mit denen Sie sich ganz bequem einen ersten Überblick über Ajaccio verschaffen können. Neben der klassischen Altstadttour zuckeln die Züge auch im richtigen Sightseeing-Tempo und mit frischem Fahrtwind bis zur Pointe de la Parata *(12 €, Kinder 3 bis 9 Jahre 5 €; www.petit-train-ajaccio.com, siehe Seite 147)*.

Aber jetzt ist zuerst einmal die **Altstadt** dran. An der Zitadelle können sie direkt in die schmalen Gassen spazieren. Eng aneinandergedrängte Häuser in Pastelltönen beherbergen kleine Läden, Cafés und Restaurants. Eine schöne Straße zum Bummeln und Einkaufen ist die Rue de Cardinal Fesch, die auch am bekanntesten Museum Ajaccios vorbeiführt. An der parallel verlaufenden Rue du Roi Jerome steht die **Markthalle**, die ebenfalls unbedingt einen Besuch lohnt *(Di bis So 7–14 Uhr)*.

Das Musée Fesch ist der italienischen Malerei (15. bis 18. Jhd.) gewidmet.

Spätestens auf der palmengesäumten Place de Gaulle am Rande der Altstadt begegnen Sie dann auch Ajaccios berühmtesten Sohn: **Napoleon Bonaparte** ist hier geboren. Hoch zu Ross thront er, umgeben von seinen Brüdern, auf dem größten Platz im Zentrum der Stadt und bleibt auch auf einem Rundgang durch Ajaccio stets präsent. Fast alle Sehenswürdigkeiten der Stadt haben einen Bezug zur Familie Bonaparte. Das hier sind die wichtigsten.

Kathedrale Notre Dame-de-l'Assomption: Außen eine schlichte orange-weiße Barockfassade und innen üppig mit Gold und Marmor ausgestattet, so präsentiert sich die 1582 bis 1593 errichtete Kathedrale von Ajaccio. Der kleine Napoleon wurde am 21. Juli 1771 in dieser Kirche getauft. Vor dem Bau der Chapelle Imperiale bestattete man die Mitglieder der Familie Bonaparte in der Familiengruft in der Kathedrale *(Mo bis Sa 8.30–11.30 und 14.30–17.45 Uhr, So nur vormittags)*.

Chapelle Imperiale: Im rechten Flügel des Palais Fesch ließ Napoleon III. nach dem Tod des Kardinals eine Kapelle im Stil der Neorenaissance einrichten. Hier fanden nicht nur Cardinal Fesch, sondern auch Letizia Ramolino und Carlo Bonaparte, die Eltern des ersten Napoleon, sowie sieben weitere Mitglieder der Familie Bonaparte ihre letzte Ruhestätte.

Musée Fesch: Die Sammlung des Cardinal Fesch, der übrigens der jüngere Stiefbruder von Napoleons Mutter Laetizia Ramolino war, gilt als eine der wichtigsten Sammlungen italienischer Malerei zwischen dem 15. und dem 18. Jahrhundert. Er vermachte sie bei seinem Tod im Jahre 1839 seiner Heimatstadt Ajaccio. Im prunkvollen Gebäude des alten Palais Fesch hängen Werke von Tizian, Veronese, Fra Bartolomeo, Botticelli und Bellini. Die Sammlung des Kardinals wird ergänzt durch Werke flämischer und holländischer Künstler. Im Erdgeschoss begegnen Sie dann wieder Napoleon Bonaparte, der hier in Statuen und Gemälden verewigt ist *(Mai bis Oktober, 9.15–18 Uhr, im Winter nur bis 17 Uhr, 8 €. 50-52 rue Cardinal Fesch; www.musee-fesch.com)*.

Maison Napoleon: Das Haus in Ajaccio, in dem Napoleon am 15. August 1769 geboren wurde und in dem er und seine sieben Geschwister aufwuchsen, war über Generationen im Besitz der Familie Bonaparte und ist bis heute erhalten. Die Räume wurden mehrfach verlassen und im Jahr 1852 durch Napoleon III., einem Nachfahren von Napoleons ältesten Bruder Joseph, renoviert und neu eingerichtet. Büsten und Gemälde der Familienmitglieder illustrieren die wechselvolle Geschichte der Familie Bonaparte, die das Museum dokumentiert *(April bis September Di bis So 10.30–12 Uhr und 13.15–17 Uhr, im Winter nur bis 16 Uhr. 7 €. Audioguide auch auf Deutsch. Rue Saint Charles; www.musee-maisonbonaparte.fr).*

Îles Sanguinaires und Pointe de la Parata

Zu den bekanntesten Attraktionen von Ajaccio und quasi zum Pflichtprogramm für den Besuch gehört die Fahrt zur Spitze der Halbinsel, zur **Pointe de la Parata**, wo auf einer felsigen Halbinsel der alte Wachturm *Tour de la Parata* thront. Von Ajaccio führt die Route Sanguinaires immer am Meer entlang, an kleinen Sandbuchten vorbei bis zur Spitze des Golfes. Turm und Landspitze sind von Ajaccio gut mit dem Fahrrad erreichbar – oder eben mit einem der kleinen weißen Touristenzüge, die ihre Fahrt am Hafen starten. Bei unserem Besuch lagen dort gleich zwei riesige Kreuzfahrtschiffe vor Anker und es herrschte lebhafter Betrieb. Alles, was Räder hatte, pendelte zwischen dem Hafen, der Stadt und der Landspitze: die gelben Ausflugsbusse, etliche kleine weiße Züge und Leihfahrräder mit dicken Monsterreifen.

Sie können die Route Sanguinaires auch gut mit dem Wohnmobil fahren, müssen dazu aber erst einmal quer durch die Stadt. Auf der Landzunge haben alle Parkplätze eine Höhenschranke oder sind für Wohnmobile verboten. Sie müssen also durchfahren bis zum Ende der Straße. Dort wartet ein großer Parkplatz, auf dem tagsüber auch Wohnmobile willkommen sind (N 41°54'05.3'', E 8°37'06.0''). Alternativ wählen Sie den Camping Barbicaja zum Quartier, von dem sowohl die Altstadt von Ajaccio, als auch die Pointe de la Parata gut mit dem Fahrrad erreichbar sind.

104 Ajaccio – *Camping Barbicaja*

GPS/Kontakt: N 41°54'34.2'', E 8°41'07.2'', Rte des Sanguinaires, Tel. 0033 (0)4 95 52 01 17; www.camping-barbicaja.com. **Öffnungszeit:** April bis Mitte Oktober. **Ausstattung:** Ver- und Entsorgung, Bar mit korsischen Spezialitäten und Pizza, WLAN gratis. **Beschreibung:** Einfacher Campingplatz etwas abseits der Küstenstraße. Enge und steile Auffahrt, die Stellplätze liegen auf Terrassen am Hang und schattig unter Bäumen. Freundliches Team. 50 Meter entfernt von der Haltestelle des Stadtbusses. **Preise:** 21 €, Strom 3 €. **Zufahrt:** Von der Route Sanguinaires zwischen Häusern einspurig steil aufwärts.

Pointe de la Parata und Îles Sanguinaires

Vom Parkplatz am Ende der Route Sanguinaires führt ein Rundweg um die kleine Halbinsel. Viele laufen nur auf dem breiten Weg zum Turm hinauf und drehen dann um. Der Rückweg auf dem schmalen steinigen Pfad auf der Nordseite der Halbinsel eröffnet aber noch einmal ganz neue Blickwinkel und ist wesentlich spannender, als die vielbegangene »Rennstrecke« auf der anderen Seite. Für den kompletten Rundweg um die Halbinsel braucht man etwa 45 Minuten.

Vom Turm schaut man dann auf vier Inselchen im Meer. Der seltsame Name der vier kleinen Felsinseln an der Landspitze zwischen dem Golf von Ajaccio und dem Golf von Sagone wird gerne als

Ein lohnender Fußweg führt einmal um die Halbinsel und hinauf zum Turm.

»Blutinseln« übersetzt. Kurz bevor die Sonne im Meer versinkt, reflektieren sie das Licht und leuchten dramatisch rot. Ursprünglich leitet sich der Name aber wohl gar nicht vom französischen Wort »sang« (Blut) ab, sondern die »Isule Sagunaris« wie sie auf mittelalterlichen Karten heißen, sind einfach die Inseln von Sagone. Der Schönheit des Sonnenuntergangs an der zerklüfteten Landspitze tut die Namensdiskussion jedoch keinen Abbruch. Romantisch ist der Platz am Turm, oder der Spaziergang um die Halbinsel im Abendlicht oder zum Sonnenuntergang, allemal. Da Sie auf dem Parkplatz an de Pointe de Parata nicht über Nacht bleiben dürfen, fordert dieses Abendprogramm jedoch etwas Organisation. Am besten checken Sie vorher auf einem der Campingplätze in der Umgebung ein. Am Stadtrand stünde dazu auch der Camping les Mimosas zur Wahl.

105 Ajaccio – *Camping les Mimosas*

GPS/Kontakt: N 41°56'13.2", E 8°43'38.8", Route d Alata, Tel. 0033 (0)495 20 99 85; www.camping-lesmimosas.com. **Öffnungszeit:** Mitte April bis Mitte Oktober. **Ausstattung:** Ver- und Entsorgung, Baguetteservice. **Beschreibung:** Kleiner, gepflegter Campingplatz unter hohen Bäumen oberhalb von Ajaccio. Bushaltestelle nach Ajaccio 400 Meter entfernt. **Preise:** 22,50 €, Strom 3,50 €, nur Barzahlung! **Zufahrt:** Am nord-westlichen Stadtrand gelegen. Die Anfahrt durch ein Gewirr von Sträßchen gelingt am besten mit dem Navi.

In Ajaccio steht jetzt eine Entscheidung an: Soll es in die Berge oder an der Küste entlang weitergehen? Von der Hauptstadt im Süden führt die gut ausgebaute T20 durch die Berge nach Corte. Die T20 ist die einzige Bergstraße Korsikas, die Sie selbst mit einem großen Wohnmobil entspannt fahren können. Diese Route finden Sie bei **Tour 6**.

Tour 5 führt Sie weiter an der Küste entlang in die nächste Bucht zwischen den vier Fingern. Im Kontrast zum Golf von Ajaccio ist der **Golf von Sagone** einsam und wenig erschlossen. Die Küste prägen farblose, leicht triste Betonsiedlungen und endlose, fast menschenleere Strände. Das Meer donnert hier häufig ungezähmt und wild an die Küste. An einigen Stellen entstehen inzwischen aber auch hier hübsche neue Ferienhäuser.

Wir kurven von der Landzunge hinunter und schauen direkt auf die malerische **Plage de Stagnone**. Sie liegt relativ geschützt in der halbrunden Bucht *Golfu di Liscia* und ist ein beliebter Badeplatz. Direkt hinter dem breiten Sandstreifen bietet der Camping A Marina einige schöne Stellplätze. Ist hier alles belegt, was auch in der Nebensaison vorkommt, sind weiter oben am Hang der Camping Lacasa und der Camping La Liscia eine Alternative.

106 Calcatoggio – *Camping A Marina*

GPS/Kontakt: N 42°02'52.3", E 8°44'56.9", Golfe de la Liscia, Tel. 0033 (0)495522184; www.camping-amarina.com. **Öffnungszeit:** April bis Oktober. **Ausstattung:** Ver- und Entsorgung, Laden, Pizzeria, Bar (mit WLAN), Spielplatz, Bootsverleih. **Beschreibung:** Kleiner Platz direkt an einem schönen Sandstrand, drei Kilometer südlich von Tiuccia. Gepflegte Sanitäranlagen, die auf dem Platz verteilten Holzdächer geben zusätzlichen Schatten. Plätze teilweise recht eng. **Preise:** 27–35 €, Strom 4 €. **Zufahrt:** Vor dem Ort links der Beschilderung zum Campingplatz folgen.

Alternative: Kurz vor der Zufahrt zum A Marina liegt das Tor des ***Camping Lacasa*** links an der Straße. Hier steht man mit dem Camper allerdings zwischen vielen Häuschen. Dafür gibt es einen beheizten Infinity-Pool mit herrlichem Blick aufs Meer und ein gutes und preiswertes Restaurant; www.lacasa-camping.com. **GPS:** N 42°02'27.5", E 8°45'16.6".

Eine Kurve weiter zieht sich der Camping La Liscia rechts der Straße am Hang hinauf. Zum Strand muss man von diesem Platz aber ein gutes Stück laufen.

107 Calcatoggio – *Camping La Liscia*

GPS/Kontakt: N 42°02'49.8", E 8°45'17.7", Lieu dit la Liscia, Tel. 0033 (0)495522065. www.laliscia.com. **Öffnungszeit:** April bis September. **Ausstattung:** Ver- und Entsorgung, Laden, Restaurant. **Beschreibung:** Der Platz zieht sich von der Straße den Hang hinauf. Vorne ist es entsprechend laut, weiter oben wird es ruhiger. Von der Bergspitze hat man einen herrlichen Blick über die umliegenden Hügel und das Meer. Moderne Sanitäranlagen, 500 Meter über die Straße zum Strand. **Preise:** 23–30 €, Strom 4 €. **Zufahrt:** Zwei Kilometer südlich von Tiuccia an der Küstenstraße gelegen.

Dann durchfahren wir **Tiuccia**. Mit seinen üppig blühenden Gärten ist das der schönste Ort im Golf von Sagone. Dahinter folgt der lange Strand an der Mündung des Flusses Liamone ins Meer. Auch hinter dieser Bucht ist ein Campingplatz zu finden, er liegt allerdings ein gutes Stück vom Meer entfernt.

108 Casaglione – *Camping U Sommalu*

GPS/Kontakt: N 42°04'13.6", E 8°43'51.9", Plaine liamone, Tel. 0033 (0)495522421; www.usommalu-camping.fr. **Öffnungszeit:** Ostern bis September. **Ausstattung:** Ver- und Entsorgung, Baguetteservice, Bar, Laden, Pool, WLAN. **Beschreibung:** In der Ebene hinter dem Liamone-Strand gelegen. Den Strand erreicht man über einen eigenen Fußweg in fünf bis zehn Minuten, muss dazu aber das etwas rumpelige Gelände des benachbarten Hofes durchqueren. Der Platz ist riesig, der obere Teil steht voller Bungalows, auf der Wiese mit akkurat ausgerichteten Baumreihen ist Platz für Wohnmobile. Der schönste Bereich liegt ganz unten im neuen Teil – unter großen Laubbäumen und locker verteilten Büschen. **Preise:** 23–30 €, Strom 4 €. **Zufahrt:** An der D25, die am Beginn der Plage de Liamone rechts ins Landesinnere führt, einen knappen Kilometer vom Meer entfernt.

Hinter einer Landspitze folgt dann die lange **Sandbucht von Sagone**. Der Ort selbst hat mit seinen klotzigen Häusern nur wenig Charme. Es ist daher fast ein Vorteil, dass der Campingplatz von Sagone ein Stück im Hinterland zu finden ist.

109 Sagone – *Camping Sagone*

GPS/Kontakt: N 42°07'49.7", E 8°42'19.1", Route de Vico, Tel. 0033 (0)495280415; www.camping-sagone.fr. **Öffnungszeit:** April bis Oktober. **Ausstattung:** Ver- und Entsorgung, Restaurant mit Pool. Supermarkt und Presseshop direkt vor dem Platz. **Beschreibung:** Großer, komfortabler Platz unter hohen Bäumen. Die großzügigen Stellplätze sind mit Hortensienhecken unterteilt. Ein großer, neuer Sanitärblock mit bepflanztem Innenhof und orientalischem Flair liegt im Zentrum der Anlage. **Preise:** 19–40 €, Strom 8 €, ACSI-Rabatt. **Zufahrt:** An der D70, die von Sagone ins Landesinnere führt, 1,5 Kilometer vom Ort entfernt.

Der Strand an der Liamonemündung

TOUR 5

Noch ein letztes Mal geht es über eine Landzunge. Diesmal entfernen wir uns dabei aber kaum vom Meer, sodass man die kleinen Sandstrände, die hier an der Strecke liegen, leicht erreichen kann. Geparkt wird in Buchten an der Straße, von denen dann ein Fußweg hinunter zum Meer führt. Die erste Parkbucht (N 42°06'35.2", E 8°41'09.2") folgt gleich hinter Sagone unterhalb des Genueserturmes. Sie liegt oberhalb eines Badeplatzes mit Felsen und kleiner Sandbucht. Die nächsten Parkbuchten befinden sich weit oberhalb des Meeres. Ein Wanderweg führt von hier zu den **Collines de Trio** hinunter und um die Landzunge herum. Die Küste ist hier jedoch felsig.

Der erste größere Sandstrand zwischen Sagone und Cargèse ist dann die **Plage de Stagnoli**. Westlich der Bucht ist rechts an der Straße ein Campingplatz im Aufbau. Bei unserem Besuch war er aber noch nicht geöffnet. In der Mitte des Strandes gibt es eine Pizzeria und dahinter kann man am Straßenrand parken. Der Strand besteht aus zwei kleinen Buchten, die durch einen niedrigen roten Felsriegel getrennt sind. Die kleinere Bucht war allerdings voller Seegras.

P Plage de Stagnoli – N 42°07'14.6", E 8°38'53.9"

Etwas weiter ist der Weg von der Straße hinunter zur **Plage de Capizzolu** (N 42°07'29.0", E 8°38'19.5"), in der ebenfalls häufig Seegras liegt. Eine gute Mischung aus wild und malerisch bietet die nächste Bucht: die geschützt liegende, von rötlichen Felsen eingerahmte **Plage de Menasina**. Dort gibt es feinen weißen Sand und das Meer schimmert türkisblau. Das Wasser ist relativ seicht

Plage de Menasina

Auf der Küstenstraße zwischen Sagone und Cargèse

und der Strand daher auch für Kinder geeignet. Vom Parkplatz an der Straße geht es allerdings gute zehn Minuten ziemlich steil bergab. Zuerst auf einer schmalen Straße, dann links, durch zwei Tore und auf einem Fußweg im Bogen um den Sportplatz. Am Wegrand stehen riesige Kakteen – es gibt also unterwegs durchaus etwas zu sehen.

P Cargèse – Plage de Menasina – N 42°08'03.0", E 8°37'11.0"

Wenige Kurven weiter wird die Straße enger und wir rollen durch das Zentrum von **Cargèse**. 1774 von griechischen Einwanderern gegründet, hat sich Cargèse seinen ganz eigenen Stil bewahrt. Mit seinen weiß getünchten Häusern mit bunten Fensterläden wirkt es hell und freundlich und ganz anders, als die typisch korsischen Dörfer mit ihren Häusern aus Granit und Schiefer.

Lebhaft ist es oben an der D81, die den Ort durchquert. Der Hafen liegt 100 Meter tiefer und die Häuser ziehen sich von dort den Hang hinauf. Ein steiler Weg führt zum Ortskern, wo sich auf halber Höhe zwei Kirchen gegenüberstehen. *Die griechisch-orthodoxe Kirche mit einem wunderbaren tiefblauen Sternenhimmel in der Kuppel und vier schönen griechischen Ikonen* wirkt einladend und freundlich. Gegenüber, hinter der gelb-weißen Barockfassade der römisch-katholischen Kirche, geht es etwas schlichter zu. Aber auch in dieser Kirche sind die Wände mit Fresken bemalt und an der Decke glitzern mehrere Kronleuchter. Einen schönen Kirchplatz, mit alten Bäumen, kleinen Mäuerchen und bestem Blick über den Golf von Sagone und hinunter in den Hafen, haben beide Kirchen. Die meisten Restaurants und Cafés finden Sie in Cargèse oben an der D81. Weitere Lokale gibt es an der katholischen Kirche und unten im Hafen, wo Sie deutlich schöner sitzen als oben an der Straße.

In den Straßen von Cargèse

Ein Stopp lohnt schon zum Besuch der beiden ungewöhnlichen Kirchen. Dazu können Sie am Ortsende links der Straße auf den großen Parkplatz (N 42°08'11.2", E 8°35'42.9") fahren. Von dort weisen blaue Schilder den Weg ins Ortszentrum – dummerweise zeigen sie in zwei verschiedene Richtungen. Welche Sie wählen, ist aber eigentlich egal. Cargèse ist nicht sehr groß, Sie werden sich nicht verlaufen.

Zurück am Parkplatz von Cargèse schauen wir hinunter auf die lang gezogene Sandbucht **Plage de Pero**. Dort wollen wir jetzt hin! Die Stichstraße zum Strand ist schmal und führt uns zu einem Parkplatz hinter drei stylischen Strandrestaurants mit gehobenem Preisniveau und einem Durchgang zum schönen, langen Sandstrand. Auf dem Parkplatz hinter den Restaurants darf man wohl nach Einkehr auch über Nacht parken. Da dort Anfang Mai noch nicht geöffnet war, konnten wir leider nicht nachfragen.

P Cargèse – Plage de Pero – N 42°08'49.9", E 8°35'34.9"

Nördlich von Cargèse hat sich zum etablierten Camping Torraccia ein neuer Camping à la ferme gesellt.

Strandbar an der Plage de Pero

110 Cargèse – *Camping à la ferme Le Mandriale*

GPS/Kontakt: N 42°09'30.6", E 8°36'24.3", Route de Lozzi, Tel. 0033 (0) 4 95 25 59 60; www.lemandriale.com. **Öffnungszeit:** Ende April bis Ende Oktober. **Ausstattung:** Ver- und Entsorgung, gutes Restaurant. **Beschreibung:** Sehr saubere, neue Sanitäranlagen. Nur wenige Plätze für Camper mit hohem Dach. Sehr nette Betreiber. **Preise:** 18 – 28 € inkl. Strom. **Zufahrt:** Der Platz liegt gut sichtbar rechts an der D81, kurz vor dem Camping Torraccia.

111 Cargèse – *Camping Torraccia*

GPS/Kontakt: N 42°09'44.5", E 8°35'52.6", Bagghiuccia, Tel. 0033 (0)495264239; www.camping-torraccia.com. **Öffnungszeit:** Mitte Mai bis September. **Ausstattung:** Ver- und Entsorgung, Baguetteservice, Bar, Pool. **Beschreibung:** Wenige Plätze für Wohnmobile, saubere und moderne Sanitäranlagen. Die Straße ist deutliche hörbar. Die Plage de Pero erreicht man in fünf Minuten mit dem Camper. **Preise:** 19 – 31 €, Strom 5 €. **Zufahrt:** Der Platz liegt direkt neben der gut befahrenen D81 nach Piana, vier Kilometer nördlich von Cargèse

Wenige Kilometer weiter nördlich führt eine Straße zur **Plage de Chiuni**, zum Reitstall Le Ranch und zum Club Mediterranée. Diese ist neuerdings schon an der Zufahrt mit einem Verbot für Wohnmobile versehen. Wir fahren also zügig weiter. Wenn Sie gerade das Meer ruft, ist der Campingplatz an der **Plage d'Arone** (137) das richtige Ziel. Dann geht es von Piana mit Tour 7 weiter durch die roten Felsen der Calanche, eine der spektakulärsten Landschaften Korsikas.

Plage d'Ostriconi
Désert des Agriates
L'Île-Rousse
Algajola
Pigna
Sant'Antonino
Belgodère
San-Gavino-di-Tenda
Lama
Calvi
Lumio
Calenzana
D81
T30
D47
Ponte Leccia
Asco
D147
Pont Génois d'Asco
Santa Ma
di Riscam
124
122
123
125
121
126
T20
Fango
Monte Cinto 2706
Paglia Orba 2525
130
129
Lozzi
Scala Santa Regina
D84
Calacuccia
Golo
Albertacce
128
127
119
115
116
117
118
CORTE
Col de Vergio
Tour 7
Porto
Evisa
Tavignano
Restonica
120
Venaco
Monte Rotondo 2622
114
113
Vivario
Vico
Monte d'Oro 2622
Vizzavona
Cascades des Anglais
P
Ghisoni
Sagone
Liamone
Bocognano
Cascade du Voile de la Mariée
112
A Cupulatta
Col de Verde
Bastelica
D69
Tour 5
105
Gravona
10 km
N
Ajaccio
Zicavo
Golf von Ajaccio
Porticcio
D55
Tour 6

Corte und die Inselmitte

250 km

Corte ist die einzige größere Stadt in den korsischen Bergen und die heimliche Hauptstadt der Insel. Denn obwohl Korsika vom Meer umgeben ist, waren die Korsen schon immer ein Bergvolk. An der Küste gründeten nur die wechselnden Besatzer der Insel ihre Städte. Wer hinter den Spuren der Eroberer vom Festland das ursprünglich Korsische sucht, muss sich ins Landesinnere begeben. Unsere Empfehlungen für Sie:

- **Schildkrötenpark A Cupulatta**
- **Corte**
- **Wanderung durch das Tavignano-Tal**
- **Asco und die Gumpen der Tassineta**
- **Scala Santa Regina**

Von Ajaccio führt die gut ausgebaute T20 mitten in die Berge. Sie ist auch mit großen Wohnmobilen ohne größere Schwierigkeiten zu befahren und bringt Sie zu vielen Highlights des schroffen, schwer zugänglichen Gebirges in der Inselmitte. Unter den Namen ***Parc Naturel Regional de Corse*** steht die komplette Region unter Naturschutz. Über 70 Gipfel erreichen Höhen über 2000 Meter. Der höchste Berg Korsikas ist der Monte Cinto mit 2706 Metern. »Gebirge im Meer« ist einer der Spitznamen der Insel und wer nicht in den Bergen war, hat die Seele Korsikas nicht gesehen. Die korsischen Berge sind außerdem ein Paradies für Wanderungen und Outdoorsport und einige der gut markierten Wanderwege sind tatsächlich direkt von der T20 erreichbar.

Noch bevor es richtig in die Bergwelt geht, liegen etwa 20 Kilometer nördlich von Ajaccio rechts an der Straße der Schildkröten U Cupulatta und ein kleiner Campingplatz.

112 Vero – *Camping Les Eaux Vives*

GPS/Kontakt: N 42°01'45.9'', E 8°54'50.0'', Tel. 0033 (0)629961165; www.camping-ajaccio.fr. **Öffnungszeit:** Ostern bis Mitte Oktober. **Ausstattung:** Restaurant (dort WLAN). **Beschreibung:** Der Platz befindet sich in der Nähe des Schildkrötenparks im Hinterland von Ajaccio (etwa 30 Kilometer auf der Straße nach Corte). Der kleine, einfache Platz ist schön schattig und liegt einsam und ruhig direkt am Ufer der Gravona (mit flachen Badebecken). Die Sanitäranlagen sind nicht mehr neu, aber meistens sauber. **Preise:** 17–23 €, Strom 5 €. **Zufahrt:** Kurz nach der Einfahrt zu A Cupulatta führt uns ein Schild nach rechts über einen Feldweg hinunter zum Platz.

Schildkrötenpark A Cupulatta

170 Arten leben im größten Schildkrötenpark Europas: von den winzigen tropischen Schildkröten im Terrarium, über die auf Korsika heimische Tortue d'Hermann bis zu den Riesenexemplaren der Seychellen- und Galapagosschildkröte. Das Zentrum engagiert sich auch in Zucht und Forschung. Mit etwas Glück kann man in der Aufzuchtstation frisch geschlüpfte Schildkrötenbabys sehen *(N 42°01'38.4'', E 8°54'30.8'', April bis Oktober 10–17 Uhr, Mitte Mai bis Mitte September bis 18 Uhr. 13 €, Kinder 4 bis 9 Jahre 9 €. A Cupulatta, Véro, 20133 Ucciani; www.acupulatta.com).*

Knappe drei Kilometer weiter führt links ein schmales Sträßchen hinauf zu einem der größten Hochseilgärten Korsikas. 14 fantasievolle Parcours baumeln im ***Parc Aventure Accrobranche Véro*** im Bergwald. Die einfachsten haben gehobenes Spielplatzniveau und eignen sich auch schon für die Jüngsten. Die anspruchsvollsten verlangen Mut und sportlichen Einsatz und schaukeln in über zehn Metern Höhe zwischen den Baumwipfeln *(Mitte Juni bis Anfang September von 10–19 Uhr, Mitte Mai und im September nur an den Wochenenden. Kletterzeit 4 Stunden 26 €, Kinder 14–17 €, N 42°04'06.6", E 8°55'43.6"; www.revesdecimes.fr).*

Dann wird die Straße kurviger und bringt uns langsam hinauf in die Berge. Kurz vor dem Abzweig nach Tavera liegt links an der Straße die ***Fromagerie U Granatu,*** wo man Ziegenkäse direkt vom Erzeuger kaufen kann *(N 42°04'29.9", E 9°00'05.4", der Hofladen ist geöffnet von 9–12 und 17–19 Uhr).*

Das nächste Dorf an der Strecke ist Bocognano. Vor dem Ort führt rechts ein Abzweig auf der D 27 zum Wasserfall **Cascade du Voile de la Mariée**. Der Brautschleier-Wasserfall, so die deutsche Übersetzung, ist in einem Fußmarsch von einer knappen Viertelstunde von der Steinbrücke über den Ruisseau de Trotto zu erreichen. Vor der Brücke links und in mehreren Buchten hinter der Brücke rechts kann man dazu das Wohnmobil parken (N 42°03'54.07", E 9°02'52.1"). Der Pfad zum Wasserfall beginnt an der Brücke. Unterhalb der Cascade gibt es auch Gumpen, zu denen man mit etwas Kraxelei zum Baden hinunterkommt.

Einfacher ist das mit dem Baden aber einige Kilometer weiter an den **Cascades des Anglais**. Um dorthin zu kommen, fahren wir zuerst einmal zurück zur T20. Sie haben Lust auf eine etwas weniger gängige Route? Dann biegen Sie jetzt in **Bocognano** rechts ab und fahren durch das Dorf. Hier locken mehrere Restaurants zur Einkehr. Wer ein Picknick vorzieht, stoppt an der Boulangerie. Am Ortsende rechts gibt es auch einen größeren Parkplatz, der einen kleinen Bummel durch den Ort ermöglicht. Von Bocognano führt dann die T201 deutlich kurviger und etwas höher am Hang, ansonsten aber parallel zur T 20, weiter nach Norden. Hier ist kaum jemand unterwegs, denn unten auf der T20 geht die Fahrt einfach schneller. Rechtzeitig vor dem **Col de Vizzavona** endet die T201 wieder auf der T20.

Jetzt sind es nur noch wenige Kurven bis zur Passhöhe. Hier liegt links der Straße ein großer Wanderparkplatz, von dem man auch zu den Cascades des Anglais laufen kann. Früher stand hier ein Übernachtungsverbot, bei unserem letzten Besuch haben wir keins mehr gesehen.

P Cascades des Anglais – N 42°06'43.9", E 9°06'43.4"

Der 1163 Meter hohe Col de Vizzavona liegt genau auf der Grenze zwischen den Departments Corse-du-Sud und Haute-Corse und ist im Winter oft hoch verschneit. Im Sommer ist der Bahnhof von Vizzavona ein beliebter Ausstieg aus dem GR20, der am Pass die Nationalstraße quert. Die Route der Schmalspurbahn von Ajaccio nach Corte wurde 1889 eröffnet und brachte die ersten Touristen in die Berge. Vizzavona entwickelte sich damals schnell zum Nobelquartier für wohlhabende Bürger aus Ajaccio und ebenfalls für gut betuchte britische Touristen, die im heißen korsischen Sommer hier oben in den Bergen, und in den schönen Badebecken des Agnone, Erfrischung suchten. Relikt dieser Zeit ist die Ruine des Grand Hotel de la Forêt und der Name **Cascades des Anglais** für eine Reihe idyllischer Badegumpen mit kleinen Wasserfällen in der Nähe des Dorfes.

Vizzavona und die Cascades des Anglais

Gehzeit: 1 h 30, 3,5 km, 160 Hm. Vom Parkplatz an der Passhöhe kann man in einer knappen halben Stunde über einen breiten Fahrweg zum Fluss und zu den Cascades hinuntersteigen. Dazu folgen wir vom Parkplatz wenige Meter der Straße und biegen dann rechts ab in die kleine Allee Richtung La Foce. Der Asphaltweg führt am Hotel Restaurant Monte d'Oro und zwei weiteren Cafés vorbei und erreicht die Straße kurz vor einer Brücke. Links hinter der Brücke am Gelände des Hochseilgartens beginnt der Weg zu den Kaskaden. Durch schattigen Buchenwald spazieren wir zuerst auf einem breiten Forstweg an den Parcours des Hochseilgartens vorbei bis zur Snack-Bar am Fuß der Wasserfälle und der Brücke über den Agnone.

Hier stoßen wir auch auf den GR20 und der bequeme Weg verwandelt sich in einen schmalen, steinigen Steig. Wir bleiben am linken Bachufer und folgen der rot-weißen Markierung den Berg hinauf. Rechts am Bach gibt es immer wieder schöne Badestellen, die jedoch meist gut besucht sind. Nach insgesamt 40 Minuten erreichen wir eine **Abzweigung mit Wegweiser**. Links geht es in Richtung Col de Vizzavona. Dieser Weg führt quer über einen Hügel zurück zu unserem Parkplatz. Auf der Höhe rechts des Weges versteckt sich zwischen Büschen die Ruine eines alten Forts, von der wir dann ziemlich steil zum Parkplatz hinuntersteigen.

Aufstieg zur Bergerie de Tortetto

Gehzeit: 3 h 30, 6,8 km, 430 Hm. Wer an der erwähnten Abzweigung mit Wegweiser weiter den Markierungen des GR20 folgt, kann dem anspruchsvoller werdenden Steig folgen, der immer am Agnone-Bach entlangführt, teilweise aber ein gutes Stück oberhalb des Bachs verläuft. Nach einer guten Stunde (ab dem Abzweig)

erreicht man so eine felsige Hochebene. Rechts fließt der Agnone mit schönen Badestellen vor einer herrlichen Bergkulisse. Links stehen auf einem Wiesenstück die armseligen Überreste der Bergerie de Tortetto – nur der Grundriss ist geblieben, angedeutet durch ein paar kleine Mäuerchen. Fünf Minuten von hier wölbt sich die schmale Passerelle de Tortetto über den Bach. Der GR20 verlässt dort den Bach und führt weiter ins Hochgebirge zur Refuge de l'Onda. Ab und zu kommen hier Wanderer mit dicken Rucksäcken vorbei, ansonsten ist in dieser Idylle meist wenig Betrieb. Wir drehen hier um, kehren zurück zur Abzweigung mit Wegweiser und wählen dort den Weg rechts am Fort vorbei und zurück zum Parkplatz.

In Tattone bietet ein engagiert geführter kleiner Campingplatz die Möglichkeit, noch etwas Zeit in der Bergidylle zwischen den hohen Gipfeln im Zentrum der Insel zu verbringen.

113 Vivario – *Camping Le Soleil Tattone*

GPS/Kontakt: N 42°09'10.5'', E 9°09'05.5'', 800 m, Tel. 0033 (0)495472116; camping-lesoleil.fr. **Öffnungszeit:** Mai bis September. **Ausstattung:** Ver- und Entsorgung, gute Pizza, Brötchenservice, kostenloses WLAN an der Rezeption. Kostenloser Shuttleservice zum GR20. **Beschreibung:** Der kleiner Platz liegt in 800 Meter Höhe mitten in den Bergen. Direkt an der Bahnlinie Corte–Vizzavona und nahe am GR20, abseits des Trubels. Wenige Plätze für größere Wohnmobile. **Preise:** 20 €, Strom 3 €. **Zufahrt:** Von der T20 links nach Tattone abbiegen und an der Bahnstation vorbeifahren. Dahinter geht es links zum Campinggelände.

Kurz vor Vivario weist in einer Rechtskurve eine große Parkbucht links der Straße darauf hin, dass es hier etwas zu sehen gibt. Vom *Belvedere de Pasciola* schaut man direkt auf die gleichnamige Burgruine. Das **Fortin de Pasciola** wurde hier 1770 erbaut, um die Schlucht des Vecchio zu überwachen. Vom Belvedere führt ein bequemer Fußweg in einer knappen halben Stunde hinüber zur Ruine, von der man einen perfekten Wachturmblick in das Flusstal genießt.

Dann schlängelt sich die T20 durch das Dorf **Vivario** und es wird etwas enger. Steinhäuser gruppieren sich um den kleinen Platz mit Brunnen direkt an der Straße. Von den Tischen der sympathischen Bar ***Chez Jean Pierre*** blickt man ins Tal und in den Ort. Wer einen Platz zum Parken findet, könnte hier sehr gut essen. Ansonsten geht es weiter zum nächsten hübschen Bergdorf. Auch durch Venaco schlängelt sich die T20 und einen Parkplatz zu finden, ist hier genauso schwierig. In beiden Orten hält aber die Schmalspurbahn, die von Corte nach Ajaccio fährt (Seite 169).

Direkt vor Venaco zweigt die wenig befahrene Alternativroute durch das **Tal des Vecchio** ab, an dem man mit ein bisschen Einsatz schöne Badegumpen finden kann. Die Parkbuchten an der Straße verraten, wo sich der Abstieg durch die struppige Macchia zum Flusslauf lohnt. An der D143, die durch das Tal führt, befindet sich außerdem ein Camping à la ferme mit einer Handvoll schöner Stellplätze.

114 Camping Aire Naturelle Peridundellu

GPS/Kontakt: N 42°13'24.6", E 9°11'39.1", 340 m, Tel. 0033 (0)695732066; campingvenaco.e-monsite.com. **Öffnungszeit:** Mai bis September. **Ausstattung:** Ver- und Entsorgung, Restaurant mit korsischer Küche. **Beschreibung:** Naturbelassene Plätze auf einem ehemaligen Bauernhof in traumhafter Lage in den Bergen, 25 Plätze. Sanitäranlagen einfach und sauber. Schöne Badegumpen in der Nähe. Rezeption nur von 9–11 und 17–20 Uhr. **Preise:** 15 €, Strom 5 €. **Zufahrt:** Etwa drei Kilometer östlich von Venaco an der D143.

Fortin de Pasciola

Wer der schmaleren D343 durch das Tal des Vecchio gefolgt ist, erreicht **Corte** durch das Tal des Tavignano und auch wer von Venaco kommt, trifft von Süden auf die Stadt, wo man auch am besten parken kann. Es gibt einige Parkplätze an den Straßenrändern, zum Beispiel an der Avenue du Neuf Septembre und einen größeren Parkplatz am Schwimmbad (N 42°18'15.0", E 9°09'22.1"). Die entspanntere Alternative ist ein Stopp auf einem der Campingplätze. So bleibt Zeit für ein Abendessen in den Gassen von Corte und für die schöne Wanderung ins Tavignano-Tal. Von diesen drei Campingplätzen im unteren Teil südlich der Stadt können Sie die Altstadt gut zu Fuß erreichen.

115 Corte – *Camping Chez Bartho*

GPS/Kontakt: N 42°18'15.4", E 9°08'46.6", 420 m, Chemin de Baliri, Tel. 0033 (0)495460230; www.campingchezbartho.com. **Öffnungszeit:** Mitte Mai bis September. **Ausstattung:** Ver- und Entsorgung, Snack-Bar, Baguetteservice. **Beschreibung:** Kleiner Platz am Ufer des Tavignano, teilweise wenig Schatten. Einfache Sanitäranlagen, stadtnah. Guter Startpunkt für die Wanderung ins Tavignanotal. Vor dem Campingplatz gibt es eine öffentlich zugängliche Badestelle am Fluss. **Preise:** 26 €, Strom 4 €. **Zufahrt:** Südlich der Altstadt am Tavignano gelegen.

116 Corte – *Camping U Sognu*

GPS/Kontakt: N 42°18'0.6", E 9°08'52.2", 420 m, Route de la Restonica, Tel. 0033 (0)495460907. **Öffnungszeit:** Ende Mai bis Mitte Oktober. **Ausstattung:** Baguetteservice, Honigverkauf, Steinofenpizza in der Hauptsaison. **Beschreibung:** Kleiner Platz an der Straße zum Restonica-Tal. Wiesenstück unter Bäumen durch Büsche leicht unterteilt, wenig Schattenplätze. Am Platzende ältere, gepflegte Sanitäranlagen mit heißen Duschen. Kurzer Weg in die Stadt. Schöne Flussbadestellen in der Nähe. **Preise:** 24 €, Strom 3 €. **Zufahrt:** Der Platz befindet sich am südlichen Stadtrand an der Zufahrtsstraße ins Restonica-Tal.

117 Corte – *Camping Restonica*

GPS/Kontakt: N 42°18'4.9", E 9°09'05.5", 420 m, Faubourg Saint Antoine, Tel. 0033 (0)4 95468709. **Öffnungszeit:** Mitte Mai bis September. **Ausstattung:** Bar. **Beschreibung:** Kleiner Wiesenplatz mit viel Schatten direkt am Ufer der Restonica. Die Abfahrt von der Straße ist steil und eng. Die Sanitäranlagen sind schon etwas älter. **Preise:** 27 €, Strom 4 €. **Zufahrt:** Südlich der Altstadt vor der Brücke über die Restonica rechts die schmale Zufahrt hinunterfahren.

Wer lieber abends aus der Stadt hinausfährt, steht auf einem der beiden Camping à la ferme am Stadtrand auch sehr gut. Von dort ist die Altstadt aber nur noch mit einem längeren Fußmarsch oder mit dem Fahrrad erreichbar.

118 Corte – *Camping Mercone*

GPS/Kontakt: N 42°18'00.0", E 9°10'40.7", 360 m, Lieu dit, Mercone, Tel. 0033 (0)658508176; campingmercone-corte.com. **Öffnungszeit:** Mitte April bis September. **Ausstattung:** Tisch und Stühle, kleiner Spielplatz. **Beschreibung:** Neuer Platz im Aufbau. Großes Gelände mit viel Platz und freiem Blick auf die umliegenden Berge. Am Tavignano und im Grünen zwischen Gärten und Weinbergen gelegen. Für größere Wohnmobile gibt es im Zentrum eine ebene Fläche. Rundherum sind Terrassen angelegt, von denen sich einige auch für kleinere Camper eignen. Der Boden ist aber bisher noch sehr uneben und fast alle Plätze sind schräg. **Preise:** 17–21 € je nach Länge des Fahrzeugs. **Zufahrt:** Der Platz liegt gut zwei Kilometer östlich von Corte im Tal des Tavignano. Die Zufahrt erfolgt über die schmale Straße auf der nördlichen Flussseite. **Alternative:** Camping Santa Barbara noch etwas weiter stadtauswärts bei N 42°17'24.1", E 9°11'25.1", www.camping-santa-barbara.com

119 Corte – Camping à la ferme Saint Pancrace

GPS/Kontakt: N 42°19'12.7", E 9°08'49.4", 480 m, Place de Saint Pancrace, Tel. 0033 (0)495460922; www.campingsaintpancrace.fr. **Öffnungszeit:** Mitte Mai bis Mitte Oktober. **Ausstattung:** Bar mit kleinen Snacks. **Beschreibung:** Kleiner Campingplatz auf einer Schaffarm am nördlichen Ortsrand von Corte. Freundliche Besitzer, naturbelassenes Gelände, man kann dort korsische Produkte kaufen, besonders den Schafskäse vom Hof. Einfache, aber saubere Sanitäranlagen. Zwei Kilometer zur Altstadt. **Preise:** 20 €, Strom 4 €. **Zufahrt:** Am nördlichen Stadtrand in Richtung Castirla und dann links den schmalen Chemin de Saint-Pancrace bis zum Ende fahren. Oben ist ausreichend Platz zum Wenden.

General Gaffori

Corte war das Zentrum des unabhängigen Korsikas unter Pascal Paoli. Hier gründete er 1765 die erste korsische Universität, die seit ihrer Wiedereröffnung im Jahr 1981 zu einem wichtigen Zentrum der korsischen Kultur avanciert ist. Während des Semesters ist die Stadt besonders lebendig. Die Tische der Cafés am Cours Paoli, der Hauptgeschäftsstraße Cortes, sind ein beliebter Treffpunkt der Studierenden. Vom Cours Paoli führen Treppen in die engen Gassen der Altstadt, wo sich ineinander verschachtelte Häuser mit bröckelndem Putz und sehr viel Patina den Hang hinauf um die sandfarbenen Mauern der Zitadelle drängen. Auf einem hohen Felsen errichtet, ragt diese weit aus dem Häusermeer heraus und ist das weithin sichtbare Wahrzeichen von Corte. Am höchsten Punkt der Altstadt erlaubt ein Belvedere den Blick über die Stadt – besser ist der Ausblick nur noch vom Turm der Zitadelle.

Die Altstadt von Corte: Eine Handvoll kleiner Läden und viele Restaurants mit korsischen Spezialitäten beleben die autofreien Gassen zwischen den mehrstöckigen Häusern, die größtenteils schon bessere Zeiten gesehen haben. Besonders stimmungsvoll ist die Altstadt am Abend. Sehr beliebt sind dann die Restaurants um die immer lebendige **Place Paoli**. Besonders romantisch ist die Stimmung einige Gassen höher auf der **Place Gaffori** neben der *Eglise de l'Annonciation*. Auch hier stehen die Tische mehrerer Restaurants. Unser Favorit ist das ***U Campanile***, es gibt aber viele gute Alternativen. Auch das Preis-Leistungs-Verhältnis stimmt in den meisten Restaurants. Corte ist überhaupt ein ziemlich guter Ort, um Essen zu gehen.

Die **Zitadelle von Corte** besteht aus zwei Ebenen. Der älteste Teil der Anlage ist die Burg oben auf dem Felsen mit dem **Nid d'Aigle** (Adlernest) genannten Aussichtsturm. Sie wurde bereits 1419 von spanischen Besatzern unter Vincentello d'Istria errichtet. In den etwas tiefer gelegenen Baracken waren früher Soldaten untergebracht. Heute befinden sich hier Unterrichtsräume der Universität, die Tourismusinformation und, hinter einer modernen Glasfront elegant in das alte Gemäuer integriert, die Räume des Musée de la Corse. Eine Besichtigung der kompletten Anlage mit Burg und Adlerhorst ist nur im Rahmen eines Museumsbesuchs möglich.

Zu Themen gruppiert zeigt das ***Musée de la Corse*** Werkzeuge, Haushaltsgegenstände und Kleidung aus mehreren Jahrhunderten korsischer Geschichte. Die Ausstellungsstücke werden ergänzt durch stimmungsvolle Zeichnungen an den Wänden, so entsteht in den Räumen ohne viel Schnick-Schnack ein atmosphärisches Bild verschiedener Aspekte korsischer Kultur. Vom ersten Stock gibt es einen Zugang zu den Außenanlagen und zur Burg auf dem Felssporn. Erklärungen auf französisch, korsisch oder englisch *(April bis Oktober Di bis So 10–18 Uhr, Juli bis Mitte September täglich 10–19 Uhr. 5,50 €, Kinder bis 10 Jahre gratis, Audioguide in deutscher Sprache 2 €. www.museudiacorsica.corsica).*

Unterhalb des Aussichtspunkts öffnet im Sommer ein Restaurant.

Westlich der Stadt ist das **Tal des Tavignano** nur durch einen Wanderweg erschlossen. Der markierte Pfad beginnt am Parkplatz hinter der Zitadelle und führt in zwei bis drei Stunden immer am Hang entlang bis zu einer Bachbrücke, wo eine große smaragdgrüne Gumpe mit Kiesstrand zur ausgiebigen Pause einlädt. Zurück geht es auf gleichem Weg. Der Weg ist Teil des *Mare a Mare-Nord* und führt hinter der Brücke weiter zur Refuge de la Sega.

Steht man auf einem der Campingplätze im Stadtzentrum, kann man gut von dort aus loswandern. Camper bis maximal sechs Meter Länge bringt man auch auf dem kostenpflichtigen Parkplatz an der Zitadelle (N 42°18‘29.0", E 9°08‘51.0") unter. Der Parkplatz direkt am Beginn des Weges, der früher als Wohnmobilparkplatz beliebt war, ist inzwischen mit einem Verbotsschild versehen.

Das Vallée du Tavignano
Wanderung durch ein unbewohntes Tal

Gehzeit: 5 h, 12,5 km, 650 Hm. Vom Parkplatz an der Zitadelle folgen wir dem Wegweiser *Passerelle Russulino, Refuge de la Sega* und klettern gleich zu Beginn ein kurzes Stück über Felsplatten den Hang hinauf. Danach wird der Weg deutlich flacher, er steigt nur noch sanft an und führt uns an einigen Gärten vorbei.

Nach den ersten Kilometern ist Corte außer Sichtweite und wir erreichen einen **Picknickplatz mit Quelle** und Holztisch. Knapp zwei Kilometer weiter queren wir in einer Kurve einen Bach. Von nun an wird der Pfad deutlich steiler. Über kleine Felsstufen klettern wir den Berg hinauf bis zum Eingang der Schlucht . Ab hier folgt der Weg – mit großen Felsplatten gepflastert – dem Flusslauf in stetem Auf und Ab. Unterwegs bieten sich immer wieder schöne Ausblicke in die Schlucht.

Ein schmaler Bergsteig führt durch das Tal des Tavignano

Im letzten Drittel folgen nach er Überquerung des **Antia-Bachs** mit kleiner Gumpe mehrere steilere Abschnitte, an denen wir über große Felsstufen hinaufklettern. Ein Felsen in der ersten Wegkehre bietet eine natürliche Aussichtskanzel mit weitem Blick ins Tal. Kurz vor dem Ziel finden wir in einem Kiefernwäldchen etwas Schutz vor der höher steigenden Sonne.

Nach etwa drei Stunden Wanderzeit taucht die **Passerelle de Rossolino** dann vor uns auf. Wir gehen hinüber und folgen dem Pfad, der links zum Fluss hinabführt. An heißen Sommertagen versammeln sich hier gegen Mittag allerdings viele Wanderer, sodass uns ein schöner, aber nicht unbedingt einsamer Badeplatz erwartet. Wer es ruhiger möchte, kann aber im Bachbett ein Stückchen flussaufwärts klettern und sich auf die Suche nach einer eigenen Gumpe machen. Zurück gehen dann wir denselben Weg, nun deutlich müheloser, da meist bergab.

Wer keine Lust zum Wandern hat, kann die korsischen Berge auch mit einer urigen alten Eisenbahn erleben. Die Schienen der **Schmalspurbahn**, die die Korsen liebevoll ***U Trinighellu*** getauft haben, weil sie so heftig schnauft, zittert und wackelt, durchqueren die Insel der Länge nach und verbinden Bastia, Corte und Ajaccio. Besonders spannend ist die Fahrt zwischen Corte und Vizzavona, wo sie mitten durch einsames Bergland führt. Der Zug rüttelt durch endlose Kurven, Tunnel und über Brücken und vor den Fenstern ziehen wilde Schluchten vorbei. Das imposanteste Bauwerk der Strecke ist die 1888 errichtete Ponte Vecchio. Das Eisenkonstrukt ist ein Entwurf Gustave Eiffels und überspannt bei Venaco in einer Höhe von 80 Metern die Schlucht des Vecchio. An heißen Sommertagen kann die Fahrt in den gut gefüllten Waggons aber auch zur Tortur werden. Nachdem wir an einem heißen Sommerabend nach einer Wanderung auf dem GR20 mit unseren großen Rucksäcken eng gedrängt und in schlechter Luft im Gang stehend von Tattone nach Corte getuckert sind, war unsere Begeisterung für diese Zugfahrt nicht mehr ganz so groß *(Infos und Fahrplan unter cf-corse.corsica)*.

Vallée de la Restonica

Ein weiteres viel besuchtes Highlight im Umfeld von Corte ist das Tal der Restonica. Der Fluss mündet in Corte in den Tavignano, zieht sich aber westlich der Stadt, genau wie der Tavignano, weit in die Berge hinein. Ins Restonica-Tal führt aber kein Wanderweg, sondern eine schmale Straße. Bis zum Parkplatz am Talende an der Bergerie de Grotelle führt die D623 immer am Fluss entlang. Mit Campervan oder Wohnmobil ist die Fahrt jedoch am Camping Tuani auf halber Höhe zu Ende. Auf dem Weg dorthin kann man an mehreren Stellen zum Wasser hinabsteigen, wo schöne Bassins zum Baden einladen.

120 Camping Tuani

GPS/Kontakt: N 42°16'30.3", E 9°06'28.0", 650 m, Tel. 0033 (0)495461165; www.camping-corte.com. **Öffnungszeit:** Mitte April bis September. **Ausstattung:** Baguetteservice, kleiner Laden, Restaurant in der Hochsaison. **Beschreibung:** Der Camping Tuani liegt am Ufer der Restonica, mitten im Wald und einige Kilometer von Corte entfernt. Die Stellplätze befinden sich in kleinen Nischen zwischen Steinblöcken und hohen Kiefern. Der ganze Platz ist naturbelassen und sehr schattig. Der sanitäre Standard ist etwas bescheidener. Es wird aber täglich zweimal gereinigt. Das Duschwasser ist nur sonnenwarm und der Weg zur Toilette teilweise recht weit. Dafür sind es nur wenige Schritte zu schönen Badebecken im Fluss. Nachts keine Beleuchtung. Ein herrlicher Platz für Liebhaber unberührter Natur. **Preise:** 28 €, Strom 4 €. **Zufahrt:** Links an der D623 ins Restonica-Tal.

Ab Tuani wird die Straße so schmal, dass die Zufahrt mit Fahrzeugen *über 1,90 Meter Breite verboten* ist. Im Hochsommer ist auch die Zahl der Autos limitiert, um Chaos auf der engen Bergstraße zu verhindern. Zwischen Mitte Mai und Anfang Oktober fährt von Corte ein Kleinbus zur ***Bergerie de Grotelle***. Er hält auch am Camping Tuani. Fahrplaninfos erhalten Sie in der Tourismusinformation in Corte oder am Campingplatz.

Am Wanderparkplatz am Ende der Straße kann man in der Bergerie de Grotelle frischen Ziegenkäse und andere regionale Produkte kaufen. Außerdem beginnt hier der Weg zu einem der bekanntesten Bergseen in den korsischen Bergen.

Wanderung zum Lac de Melo

Gehzeit: 2 h, 350 Hm. Ein Wanderpfad führt vom letzten Parkplatz hinauf zum Bergsee Lac de Melo. Nach einer einfachen ersten Passage teilt sich der Weg: Links geht es über den *Accès facile* steil aber unkompliziert weiter, rechts wartet der spannendere *Accès difficile*. Wer diesen Weg wählt muss trittsicher und schwindelfrei sein. Auch ordentliche Wanderschuhe sind hier Pflicht. Kurz bevor man den See erreicht, führt der Weg durch eine Felswand steil nach oben. Zwei Metallleitern, an denen sich in der Hochsaison regelrechte Staus bilden, entschärfen die schwierige Wegpassage. In weiteren 45 Minuten könnte man vom Lac de Melo weiter hinauf zum deutlich stilleren **Lac de Capitello** steigen.

Von Corte kurven wir noch ein Stück weiter nach Norden bis Ponte Leccia. Hier zweigt die Straße ins Asco-Tal ab, die uns bis an den Fuß des Monte Cinto und weit hinauf in die Berge führen wird. Aber zuerst treffen wir an der Straße auf einen sehr edlen **Direktverkauf** des Weinguts *Clos Venturi* und der *Biscuiterie Anne Marchetti*. Klein, rund, luftig und in poppigen Farben, gefüllt mit einem Hauch süßer Creme: Die Biscuits von Anne Marchetti zergehen förmlich auf der Zunge. Wein aus dem nahe gelegenen Weingut Clos Venturi, Gewürze und weitere handverlesene edle Produkte warten in den Regalen des schön gestylten Steinhauses (N 42°25'40.8", E 9°12'08.6").

Kurz darauf ist rechts ein Camping à la Ferme ausgeschildert, dessen besondere Qualitäten wir von der Straße nicht erahnen. Er liegt auf einem gepflegten Gelände mit vielen Bäumen direkt am Ufer des Golo. Die Straße ist von hier aus nicht mehr zu sehen und nur noch dezent zu hören. Ein kurzer Fußmarsch bringt uns vom Platz zu einer wirklich traumhaft schönen, sehr tiefen Badegumpe. Die Zufahrt ist eben und auch mit großen Wohnmobilen problemlos befahrbar.

121 Ponte Leccia – *Camping Domaine de Griggione*

GPS/Kontakt: N 42°25'52.9'', E 9°12'22.1'', Tel. 0033 (0)9 74566113; www.campingdomainedegriggione.fr. **Öffnungszeit:** Mai bis September. **Ausstattung:** Restaurant (Halbpension möglich). **Beschreibung:** Üppig grüner, einladender Wiesenplatz mit vielen Bäumen und Sträuchern. Lichter Schatten, aber auch Sonnenplätze für den Frühstückstisch in der weniger heißen Nebensaison. Einfache Sanitäranlagen, langes Stromkabel ist hilfreich. 500 Meter Fußweg zu grandioser Badegumpe im Golo. **Preise:** 24 €, Strom 4 €. **Zufahrt:** Rechts an der T20. Die Zufahrt ist unauffällig beschildert und leicht zu übersehen.

Dann erreichen wir **Ponte Leccia**. Hier kreuzen mehrere große Straßen und so ist der Ort vor allem gut zum Einkaufen. Es gibt einen Supermarkt, eine Tankstelle – und eine Bäckerei mit zugehöriger Bar, die über einen großen Parkplatz (N 42°27'45.2'', E 9°12'24.1'') verfügt. Auf Nachfrage dürfen Kunden der Bar hier ihr Wohnmobil wohl auch über Nacht parken. Der Platz liegt aber sehr nahe an der Straße, wir würden einen der nahen Campingplätze vorziehen.

Der Badeplatz am Golo bei der Domaine de Griggione (121)

Vallée d'Asco

Nördlich von Corte lockt der Monte Cinto Wanderprofis ins Asco-Tal. In Haut-Asco, am Ende des schmalen Bergsträßchens, beginnt ein beliebter Aufstiegsweg auf den höchsten Berg der Insel. Das Tal ist aber auch für weniger ambitionierte Outdoorfans ein interessantes Ziel. Besonders empfehlen können wir die wesentlich einfachere Wanderung ins Seitental der Tassineta, wo bereits nach wenigen Minuten Wanderzeit die ersten Badegumpen im Fluss erreicht sind. Asco, die einzige Ortschaft im Tal, bietet einige Bars und Restaurants. Unterhalb des Dorfes am Fluss steht eine sehr fotogene alte Bogenbrücke und im ersten Haus am Dorfeingang gibt es leckeren Honig zu kaufen. Die Straße ins Tal allerdings schmal, kurvig.

Die Zufahrt ins Asco-Tal beginnt zwei Kilometer nördlich von Ponte Leccia. Links an der Straße finden Sie hier die Station und die Anmeldung des Outdooranbieters ***InTerra Corsa***, der auch einen besonders spannenden Hochseilgarten (Parcours Aventure) im Asco-Tal betreibt (siehe Seite 178). Das Programm reicht von Canyoning über Rafting bis zu Kajaktouren an der Küste der Balagne. Angebote gibt es für Ungeübte und Könner – auch für Familien mit Kindern ab sieben Jahren ist einiges dabei (interracorsa.com).

Über Moltifao und Castifao ins Asco-Tal: Ein Umweg für wendige Wohnmobile und Vans

Statt von Ponte Leccia auf schnellstem Weg ins Asco-Tal zu düsen, wählen wir den kleinen Umweg über das Bergdorf Moltifao. Die Straße ist jedoch recht schmal und daher nur mit einem kompakten Wohnmobil zu empfehlen. *An der Strecke verstecken sich mit der Ruine des Couvent Saint-Francois und einer schönen genuesischen Steinbrücke zwei wenig bekannte Sehenswürdigkeiten.*

Die Route zweigt zwei Kilometer nördlich der Hauptzufahrt ins Asco-Tal von der T30 ab. Castifao und Moltifao sind hier ausgeschildert. Zuerst schlängelt sich das Sträßchen zwischen Wiesen hindurch, die im Frühsommer in allen Farben blühen. Rechts von uns liegt der **Tartagine-Bach** und bei N 42°30'56.2", E 9°08'24.2" kann man eine Schotterstraße hinunterfahren und nahe am Bach auf der Wiese parken. Camping und Übernachten sind hier allerdings verboten. Lassen Sie also unbedingt Tisch und Stühle im Camper und die Markise eingefahren.

Wenig später zweigt rechts die Straße nach Piana ab. Es geht den Berg hinunter bis zu einer **Parkbucht mit Wasserhahn** links an der Straße (N 42°30'59.8", E 9°07'21.8"). Hier weist ein Schild den Weg zur ***Pont génois***. Der Schotterweg, der noch 200 Meter weiter dorthin führt, ist durchaus fahrbar, am Parkplatz an der Brücke steht jedoch ein Wohnmobilverbot. Ob das nur fürs Übernachten oder auch fürs Parken gilt, ist leider nicht ganz eindeutig. Wenn Sie auf Nummer sicher gehen wollen, lassen Sie ihren Camper vorne an der Straße stehen und gehen zu Fuß zur Brücke. Sie weist den gleichen spitzen Rücken auf wie die *Spin a Cavallu* bei Propriano, ist mit ihren moosbedeckten Steinen und den Resten einer Mühle aber eigentlich viel schöner. Unter der Brücke lädt eine tiefe Gumpe zum Baden ein. Vergessen Sie also die Badesachen nicht im Camper...

Eine besonders schöne Bogenbrücke überspannt bei Piana die Tartagine.

Anschließend fahren wir wieder hinauf zur Straße und biegen rechts ab in Richtung Moltifao. Rechts oberhalb der Straße thront das Bergdorf Castifao auf einem Hügel, dann sehen wir schon das **Kloster Saint-Francois** rechts an der Straße. 2023 war die Straße hier gesperrt, denn der Giebel der alten Kirche drohte nach vorne auf die Straße zu stürzen. Hier oben waren jede Menge Kinder zu

Das Couvent de Saint-Francois ist leider einsturzgefährdet.

Fuß unterwegs, da auch der Schulbus die gesperrte Straße nicht mehr passieren konnte. Die Schüler mussten daher einen Teil des Weges zwischen Castifao und Moltifao zu Fuß zurücklegen.

Vom alten Kloster stehen nur noch die massiven Seitenwände und das Gebäude ist komplett abgesperrt. Die Fassade mit dem absturzgefährdeten Giebel ist kunstvoll verziert. Rund um das Gebäude liegt der Friedhof von Moltifao mit vielen alten Grabsteinen, aber auch welchen jüngeren Datums. Vom Parkplatz am Kloster hat man einen grandiosen Rundblick auf die umliegenden Berge und das unterhalb am Berg klebende Dorf Moltifao.

Die D47 führt uns dann durch das Dorf hindurch und hinunter zum Fluss Asco. Rechts an der Brücke steht am Ufer das gut restaurierte Gebäude einer alten Mühle, die heute als Wohnhaus genutzt wird. *Darunter lockt noch einmal eine bildhübsche Gumpe mit glasklarem kalten Wasser.* Parken kann man rechts und links an der Straße und vor dem EcoPark auf der linken Seite. Von dort sind es nur wenige Schritte zurück zum Fluss. Am EcoPark und der Snack-Bar U Mulino treffen wir wieder auf die Hauptroute. Und biegen rechts ab ins Asco-Tal.

Fahrt durchs Tartarginetal

Auf direktem Weg ins Asco-Tal

Wer sich die Runde über Moltifao sparen will, fährt nördlich von Ponte Leccia gleich links und folgt der D47 ins Tal. Die Straße beginnt recht unspektakulär. Das Tal ist hier noch weit und wird landwirtschaftlich genutzt. Nach wenigen Kilometern treffen wir auf den Abzweig nach Moltifao. Wer den Umweg gefahren ist, kommt hier ins Asco-Tal hinunter. Direkt an der Kreuzung befindet sich die ***Snack-Bar U Mulino***. Biegt man hier rechts ab, kommt man zum **EcoParc Asco-Tal**, vor dem man auch parken kann. Im Park können Sie die Tier- und Pflanzenwelt Korsikas kennenlernen. Dazu hat man Tierfiguren lebensecht in ihrem natürlichen Umfeld platziert. Der Park wurde vor allem eingerichtet, um Kindern die Natur Korsikas näherzubringen, und wird viel von Schulklassen besucht. In den Sommermonaten ist er aber für alle geöffnet *(ecoparc-vallee-asco.fr)*.

Vom EcoPark können sie noch zur **Asco-Brücke** und zur ehemaligen Mühle hinüberlaufen, die wir schon bei der Runde über Moltifao beschrieben haben. Von hier hat man einen tollen Blick über den Asco und kann zu einer großen türkisblauen Badegumpe hinuntersteigen.

Das Tal bleibt noch einige Zeit weit und die Straße breit und gut zu fahren, bis wir die drei ersten Campingplätze des Asco-Tales erreichen. Zuerst sehen wir rechts den komfortablen und gut ausgestatteten Camping E Canicce.

Vor der ehemaligen Mühle am Asco lädt eine tiefe Gumpe zum Baden ein.

122 Moltifao – *Camping E Canicce*

GPS/Kontakt: N 42°28'31.6", E 9°08'05.1", 280 m, Vallée de l'Asco, Tel. 0033 (0)495351675; www.campingecanicce.com. **Öffnungszeit:** Ganzjährig. **Ausstattung:** Baguetteservice, Snack-Bar und Pool in der Hochsaison, kostenloses WLAN. Keine Entsorgung für Chemie-WCs möglich! **Beschreibung:** Der Platz ist üppig bepflanzt und gleicht beinahe einer kleinen Parkanlage. Die Stellplätze sind halbschattig und mit Hecken parzelliert , einige liegen sehr nahe an der Straße. Im Zentrum des Platzes befinden sich ein schöner Grillplatz und ein kleiner Spielplatz mit Trampolin. Zugang zum Fluss im hinteren Platzbereich. Komfortable Sanitäranlagen mit großen Duschen. **Preise:** 25–28 €, Strom 5 €. **Zufahrt:** Rechts an der Straße ins Asco-Tal.

Wenig später folgen zwei weitere, kleinere Plätze. Beide liegen direkt rechts an der Straße und sind eher einfach von der Ausstattung.

123 Moltifao – *Aire naturelle Camping Cabanella*

GPS/Kontakt: N 42°28'21.5", E 9°07'38.9", 300 m, Vallée de l'Asco, Tel. 0033 (0)781942461; camping-cabanella.com. **Öffnungszeit:** April bis Oktober. **Ausstattung:** Baguetteservice, Bar. **Beschreibung:** Einfach und in einem Dreieck zwischen Fluss und Straße gelegen. Schattenplätze direkt am Flussufer. Gegenüber preiswertes Restaurant. Einfache Sanitäranlagen. Wenige Plätze für größere Fahrzeuge. **Preise:** 22–27 € je nach Größe, Strom 4,50 €. **Zufahrt:** Rechts an der Straße ins Asco-Tal.

124 Moltifao – *Camping A Tizzarella*

GPS/Kontakt: N 42°28'11.9", E 9°07'15.3", 300 m, Vallée de l'Asco, Tel. 0033 (0)495478392; www.camping-tizarella.com. **Öffnungszeit:** Mitte Mai bis Mitte September. **Ausstattung:** Baguetteservice, Restaurant, Pool, kostenloses WLAN. **Beschreibung:** Schönes, schattiges Gelände mit alten Steineichen. Gute Sanitäranlagen, seichte Badestellen im Fluss. **Preise:** 25–28 €, Strom 4 €. **Zufahrt:** Rechts an der Straße ins Asco-Tal.

Direkt gegenüber dem Camping A Tizzarella befindet sich der Zugang zum **Village de Tortues**, dem zweiten Schildkrötenpark auf der Insel. Er ist aber viel kleiner als der Park U Cupulatta bei Ajaccio. Hier im Asco-Tal hat man sich vor allem die Aufzucht der heimischen Hermann-Schildkröte zur Aufgabe gemacht. Die einst auf Korsika überall heimische Art ist inzwischen recht selten geworden. Die erwachsenen Schildkröten werden dann in die »freie Wildbahn« entlassen *(N 42°28'11.1", E 9°07'15.2", Mo bis Fr 9–17 Uhr. 5 €; villagedestortues.wordpress.com)*.

Langsam wird das Tal enger und bevor es richtig in die Berge hinaufgeht, baumeln links der Straße die Hindernisse des **Parc Asco Vallée Aventure** zwischen Felsen und Bäumen. Es gibt dort mehrere Parcours in verschiedenen Schwierigkeitsgraden, die eine Mischung aus Hochseilgarten und Klettersteig sind. Nach dem Klettern warten auf dem Gelände auch schöne Badebecken am Fluss und gute Stellen für ein Picknick. Treffpunkt und Start für den Besuch ist das bereits auf Seite 173 erwähnte Büro von *In Terra Corsa* in Ponte Leccia *(Tarif für einen Parcours 35 €, Kinder 6 bis 10 Jahre 25 €; aventureparc.corsica)*

Die Straße wird jetzt immer schmaler und schraubt sich zwischen Felsen durch eine Schlucht. Dieser Abschnitt ist am engsten und am anspruchsvollsten. An der Talseite befindet sich nur selten eine Sicherheitsbegrenzung zwischen den Reifen und dem Abgrund und das Fahren erfordert volle Konzentration und gute Nerven. Gibt es viel Gegenverkehr, wird es ziemlich anstrengend. Haben wir den spektakulären Engpass mit den Felsen hinter uns gelassen und es ist wieder etwas mehr Platz, stehen oft Kühe und Kälbchen am Straßenrand. Etwas zu sehen gibt es hier immer! ***Die Straße ins Asco-Tal ist eine der anspruchsvollsten Bergstraßen, die wir ins Buch aufgenommen haben.***

Die schmale Straße ins Asco-Tal

Die genuesische Bogenbrücke über den Asco ist ein beliebtes Fotomotiv.

Viele Kurven weiter sehen wir die Häuser von **Asco** vor uns. Die Straße macht hier einen Knick nach rechts und führt um das Dorf herum. An der Straße und oberhalb des Dorfs gibt es wenige Parkplätze, die Sie nutzen können, um in einem der Restaurants mit tollem Blick auf die Berge zu essen und im ersten Haus an der Ecke köstlichen Honig aus dem Asco-Tal zu kaufen. Es gibt drei Sorten aus eigener Produktion. Wir lieben vor allem den *Bruyère*, den leicht herben, karamelligen Heidehonig aus den Bergen.

Vom hübschen Dorf kann man außerdem zum Fluss hinuntersteigen. Dort ist eine besonders malerisch gelegene **genuesische Bogenbrücke** ein beliebtes Fotomotiv. Unter der Brücke befindet sich eine schöne Gumpe. Um dorthin zu kommen, fahren Sie in einem Bogen oben um Asco herum. Am Ortsende zweigt im spitzen Winkel die Straße zur *Pont Génois* ab. Hinter der ersten Serpentine parken Sie Ihren Camper in der Bucht links an der Straße (N 42°26'58.7", E 9°01'47.9"). Bei unserem Besuch in der Nebensaison war das Tor noch offen, mit dem hier die Straße zum Fluss gesperrt werden kann. Wir empfehlen trotzdem, das Wohnmobil oben stehen zu lassen. Die Straße zur Brücke ist zwar durchgängig asphaltiert und fahrbar, aber sehr steil. Zudem gibt es kaum eine Wendemöglichkeit für größere Fahrzeuge, wenn unten Autos geparkt sind. Zu Fuß brauchen Sie etwa eine Viertelstunde bis zum Fluss. Im Sommer Badesachen nicht vergessen!

Noch besser zum Baden und Wandern eignet sich das **Tal der Tassineta**, etwas weiter oben in den Bergen. Die ersten schönen Gumpen finden Sie schon unten am Parkplatz (N 42°25'29.0", E 8°57'55.2"). Richtig malerisch wird es, wenn Sie ein Stück am Bach entlang in die Berge wandern. Die Straße wird hinter dem Dorf Asco übrigens wieder breiter und ist deutlich entspannter zu fahren, aber auch längst nicht mehr so spektakulär.

Durch das Tassineta-Tal

TOUR 6

Gehzeit: 1 h 30, 3 km, 80 Hm. Vom Parkplatz laufen wir etwa 100 Meter flussaufwärts und überqueren den durch das obere Asco-Tal fließenden Fluss Stranciacone über eine Brücke. Links vor uns liegt die *Maison de Moufflon* im Wald. Das kleine Infozentrum ist der letzten wild lebenden korsischen Mufflonpopulation gewidmet, die im Quellgebiet des Tassineta in den Bergen lebt. Wir kennen das Haus aber nur geschlossen. Rechts von uns mündet die Tassineta in den Stranciacone und aus den beiden Bächen wird der Asco. Wir folgen einem der Pfade, die am linken Tassineta-Ufer hinaufführen. Das erste Stück begleitet uns links ein Zaun. Will man nicht zum Wasser hinunter, läuft man am besten oben in Zaunnähe, um Schlangenlinien hinauf und hinab zu vermeiden. Die Pfade in Bachnähe führen meist nur zum Ufer.

Nach gut 20 Minuten, der Zaun links ist inzwischen verschwunden, taucht der Weg unter einem dicken Felsbrocken hindurch. Kurz darauf stehen wir auf einem kleinen Plateau mit Blick hinunter auf eine schöne, aber recht flache Badegumpe mit Kiesstrand. Kurz darauf queren wir den ersten Zufluss zur Tassineta, der zumindest im Frühsommer so viel Wasser führt, dass man von Stein zu Stein balancieren muss, um trockene Füße zu behalten. Auch wenn das Bächlein später im Jahr trocken ist, bietet die Senke einen guten Orientierungspunkt.

Etwa 200 Meter weiter ist unten im Tal eine große Gumpe mit Wasserfall zu sehen. Kurz darauf teilt sich der Weg und mehrere Pfade führen links die Felsen hinauf. Der deutlichere Weg bleibt unten, biegt rechts ab und bringt uns zum Fluss hinunter. Wir erreichen das Ufer an einer tollen Stelle mit Felsen und einer tiefen Badegumpe. Der Platz eignet sich zum Baden und natürlich für ein Picknick. Zurück geht es dann auf dem gleichen Weg.

Gut zwei Kilometer weiter liegt dann der vierte und letzte Campingplatz des Asco-Tals rechts an der Straße. Hier campieren viele Wanderer, die auf dem GR 20 unterwegs sind, es ist aber zwischen den hohen Bäumen im Bergwald auch genug Platz für Wohnmobile und Campervans.

125 Asco – *Camping Monte Cinto*

GPS/Kontakt: N 42°24'53.2", E 8°56'44.5", 1040 m, Tel. 0033 4 95478608; www.campingmontecinto-asco.com. **Öffnungszeit:** Mai bis Oktober. **Ausstattung:** Ver- und Entsorgung, Buvette, Laden. **Beschreibung:** Naturbelassener, sehr schattiger Platz unter hohen Bäumen und am Bachufer. Einfache Sanitäranlagen. **Preise:** 14 €, Strom 3 €. **Zufahrt:** Rechts an der Straße nach Haut-Asco.

Jetzt noch weiter hinaufzufahren lohnt eigentlich nur, wenn Sie von Haut-Asco dem Monte Cinto aufs Haupt steigen wollen. Mit 2706 Metern ist er der höchste Berg Korsikas und daher ein beliebtes Ziel, das jedoch solide Bergerfahrung voraussetzt. Uns sind 1700 Höhenmeter Aufstieg definitiv zu viel und wir drehen um und fahren nach Ponte Leccia zurück.

Durch die Scala Santa Regina ins Niolu

Südlich von Ponte Leccia schraubt sich eine zweite Straße in die Berge. Anders als die Stichstraßen ins Restonica- und ins Asco-Tal, führt diese Straße über die Hochebene des Niolu bis auf die andere Seite der Insel, wo sie in Porto wieder auf die Küste trifft. Diese Strecke ist eine der spektakulärsten Bergstraßen Korsikas. Der größte Teil der Strecke ist inzwischen gut ausgebaut, es gibt aber zwei kürzere Abschnitte, die mit einem großen Fahrzeug anspruchsvoll zu fahren sind. Eng wird es vor allem in der Scala Santa Regina und rund um die Spelunca-Schlucht (Tour 7). Offizielle Begrenzungen in Sachen Gewicht und Länge sind jedoch nicht vorhanden.

Wir fahren zurück bis Francardo, biegen dort in die D84 ein. und treffen kurz darauf noch einmal auf einen Bergcampingplatz.

126 Francardo – *Camping Campita*

GPS/Kontakt: N 42°23'37.5", E 9°10'31.1", 290 m, Tel. 0033 (0)6 45 96 12 87; www.campita.fr. **Öffnungszeit:** März bis September. **Ausstattung:** Bar, Pool. **Beschreibung:** Naturbelassener, weitläufiger Platz direkt am Golo, der jedoch auch im Sommer zum Baden ziemlich kalt ist. Plätze unter knorrigen Steineichen, für große Mobile teilweise schwierig. Langes Stromkabel ist von Vorteil. **Preise:** 21 €, Strom 5 €. **Zufahrt:** Rechts an der D84, die Zufahrt ist beschildert.

Die Straße wird schnell schmaler und die Berglandschaft immer rauer, dann erreichen wir die über zehn Kilometer lange **Scala Santa Regina**. Die Schlucht, die der Golo hier in die Felsen gefressen hat, ist ein dramatisches Felsenspektakel. Die Straße bleibt meist auf eine Höhe, weist aber einige Stellen auf, an denen zwei größere Fahrzeuge nicht aneinander vorbeikommen. Da heißt es dann vorausschauend fahren und an einer breiteren Stelle warten. Trifft man eher unvermittelt hinter einer Kurve aufeinander, geht es meist nicht ohne Zurücksetzen. Bei viel Gegenverkehr ist man daher durchaus länger unterwegs. Rechnen Sie mit bis zu einer Stunde Fahrtzeit bis zum Stausee von Calacuccia.

In der Schlucht gibt es nur wenige Möglichkeiten zum Anhalten und Pause machen. Umso willkommener ist uns der hübsche Platz am Seeufer, auf dem wir uns von den vielen Kurven der Scala Santa Regina erholen können. Wir fahren dazu von der D84 links nach Sidossi hinunter. Ausgeschildert ist hier die *Base Nautique*. Die Straße führt ein Stück am See entlang, dann kommen wir zu einem Abschnitt mit Bänken und einigen Bäumen. Dahinter liegt am See ein großer geschotterter Parkplatz. In der Saison können hier Ruder- und Tretboote gemietet werden.

127 Lac de Calacuccia – N 42°19'35.7'', E 9°00'16.6''

Kurvenreich zieht sich die Scala Santa Regina durch eine schroffe Schlucht.

»Nicht ein Blatt, nicht eine Pflanze nur Granit, nichts als Granit« so beschrieb der französische Schriftsteller *Guy de Maupassant* in seiner 1882 erschienenen Novelle *Un bandit corse* das **Niolu**, wie die Region hier oben in den Bergen heißt. Das ist vielleicht ein wenig übertrieben, aber die Landschaft um den großen Stausee von Calacuccia ist tatsächlich von rauer Schönheit. Die Hochebene mit den Dörfern **Albertacce**, **Calacuccia** und **Casamaccioli** liegt auf knapp 1000 Metern Höhe. Rundherum versammeln sich die stattlichsten Berge der Insel: Monte Cinto, Capu Tafunatu, Paglia Orba. Früher war die Hochebene das perfekte Banditenversteck. Maupassants Geschichte über den Banditen Santa Lucia spielt nicht von ungefähr im Niolu. Nur selten drangen Fremde in die abgelegene, gut verborgene Bergregion vor.

Am Stausee von Calacuccia

Heute ist die Region ein Traumziel für Outdoorfans und Bergsteiger. Die Route des legendären Weitwanderweg GR20, der in 15 Etappen über die höchsten Gipfel des unbewohnten korsischen Berglandes führt, quert das Niolu am Monte Cinto. Der technisch einfachere Weitwanderweg *Mare a Mare Nord* führt direkt am Stausee entlang.

Abgelegen ist das Niolu aber auch heute noch. *Egal ob wir uns der Hochebene von Corte oder von Porto näheren, die Zufahrt ist schmal und kurvig und die Berge sind schroff.* Die Scala Santa Regina kennen Sie jetzt ja schon, in Richtung Westen führt unsere Route ebenso kurvig zum Col de Vergio weiter, auf dem oft bis in den Mai hinein Schnee liegt. Weiter geht es durch die Gorges de Spelunca. Wer vorher eine Pause braucht oder einfach nur tiefer eintauchen möchte in die raue Schönheit der Berge, hat hier oben gleich drei Campingplätze zur Wahl. Etwas oberhalb des Stausees bietet der Camping Acquaviva auf einem weitläufigen Wiesengelände schöne Plätze mit Blick in die Berge und auf den See.

128 Calacuccia – *Camping Acquaviva*

GPS/Kontakt: N 42°19'58.6", E 9°00'35.7", 860 m, Tel. 0033 (0)495480690; www.acquaviva-corse.fr. **Öffnungszeit:** Mai bis Mitte Oktober. **Ausstattung:** WLAN-Hotspot im Barbereich. **Beschreibung:** Großzügig angelegter Platz am Ortsrand von Calacuccia mit Bergpanorama und Blick auf den Stausee. Wenig Schatten, gepflegte Sanitäranlagen. **Preise:** 23 €, Strom 4 €. **Zufahrt:** In Calacuccia gegenüber der kleinen Total-Tankstelle links zum Platz abbiegen.

Noch ein ganzes Stück weiter oben verstecken sich über dem Dorf **Lozzi** zwei weitere einfache Natur-Campingplätze mit traumhaftem Blick in die Berge. Wer auf den Monte Cinto will, ist hier genau richtig. Man kann gleich am Platz loslaufen, muss dazu aber, auch von dieser Seite des Berges, 1600 Höhenmetern gewachsen sein. Aber auch ohne Gipfel-Ambitionen steht man hier oben wunderbar. Nachts und am Abend kann es auf über 1000 Metern Höhe jedoch selbst im Sommer etwas frisch werden.

129 Lozzi – *Camping L'Arimone*

GPS/Kontakt: N 42°20'54.84'', E 9°00'35.6'', 1070 m, Route du Monte Cinto, Tel. 0033 (0)612442261. **Öffnungszeit:** Mitte Mai bis September. **Ausstattung:** Restaurant, kleiner Laden. **Beschreibung:** Terrassierter kleiner Bergcamping bei Lozzi oberhalb von Calacuccia. Sehr einfache Sanitäranlagen. Nette Atmosphäre und toller Blick in die Berge. **Preise:** 20 €, Strom 3 €. **Zufahrt:** Von Lozzi den Route de Sens-Schildern zu den Campingplätzen folgen. Oben angekommen geht es geradeaus durch das Tor zum Camping Arimone und rechts durch das Tor zum Camping Monte Cinto.

Karge Berge aus Granit prägen die Landschaft des Niolu.

130 Lozzi – *Camping U Monte Cinto*

GPS/Kontakt: N 42°20'55.4", E 9°00'35.9", 1070 m, Tel. 0033 6 17785914; camping-u-monte-cintu.com. **Öffnungszeit:** Mitte Mai bis Mitte Oktober. **Ausstattung:** Wasser, sonst nichts. **Beschreibung:** Mitten in den Bergen. Schöne Wiesenplätze unter alten Kastanienbäumen mit Blick auf die umliegenden Gipfel. Grandioses Vogelkonzert mit Kuckuck und Eichelhäher. Sanitärausstattung sehr einfach! **Preise:** 20 €, Strom 3 €. **Zufahrt:** Von Lozzi den Route de Sens-Schildern zu den Campingplätzen folgen. Oben angekommen geht es geradeaus durch das Tor zum Camping Arimone und rechts durch das Tor zum Camping Monte Cinto.

Fährt man durch das Dorf wieder zum Stausee hinunter, fallen auf den Hauswänden in **Lozzi** *besonders schöne Grafittis* auf. Ein weiteres großes Bild befindet sich an der Kirche eine Kurve weiter oben.

Zurück auf der D48 überqueren wir die Hochebene in Richtung Westen. Der nächste Ort an der Strecke ist das Wandererdorf Albertacce. Von hier führt eine schmale Straße nach Calasima hinauf, wo einer der Aufstiegswege auf die **Paglia Orba** beginnt. Der Berg wird wegen seiner markanten Form auch gerne als das korsisches Matterhorn bezeichnet. Wie der Aufstieg auf den Monte Cinto bleibt auch das Erklettern der Paglia Orba gut trainierten Bergwandernden vorbehalten.

Wesentlich leichter zu erreichen ist die schöne Gumpe im Golo an der alten **Bogenbrücke U Ponte Altu**. Sie versteckt sich unterhalb der Straße, dort wo wir den Golo überqueren. Die neue und die alte Brücke stehen direkt nebeneinander. Vor der Brücke links können Sie zu einem kleinen Parkplatz (N 42°19'11.1", E 8°58'35.8") hinunterfahren. Auf beiden Seiten der neuen Brücke führen Pfade zur Ponte Altu. *Zwischen den Brücken schillert eine tiefe Badegumpe*

in einladendem Blau. Etwa 150 Meter hinter der Brücke kann man rechts zu einer Fußgängerbrücke über den Golo hinunterlaufen. Drei Kilometer weiter führt von der Straße ein Weg zur nächsten Brücke, in Online-Karten ist sie als *Passerelle sur le Golo* eingetragen. Hier gibt es weitere Gumpen, die aber ein gutes Stück unterhalb der Straße liegen. Dort wo der Weg hinunterführt, kann man rechts an der Straße parken (N 42°18'25.9", E 8°57'08.2").

Hinter Albertacce nähern wir uns dann dem Col de Vergio und damit unserer Tour 7.

Tour 7

Tour 7

Über den Col de Vergio nach Porto und ins Fango-Tal

230 km

Vom Col de Vergio führen noch einmal spannende Bergsteige in die Hochgebirgsregionen der Inselmitte, dann nähern wir uns der nächsten spektakulären Landschaft. Die roten Felsnadeln der Calanche ziehen sich von der Spelunca-Schlucht bis ans Meer. Ein atemberaubender Ausblick folgt hier dem anderen. Das sind unsere Highlights an dieser Route:

- Wanderung zum Lac de Nino
- Evisa und die Spelunca-Schlucht
- Die roten Felsen der Calanche
- Wanderung zum Capo Rosso
- Wasserwandern und Baden im Fango-Tal

Von Albertacce führt die D84 noch ein Stück weiter über die Hochebene des Niolu. Die umliegenden Gipfel sind jetzt aber weniger schroff und nicht mehr ganz so hoch, sodass auch durchschnittlich ambitionierte Wanderfans wieder reizvolle Touren finden. Auf der Passhöhe am Col de Vergio kreuzt der GR 20 die Straße. Von dort läuft man in einer knappen Stunde mit mäßigen Höhenunterschieden zu den Cascades de Radule (siehe Seite 191), wo der Golo schöne Badegumpen bildet. Etwas unterhalb des Col startet auch unser Wanderausflug zum *Lac de Nino, der mit seinem verschlungenen Wasserzufluss in tiefgrünen Wiesen einer der schönsten korsischen Bergseen ist.* Hier oben grasen im Sommer neben Kühen auch frei laufende Pferde und Ponys. Für diese Wanderung gibt es zwei gute Startpunkte. Der erste ist das Forsthaus von Poppaghia.

Mit Pferd oder Esel zum Lac de Nino

An der Straße zwischen Albertacce und dem Forsthaus befindet sich auch die Sommerbasis von *Promen'Ane*, deren Esel als Wandergefährten mit Ihnen in die Berge gehen. Besonders interessant ist das für Familien mit kleineren Kindern, die auf den Eseln reiten dürfen. So wird der Lac de Nino auch mit Kids zum erreichbaren Ziel. Die eigentlich Basis der Eselstation befindet sich in Albertacce, hier stehen die Esel außerhalb der Saison (www.randonnee-ane-corse.com). Wer für so ein Langohr zu groß und zu schwer ist, aber trotzdem reiten möchte, kann sich beim Reitstall ***U Niolu a Cavallu*** für einen Ausritt anmelden. Auch Tagesritte zum Lac de Nino sind möglich. Die Pferde sind ein Stück weiter in einem Stall rechts an der Straße zu Hause (*www.ranchunioluacavallu.fr*).

Wir erwandern den **Lac de Nino** auf eigenen Füßen und parken dazu am Forsthaus von Poppaghia. Der Parkplatz ist ziemlich schräg, aber bei unserem Besuch stand an diesem Platz kein Übernachtungsverbotsschild. Wir haben gewissenhaft gesucht.

Das kann sich natürlich schnell ändern, denn wirklich erwünscht ist das Freistehen hier oben nicht. Nachdem sich auf der gegenüberliegenden Straßenseite auch noch ein kleiner Hochseilgarten im Wald verbirgt, ist der Parkplatz im Sommer meist schon am Vormittag gut gefüllt, kommen Sie also nicht zu spät hier an.

131 Forsthaus Poppaghia – N 42°17'04.2", E 8°55'14.6"

Wanderung zum Lac de Nino

Gehzeit: 5–6 h, 10,5 km, 700 Hm. Der Weg hinauf führt durch den Wald und über Felsen und erfordert eine gute Kondition und auch ein wenig zünftige Kletterei. Vom Parkplatz am Forsthaus Poppaghia folgen wir der gelben Markierung zum Lac de Nino. Der breite, steinige Weg führt leicht ansteigend in den Wald und wird schnell schmaler. An einer **Brücke** erreichen wir einen Bach und laufen, ohne die Brücke zu überqueren, auf dem Fahrweg durch den Wald hinauf. Aus einem Pfad werden mehrere und wir müssen hier gut auf die gelben Farbkleckse und Steinmännchen achten, um den undeutlichen Weg über Stock und Stein nicht zu verlieren. Nach etwa einer halben Stunde geht es links hinab über einen Bach. Diese Stelle ist leicht zu übersehen. Über Felsplatten steigen wir weiter hinauf bis zur Baumgrenze, wo rechts ein kleines Steinhaus steht. Das ist die **Bergerie de Colga**.

Ab hier wird der Aufstieg steiler und von einem Weg ist weit und breit nichts mehr zu sehen. Aber dafür stehen die Wegmarkierungen in dichten Abständen. Zum Klettern über die Felsplatten braucht man teilweise die Hände. Nach gut zwei Stunden haben wir den **Sattel an der Bocca a Stazzona** erreicht und damit den höchsten Punkt. Unter uns liegt der Lac de Nino.

Im Sommer weiden in dem stillen Bergkessel um den See Ponys und Pferde, Schafe, Ziegen und Kühe. Die Ponys sind an Wanderer gewöhnt und kommen neugierig näher – wenn sie gerade Lust haben, oder wenn den Rucksäcken auf der Picknickdecke besonders aromatische Düfte entweichen.

Wer noch Energie hat, umrundet auf der Suche nach dem schönsten Rastplatz den See. Am Zufluss am hinteren Seeende wartet ein neues Abenteuer: Hier führen Trittsteine über das Wasser. Wer müde ist, spart sich die Runde um den See und steigt nach einer ausgiebigen Pause auf dem gleichen Weg wieder hinunter. Ab der Bergerie de Colga geht der Abstieg flott voran. Kurz hinter der Bergerie überqueren wir erneut den Bach und folgen dann dem vertrauten Weg zurück zum Forsthaus.

Zwei Kilometer nach dem Forsthaus sprudelt hinter einer Kurve die **Funtana Carulina** aus der Felswand. Ihr Wasser ist klar und eiskalt. Es gibt gleich mehrere Parkbuchten an der Straße, sodass das Abfüllen von Trinkwasser hier gut funktioniert (N 42°16'31.4'', E 8°54'11.8''). Dann schraubt sich die Straße in vielen Kurven bergauf in Richtung Passhöhe. 2023 wurde hier fleißig gebaut, sodass Sie inzwischen wahrscheinlich eine gute, neue Straße vorfinden. Wir gehen davon aus, dass sich bei den Bauarbeiten wahrscheinlich auch die Wanderparkplätze am Col de Vergio verändern – auch der kleine schiefe Wanderparkplatz am *Fer à Cheval*, von dem man zu einigen Gumpen am Golo laufen kann.

P Fer à Cheval – N 42°17'49.4'', E 8°53'07.1''

Wanderung zu den Golo-Gumpen

Gehzeit: 2 h, 4,5 km, 200 Hm. Der Rundweg beginnt in der Straßenkurve auf der rot-weiß markierten Trasse des GR20. Nach 100 Metern teil sich der Weg. Wir folgen zuerst der Markierung des GR20 nach links, passieren die Berghütte Bergeries de Radule, eine der Übernachtungshütten am GR20, und laufen gute 500 Meter am Hang entlang zum Golo, den wir oberhalb der Kaskade überqueren. Hier verlassen wir den GR20 und steigen rechts parallel zum Bach den Hang hinab. 200 Meter weiter führt rechts ein Pfad zu den Badebecken hinunter.

Von den Gumpen folgen wir dnn dem markierten Weg noch 800 Meter weiter am Golo entlang, dann geht es rechts über den Fluss und wieder hinauf zur Straße und zum Parkplatz.

Wer hier oben eindeutig legal übernachten möchte, kurvt noch ein bisschen weiter hinauf bis zum ***Hôtel Castel de Vergio***, das eine der komfortabelsten Unterkünfte am GR20 ist. Neben dem Hotel gibt es einen Zeltplatz und einen einfachen Stellplatz für Wohnmobile.

132 Albertacce – *Hôtel Castel de Vergio*

GPS/Kontakt: N 42°17'12.8'', E 8°53'36.0'', 1410 m, Tel. 0033 (0)6 12748704; www.hotel-castel-vergio.com. **Öffnungszeit:** Ganzjährig. **Ausstattung:** Ver- und Entsorgung, kleiner Laden, Restaurant, Sanitär/Dusche, WLAN kostenlos. **Beschreibung:** Stellplatz auf einer Schotterfläche zwischen dem Zeltplatz des Hotels und dem Wald. Blick ins Grüne und abseits von der Straße. Das Hotel ist eine Station des GR20, daher übernachten hier viele Wanderer. **Preise:** 18 €, Ver- und Entsorgung 5 €, Anmeldung an der Hotelrezeption. **Zufahrt:** Rechts an der Straße kurz vor der Passhöhe. Eingang zum Stellplatz 100 Meter vor dem Hotel durch ein Tor. **Hinweis:** Auch der GR 20 führt am Lac de Nino vorbei. Vom Hôtel Castel de Vergio kann man der gut markierten Trasse (weiß-rot) des Weitwanderwegs folgen, um zum See zu kommen. Der Weg über den GR 20 ist länger, aber einfacher, als der Aufstieg vom Forsthaus von Popagghia (Gehzeit: 7–8 h, 19 km, 750 Hm).

Jetzt sind es nur noch ein paar Kurven, bis wir den **Col de Vergio** (Bocca di Verghju) erreichen. Mit 1470 Metern ist er der höchste Straßenpass auf Korsika. Der große Platz vor der gigantischen Jesus-Statue war im Frühsommer 2023 von tiefen Furchen durchzogen und kaum mehr befahrbar. Teilweise lag auch Schutt auf dem Platz, wir gehen davon aus, dass auch

hier Bauarbeiten anstehen und sich der Parkplatz am Col verändern wird. Im Frühsommer haben wir den Bergblick gemeinsam mit vielen Rennradlern genossen. Die Passstraße ist eine sehr beliebte Fahrradstrecke. Die Snack-Bar neben der großen, weißen Statue ist nur im Sommer geöffnet. Auf den Wiesen rund um den Pass weiden Kühe und Schweine, die gerne auch mal auf dem Parkplatz kommen. Wir haben an Übernachtungen auf diesem Platz allerbeste Erinnerungen – unter anderem an einen gigantischem Sternenhimmel. Inzwischen darf man hier aber von Mai bis September nur noch tagsüber parken. Außerhalb dieser Zeit ist es hier oben allerdings saukalt, sodass nachts auf dem Pass wohl nur noch selten Wohnmobile anzutreffen sind.

P Col de Vergio – N 42°17'24.9", E 8°52'40.4"

Auch im **Forêt d'Aitone** ist das Übernachten im Camper im Sommer verboten – allerdings nur von Juni bis September. Zwischen Oktober und Mai dürften Sie an diesem tollen Aussichtspunkt auch nachts stehen bleiben. Der Parkplatz liegt allerdings direkt an der Straße. Deutlich spannender ist die urige Mondlandschaft, die es hier zu entdecken gibt, wenn man durch das Wäldchen mit den Picknicktischen geht und die dahinter liegenden Felsen hinaufsteigt.

P Aussichtspunkt Forêt d'Aitone – N 42°16'18.9", E 8°50'43.0"

Drei Kilometer weiter gibt es kurz vor Evisa eine der größten, aber auch eine der bekanntesten Badegumpen Korsikas zu entdecken.

P Picines d'Aitone – N 42°15'50.5", E 8°49'31.6"

Die **Piscine d'Aitone** ist ein großes natürliches Badebecken, in das eine schöne Kaskade fällt. Von den Parkbuchten an der Straße, an denen im Sommer fast immer einige der frei laufenden Schweine dösen, folgt man zuerst dem breiten Forstweg durch den schönen Wald aus Laricio-Kiefern. Nach gut zehn Minuten führt links eine Treppe steil hinunter zum Bach und zur großen Gumpe. Folgen Sie hier dem Aitone-Bach über die Felsen kletternd flussabwärts, kommen Sie zu weiteren hohen Kaskaden in einer eindrucksvollen Felslandschaft. Hier sind auch die Mauerreste einer alten Kastanienmühle zu sehen.

Dann kommen wir nach **Evisa**. Evisa ist ein angenehmes, lebendiges Bergdorf mit einigen einladenden Cafés und Restaurants an der Durchfahrtsstraße. Der Ort ist Station der Wanderwege ***Mare a Mare Nord*** und ***Tra Mare e Monti***, sodass sich an den Tischen Wandernde und Tagesgäste mischen. Wenn Sie sich dazu setzen wollen, brauchen Sie aber zuerst einen Parkplatz und das ist ein Problem. Auf dem kleinen Parkplatz im Ortszentrum kriegen Sie maximal einen Bulli unter – und das auch nur mit etwas Glück. Ein zweiter Parkplatz (N 42°15'15.3'', E 8°48'13.91'') versteckt sich oberhalb des Dorfes am Beginn des Kastanienwegs. Die Zufahrt ist jedoch steil und eng. In Evisa beginnt auch der Wanderweg durch die spektakuläre Spelunca-Schlucht. Wenn Sie die Tour machen wollen, geht das am besten mit einem Stopp auf dem kleinen Campingplatz von Evisa. Das Parkplatzproblem ist dann auch gelöst.

133 Evisa – *Camping L'Acciola*

GPS/Kontakt: N 42°15'01.9'', E 8°48'59.8'', 930 m, Tel. 0033 (0)495262301; www.acciola.com. **Öffnungszeit:** Mitte Mai bis Mitte September. **Ausstattung:** Restaurant (wird gerade renoviert). **Beschreibung:** Einfacher kleiner Platz mitten in der Natur gelegen und mit tollem Blick in die Berge. Einfache Sanitäranlagen. Einen knappen Kilometer entfernt von Evisa. **Preise:** 22 €, Strom 4,50 €. **Zufahrt:** An der Verzweigung vor Evisa dem Campingplatzschild nach links folgen. Die Zufahrt zum Campingplatz befindet sich 300 Meter weiter rechts an der Straße.

Der Weg durch die Spelunca-Schlucht

Gehzeit: 4 h, 7 km, 610 m Abstieg, 100 m Aufstieg. Ein gut markierter Pfad, der zum Weitwanderweg *Tra Mare et Monti* gehört, führt von Evisa den Hang der Schlucht hinunter bis zum Aitonebach. Wir kommen zu zwei alte Steinbogenbrücken, der Pont de Zaglia und der Pont de Pianella und steigen dann nach Ota hinauf. Von dort kann man sich mit dem Taxi abholen lassen *(Taxidienst Evisa, Tel. 0033 (0) 614154627, das Taxi muss frühzeitig bestellt werden).*

Wegbeschreibung: Wir verlassen Evisa über die Straße in Richtung Porto und folgen der orangen Markierung des Tra Mare et Monti. Der Pfad beginnt am Ortsrand von Evisa direkt am Friedhof. Ein Schild weist auf den Einstieg hin. In unzähligen Serpentinen schlängelt sich der Weg über Steinplatten und kleine Stufen fast 550 Meter den Hang hinab. Nach einer guten Stunde erreichen wir an der alten genuesischen Brücke **Pont de Zaglia** die Talsohle der Schlucht. Am Fuß der Brücke gibt es einen Zugang zum Bach. Die Becken sind jedoch nicht besonders tief. Auf jeden Fall ist hier ein schöner, schattiger Platz für eine Pause.

Wir überqueren die Pont de Zaglia und folgen dem Weg, der meist unter Bäumen ein gutes Stück oberhalb des Flusses entlangführt. In leichtem Auf und Ab erreichen wir kurz vor der Straße wieder Flusshöhe und einige flache Badebecken. Wir überqueren die Straße an den **Deux Ponts d'Ota** vor der ersten Brücke und gehen dann vor dem Sportplatz am Bach entlang. Die Badebecken werden hier tiefer. Der größte Pool liegt wie ein großes Schwimmbecken unter der nächsten Steinbrücke Pont de Pianella. Hinter der Brücke steigt der Weg steil an, schlängelt sich zwischen Steineichen hindurch und durch Olivenhaine. Begleitet von laut zirpenden Zikaden überwinden wir die letzten Höhenmeter bis Ota. Der Weg mündet unten in die Dorfstraße. Folgt man dieser hinauf in den Ort, so landet man unweigerlich an der Wanderherberge ***Chez Felix*** und kann bei herrlicher Aussicht auf der Terrasse sitzen.

Die Straße von Evisa nach Porto gibt sich zuerst einmal ganz harmlos. In einem großen Bogen führt sie aus den Bergen hinunter und hält dann kurz vor Ota wieder auf die roten Felsen der **Spelunca-Schlucht** zu. Zwischen diesen schlägt das plötzlich recht schmale Sträßchen dann dramatische Haken. Der aufregende Abschnitt ist kurz und eindrucksvoll. Nach etwa drei Kilometern wird die Straße wieder breiter und die Felsen liegen hinter uns.

Kurz darauf zweigt rechts ein **Sträßchen nach Ota** ab. An der Straße stand jahrelang ein Durchfahrtsverbot für Wohnmobile, im Frühsommer 2023 fehlte es, – ob dauerhaft oder vorübergehend – who knows. Es gab nur noch die Beschränkung auf 5,5 Tonnen. Diese macht definitiv Sinn, denn die Straße hinunter zu den Brücken hat es in sich. Sie ist nicht nur steil und streckenweise kaum breiter als ein Wohnmobil, sondern auch in schlechtem Zustand. Interessant ist sie, weil sie zu den ***Deux Ponts d'Ota***, den zwei Brücken von Ota, hinunterführt und dort die Wanderstrecke durch die Spelunca-Schlucht kreuzt. *An den Brücken kann man dem Wegweiser nach Evisa folgen und von unten in die Spelunca-Schlucht hineinlaufen.* So bekommt man mit wenig Anstrengung und Aufwand einen Blick in die Schlucht. Der Weg ist orange markiert und nicht zu verfehlen. Etwa 30 Minuten braucht man von den Deux Ponts d'Ota zur Pont de Zaglia, der alten Genueserbrücke. Am Parkplatz lockt an der ersten Brücke außerdem eine große Badegumpe. Vor den beiden Brücken gibt es zwei größere Parkbuchten, in die auch ein Wohnmobil passt. Geparkt wird ansonsten hinter den Brücken am Straßenrand, wo man auch drehen kann (solange es nicht zu voll ist). Die Brücken sind schmal und auf die zweite folgt direkt eine enge Kurve. Sollte das Schild dauerhaft fehlen: Wir empfehlen die Fahrt hinab nur für wendige Campervans bis zwei Meter Breite und vorzugsweise früh am Tag. Wer ein Wohnmobil hier hinuntersteuert, sollte entsprechend versiert sein.

Dort wo die Straße die Ausläufer der roten Schlucht durchquert wird es eng.

Jetzt geht es nur noch wenige Kurven abwärts, dann nähern wir uns Porto. Der **Golf von Porto** ist von hohen Bergen umgeben. Die See ist oft rau und braust heftig um die roten Felsnadeln der umliegenden Berge. Eben ist hier nur der breite Strand bei Porto und das Ortszentrum um den Naturhafen an der Mündung des Aitone ins Meer. Im Norden liegt das unberührte Gebiet von Scandola und der Ort Girolata, der auf dem Landweg nur mit einer längeren Wanderung zu erreichen ist. Im Süden warten die viel besuchten roten Felsen der Calanche. Im Hinterland erheben sich die Berge um die Spelunca-Schlucht und das Bergdorf Evisa. Der ganze Golf steht unter Naturschutz und ist Teil des UNESCO-Weltnaturerbes. Die Straßen im Golf von Porto sind eng und kurvig, rechnen Sie mit einer durchschnittlichen Fahrgeschwindigkeit von 30 bis 40 Kilometer pro Stunde. Campingplätze gibt es reichlich, doch fast alle ziehen sich in Terrassen den Hang hinauf.

Kurz bevor wir auf die Küste treffen, liegt links an der Straße ein erster Campingplatz. Einige Stellplätze eignen sich auch für Wohnmobile. Die Wege auf dem Platz sind allerdings schmal und steil.

134 Porto – *Camping Funtana a l'Ora*

GPS/Kontakt: N 42°15'13.4'', E 8°43'21.1'', Route d'Evisa, Tel. 0033 (0)495261165; www.funtanaalora.com. **Öffnungszeit:** Ostern bis Mitte November. **Ausstattung:** Ver- und Entsorgung, Baguetteservice, Pizzeria, geheizter Pool, WLAN. **Beschreibung:** Die Stellplätze sind hübsch unterteilt durch Mäuerchen, Pflanzen und große Steinblöcke. Zentral gelegen ist der ausreichend große, recht gepflegte Sanitärblock. Der ganze Platz ist sehr schattig. Zehn Minuten zu Fuß zu schönen Badebecken im Bach. **Preise:** 21–34 €, Strom 4 €. **Zufahrt:** Links an der D84. Drei Kilometer außerhalb von Porto.

Wenn Sie gerne am Abend in **Porto** essen möchten oder eine Bootstour an der spektakulären Küste planen, sollten Sie sich für einen der vier Campingplätze entscheiden, von denen Sie zu Fuß zum Hafen gehen können. Drei davon ziehen sich den Hang hinauf und eignen sich eigentlich eher für Campervans und Zelte. Ein einziger Platz, der Camping Municipal, liegt hinter dem breiten Kiesstrand von Porto im Flusstal und ist bretteben. Das angenehme Gelände hat lichten Schatten und Sonnenplätze. Der Platz ist zudem auch noch preisgünstig und unser Favorit in Porto.

135 Porto – *Camping Municipal d'Ota Porto*

GPS/Kontakt: N 42°15'48.3", E 8°42'00.4", Tel. 0033 (0)495261776; campingmunicipal-otaporto.com. **Öffnungszeit:** Mai bis September. **Ausstattung:** Ver- und Entsorgung. **Beschreibung:** Auf der südlichen Seite des Flusses und direkt hinter dem breiten Strand gelegen. Großes, ebenes Gelände, mäßig schattig und im Sommer etwas staubig. Sanitäranlagen einfach, aber okay. Der einzige Platz in Porto, der nicht am Hang liegt, daher auch für größere Wohnmobile problemlos anzufahren ist. **Preise:** 19–23 €, Strom 3,50 €. **Zufahrt:** Am Ortsrand von Porto treffen wir hinter einer Tankstelle und dem Restaurant *Le Moulin* auf die Küstenstraße. Hier biegen wir links ab und ignorieren dabei die Begrenzung auf 3,5 Tonnen (hier fahren auch Reisebusse durch). Etwa einen Kilometer weiter geht es rechts hinunter nach »Porto Rive gauche« und geradeaus zum Campinggelände. **Alternativen:** Drei weitere Campingplätze haben Stellplätze in Terrassen am Hang, darunter ist der komfortable, schön angelegte Camping Les Oliviers mit Sauna und Hammam (N 42°15'43.6", E 8°42'36.3", camping-oliviers-porto.com) auf der nördlichen Flussseite. Die beiden anderen heißen Camping Sole e Vista und Camping Le Porto.

Sollten Sie keine Übernachtung planen, wählen Sie am besten den gleichen Weg wie zum Camping Municipal und parken auf der südlichen Flussseite. Dazu gibt es inzwischen nur noch einen Platz ohne Verbotsschild. Der Camping Municipal war einige Jahre geschlossen und während dieser Zeit war hier ein offizieller Stellplatz für Wohnmobile. Ist der Campingplatz geschlossen, können Sie hier auch weiterhin über Nacht parken.

P Porto – N 42°15'51.8", E 8°41'46.0"

Eine Runde durch Porto

Porto, Hafen, den Namen trägt die Ansiedlung nicht von ungefähr. Die wenigen Häuser gruppieren sich um das natürliche Hafenbecken an der Mündung des Aitone-Bachs, der hier unten den Namen *Rivière de Porto* trägt. Außerhalb der Saison lebt hier kaum jemand. Der Ort besteht aus Hotels und Restaurants – und in jedem der Häuser werden Tickets für Bootstouren verkauft. Die Boote fahren ins Naturschutzgebiet von Scandola und zum Fischerdorf Girolata. Auf einem Felsen über dem Hafen überragt ein mächtiger Wachturm den breiten dunkelgrauen Sandstrand in der tief eingeschnittenen Bucht. Bei entsprechendem Wind rollen hier mit wilder Kraft haushohe Wellen an Land. Ein Badeziel ist Porto nicht. Wer den Golf von Porto besucht, findet hier vor allem wenig berührte Natur.

Darüber hinaus hat Porto nur noch eine Sehenswürdigkeit: Im alten **Genuesischen Turm** gibt es ein kleines Museum. Eine Treppe führt ins Innere des 1549 erbauten Wachturms und weiter auf die Plattform zwischen den Zinnen. Der Blick über den Golf ist großartig. Die Ausstellung im Gebäude informiert über einen ungewöhnlichen Wirtschaftszweig, der für die Menschen im Ort wichtig war, bevor der Tourismus kam. Im Jahr 1919 lebten hier noch über 800 Personen von der Produktion hochwertiger Bruyèrepfeifen *(April bis Oktober 9–19 Uhr. 2,50 €, Kinder bis 12 Jahre frei).*

Mit dem Boot durch die Reserve Naturelle de Scandola

Leuchtend türkisblaues Meer vor tiefroten Felsen – so präsentiert sich die Küste um Porto. Die nördlich von Porto gelegene Halbinsel Scandola ist nicht bewohnt und steht unter Naturschutz. Hier brüten Kormorane, Fischadler und Silbermöwen. Mit etwas Glück kann man auf dem Wasser auch Delfinen begegnen. Höhlen und kleine Buchten zwischen zackigen roten Felsen bestimmen das Bild. Das Dorf Girolata, am Rand der Schutzzone gelegen, ist nur mit dem Boot oder über einen Wanderweg von der Küstenstraße zu erreichen. Die Einwohner leben vom Tagestourismus. Zwei nette Cafés servieren kleine Speisen und eine Gîte bietet Wanderern Unterkunft. Scandola erreicht man am besten per Boot. Bootsausflüge zwischen die Klippen und Riffe des Vogelschutzgebietes werden auch von Calvi, Galeria und Cargèse aus angeboten. In Porto starten verschiedene Gesellschaften, deren Preise sich kaum unterscheiden. Die viereinhalbstündige Fahrt an der Küste von Scandola kostet ab 60 Euro pro Person. Die Schiffe fahren mehrmals täglich, etwa ab Mai. Kürzere Touren führen aus dem Hafen von Porto zu den Felsen der Calanche.

Neben den **größeren Ausflugsbooten** der Anbieter NaveVa (www.naveva.com), Porto Linea (www.portolinea.com) und Via Mare (www.viamare-promenades.com, umweltschonende Boote mit Hybridantrieb) liegen auch mehrere **schnelle Kleinboote** im Hafen, in die nur zwölf Personen passen. Einer der ersten Anbieter mit Kleinboot war Francois-René aus Piana mit seiner Alpana (www.scandola-girolata-piana.com). Der junge Korse fiel außerdem aus der Reihe, weil er so viel über die Region zu erzählen wusste. Das Konzept war erfolgreich und machte Schule. *Corse Adrenaline* fährt ähnliche Touren mit einem flotten Gommone und die gelben Boote von *Corse Émotion* ermöglichen ebenfalls eine rasante Fahrt. Auch an Bord der **Pass'Partout I und II** (www.lepasspartout.com) haben maximal zwölf Personen Platz. Die kleinen Boote sind ebenfalls wendig genug, um durch Engpässe zu fahren, an denen die normalen Ausflugsboote umkehren. Sie sind aber gemütlicher unterwegs, als die gut motorisierten Schlauchboote.

Abends liegen alle Boote im Hafen vor Anker – jedes an seinem eigenen Platz – und Sie können schauen, welches Ihnen am besten gefällt. Buchen können Sie online oder in den Restaurants im Ort. Tafeln am Eingang zeigen unmissverständlich, wer welche Tickets vertreibt.

Calanques de Piana (Calanche)

Nicht weniger spektakulär ist die Landschaft auf der südlichen Seite Portos. Zerklüftete rote Felsen formen die Berge im Küstenbereich, mitten hindurch schlängelt sich die D81. Wenn wir auf dieser von Porto nach Süden fahren, kommen wir am bereits erwähnten Schild vorbei, das die Weiterfahrt für Fahrzeuge über 3,5 Tonnen verbietet. So ernst scheint man das Schild aber nicht zu nehmen, obwohl es durchaus Sinn machen würde. Wir sind hier auch schon Reisebussen begegnet. Bevor es richtig losgeht mit den Kurven, treffen wir auf den Startpunkt von zwei tollen kleinen Wanderungen.

Beliebt und ganz einfach zu finden, ist der Weg zum ***Château fort***. Zwischen fantastischen Steingestalten windet sich ein felsiger Pfad über Steinstufen auf ein Felsplateau hoch über dem Meer, von dem man weit über den Golf von Porto schauen kann. Die kleine Wanderung ist kein Spaziergang, denn der Weg ist felsig und uneben und es geht immer wieder auf und ab. Trotzdem gilt er als die einfachste Tour durch die Calanche und ist deshalb sehr beliebt. Einsam ist es hier ganz bestimmt nicht. Deshalb sollten Sie schon früh oder erst später am Nachmittag am kleinen Parkplatz (N 42°15‘10.0", E 8°39‘27.0") an der Felsformation *Tête de Chien* (Hundekopf) eintreffen, links und rechts an der D81 können etwa zehn bis 15 Autos parken. Ist dort kein Platz mehr, gibt es eine Kurve höher eine weitere Parkbucht rechts der Straße.

Durch die bizarre Steinwelt zum Château Fort

Gehzeit: 45 min, 1,8 km, 60 Hm. Der Weg beginnt auf der Meerseite neben dem steinernen Hundekopf. Wir folgen dem Hinweisschild *Château fort* und der gelben Markierung den Berg hinab. Zuerst laufen wir unter hohen Bäumen hindurch und der Weg ist eben und anspruchslos. Schon kurz nach dem Start kann man eine kleine Höhle in einem dicken Felsblock neben dem Weg entdecken. Dann wird der Weg schmaler und stellenweise sonniger. In vielen Kurven geht es vorbei an skurrilen Steingestalten, über Felsblöcke und unzählige natürliche Steinstufen in Richtung Meer. Plötzlich ist es dann da, weit unten, dunkelblau schimmernd. Der Blick reicht weit hinein in den Golf von Porto. Auf dem Plateau ist ausreichend Platz für eine Pause oder ein kleines Picknick, bevor wir auf demselben Pfad den Rückweg antreten.

Etwas länger und sehr empfehlenswert ist die Runde über den alten Maultierpfad *Sentier Muletier*, die am ***Café Les Roches Bleues*** beginnt. Sie führt uns zuerst steil hinauf, dann durch eine Heidelandschaft mit verstreuten Taffoni-Felsen. Dort stoßen wir auf den spektakulären alten Maultierpfad zwischen Piana und Ota. *Die Trasse dieses Weges ist teilweise terrassenförmig an den Berg gebaut und führt direkt zwischen die roten Felsnadeln.* Links gähnt der Abgrund, weit unten sehen wir die Straße. Da es direkt am *Les Roches Bleues* nur wenige kleine Parkbuchten gibt, empfehlen wir, das Wohnmobil schon zwischen dem Tête de Chien und dem Café in der Bucht rechts an der Straße zu parken und die Straße hinaufzulaufen. Eine nicht eindeutig legale Alternative gibt es für kleinere Kastenwagen und Bullis. Links der D81 führt einige Kurven südlich des *Roches Bleues* im spitzen Winkel ein Sträßchen hinauf zu einem Parkplatz (N 42°14'22.9", E 8°39'16.4"). An der Zufahrt steht ein Wohnmobilverbot, die 2,70 Meter hohe Höhenschranke oben am Parkplatz ist für kleinere Campervans jedoch passierbar.

TOUR 7

Auf dem Maultierpfad durch die Calanche

Gehzeit: 2 h, 4 km, 300 Hm. Der Weg beginnt schräg gegenüber dem *Roches Bleues* und ist durchgängig gelb markiert. Wir folgen dem Hinweisschild zum *Capo d'Orto* und klettern durch halbhohe Macchia den steilen Hang hinauf. Nach etwa zehn Minuten haben wir freien Blick über die Bucht.

Der Weg steigt weiter an, zwischen den Felsen geht es hinauf in einen Fichtenwald. Die Steigung wird sanfter und wir laufen über federnden Waldboden. Hier sollte man die Markierung aus Steinmännchen und gelben Farbstreifen nicht aus den Augen verlieren, da man sich sonst leicht auf einem der kleinen Nebenpfade verliert. Der Weg macht einen Bogen nach rechts und führt dann noch einmal steil den Hang hinauf – bis wir mitten im Wald vor einem großen Steinhaufen stehen. Hier ist der höchsten Punkt erreicht und der Weg gabelt sich.

Wir folgen dem Wegweiser rechts in Richtung Piana, lassen den Wald hinter uns und durchqueren eine ungewöhnliche Landschaft: Viele Taffoni-Felsen liegen am Hang herum, scheinbar achtlos verstreut, halb mit Baumheide zugewuchert. Hier wäre ein guter Platz für eine Pause.

Dann folgen wir der Wegmarkierung leicht bergab, und hinter einem weiteren Waldstück sehen wir das Meer. Es folgt ein kurzer, steiler Abstieg und die nächste Weggabelung (hier befindet sich der alternative Parkplatz mit der Höhenschranke). Wir biegen hier rechts ab in Richtung *Ancien Chemin de Plana a Ota* – jetzt befinden wir uns auf dem alten Maultierpfad. Er führt einige Zeit am Hang entlang und dann über viele Stufen wieder hinunter zur D81, der wir nach rechts folgen bis zum Roches Bleues.

Wir fahren weiter auf der D81 in Richtung Piana. Hinter dem *Café Roches Bleues* kurven wir jetzt durch den dramatischsten Abschnitt der Felsenlandschaft. Vor allem gegen Mittag kann es auf der schmalen Straße turbulent werden. Zwischen Autos, Motorrädern, Fahrrädern und einigen Wohnmobilen spazieren meist auch noch etliche, auf das perfekte Foto fixierte Fußgänger auf der Straße herum. Viele der potenziellen Ausweichbuchten sind zugeparkt. Wenn sich dann noch zwei größere Fahrzeuge an einer ungünstigen Stelle begegnen, kommt es zu längeren Staus und Rangierereien. Der Abschnitt zwischen den roten Felsen ist aber nicht allzu lang, und kurz vor Piana wird auch die Straße wieder breiter.

Vor der großartigen Kulisse der roten Felsnadeln der Calanche wirkt **Piana** mit seinen aneinander geschmiegten, ockerfarbenen Steinhäusern besonders reizvoll. Eine Auswahl an Restaurants und Cafés, die durchweg gute Qualität bieten, und das charmante Gewirr schmaler, gepflasterter Gassen zwischen alten Steinhäusern machen den Ort zu einem beliebten Ausflugsziel. Ein Bummel durch die Gassen würde sich durchaus lohnen. Leider verbietet ein Schild am Ortseingang das Parken von Wohnmobilen innerhalb des Ortes und der Parkplatz im Zentrum ist mit einer Höhenschranke gesichert. Eine Handvoll Plätze gibt es am Ortsrand längs der Straße in Richtung Plage d'Arone. Von dort läuft man aber schon ein ganzes Stück zurück ins Dorf.

Wir lassen Piana also mit Bedauern rechts liegen und machen uns auf dem Weg auf die Halbinsel westlich des Ortes. Dort lockt am Ende der Straße die **Plage d'Arone**, der schönste Strand im Golf von Porto und auf halbem Weg die grandiose **Wanderung zum Capo Rosso**. *Hoch oben auf dem weit ins Meer ragenden roten Kap thront ein alter Genueserturm* und der ist das Ziel der eindrucksvollen Wanderung. Zwei Stunden geht es munter hinab und wieder hinauf, bis man dort oben im Wind den perfekten

Wachturmblick über den kompletten Golf von Porto genießt. Am Beginn des Weges steht eine Bar, die 2023 komplett umgebaut wurde. Bisher konnte man auf dem zur Bar gehörenden Parkplatz gegen Gebühr übernachten. Wir hoffen, dass das nach dem Umbau so bleibt.

136 Capo Rosso

GPS: N 42°14'07.2'', E 8°35'01.0''. **Max. WOMOs:** 4–5. **Ausstattung:** Bar. **Beschreibung:** Schräge Schotterfläche neben der Bar und am Beginn des Wanderwegs aufs Capo Rosso. Toller Blick übers Meer auf das Kap mit dem Turm. **Preise:** 10 €, Anmeldung in der Bar. **Zufahrt:** Sechs Kilometer entfernt von Piana rechts an der Straße zur Plage d'Arone.

Wanderung zum Capo Rosso

Gehzeit: 4 h, 10 km, gut 500 Höhenmeter. Wanderschuhe notwendig, Wasser und Sonnenschutz nicht vergessen!

Vom Parkplatz folgen wir einem der beiden Pfade, die dort in Richtung Meer führen. Sie treffen kurz darauf zusammen. Der Wanderweg führt dann mit weitem Blick über das Meer am Hang entlang. Nach etwa 15 Minuten erreichen wir die **Mauern einer Hütte** an einer tollen Felsformation, kurz darauf geht es durch ein Tor. Wir folgen immer dem Wanderweg bis zu einem gemauerten **Rondell**, das wie ein Pferch aussieht. Hier teilt sich der Weg, schöner ist die rechte Variante, die an den Felsen entlang und über Steintreppen führt. Beide Weg treffen aber nach etwa 50 Metern wieder zusammen. Der Pfad schwenkt dann nach links und führt immer weiter abwärts bis wir nach einer knappen Stunde an einer **Schutzhütte mit Wegweiser** stehen.

Hier kann man zwischen zwei Wegen wählen. Der längere *Sentier Littoral* folgt der Küstenlinie. Wir wählen den kürzeren Weg nach rechts. Er bringt uns leicht ansteigend zu einer **zweiten Schutzhütte**, in der Wanderer übernachten können. Im Inneren gibt es Schlafplätze mit Steinbänken, auf die man die Isomatte legen kann. Von hier aus geht es nun stetig bergauf und wir nähern uns dem roten Felsen. Am Waldrand gibt es noch einmal einen schattigen Rastplatz: In einem mit Steinmauern eingerahmten Hof sind hier die Mauern einer Hütte zu sehen. Dann beginnt der Aufstieg. Er führt ein gutes Stück auf einem sorgfältig gepflasterten Weg in Serpentinen durch eine Rinne steil hinauf. Oben angekommen geht es weitgehend weglos über den Fels. Steinmännchen helfen hier bei der Orientierung. Dann laufen wir über die Kuppe und stehen vor dem **Turm**. Eine steile, ungesicherte Treppe führt in den Raum im ersten Stock, von dort kommt man durch einen engen dunklen Treppengang weiter hinauf auf die Plattform. Der Blick von hier oben ist einfach gigantisch.

Ein steiler, roter Felsen am Meer und obendrauf steht ein Wachturm. Die Wanderung zum Capo Rosso ist spektakulär.

Zurück geht es auf dem gleichen Weg. Wer noch Konditionsreserven hat, kann sich jetzt für die längere Variante entscheiden und kurz vor der Schutzhütte rechts auf den **Sentier Littoral** abbiegen. Der Küstenweg verläuft näher am Meer und trifft an der kleineren Schutzhütte wieder auf den Hauptweg.

Wer nicht am Capu Rosso übernachten möchte, fährt noch ein Stück weiter bis zum Ende der Straße. Dort wartet hinter der langen Sandbucht von Arone ein schöner, weitläufiger Campingplatz. Die lange Sandbucht liegt zwölf Kilometer von Piana entfernt. Das Wasser ist blau und klar, wird jedoch schnell tief.

137 Piana – *Camping d'Arone*

GPS/Kontakt: N 42°12'38.9", E 8°35'08.9", Piana, Tel. 0033 (0)495206454. **Öffnungszeit:** Mitte Mai bis Mitte September. **Ausstattung:** Baguetteservice, spärlich ausgestatteter Laden. **Beschreibung:** Etwa 200 Meter hinter der schönen Badebucht von Arone, unparzellierte Plätze unter Bäumen, toller Strand, dort gibt es zwei gute Restaurants und in der Saison eine Imbissbude. Der Platz ist sehr abgelegen und für Ausflüge in die Bergregion von Porto nicht mehr so gut geeignet. Einkaufsmöglichkeiten im zwölf Kilometer entfernten Piana. **Preise:** 29 €, nur Barzahlung. **Zufahrt:** An der Südspitze des Golfes. Von Piana der schmalen Straße zur Plage d'Arone bis zum Ende folgen.

Sie sind durch das Niolo nach Porto gefahren? Dann lohnt es sich, jetzt den Abstecher in Richtung Süden noch bis **Cargèse** auszudehnen. Die kleine Stadt mit griechischem Ursprung hat ein ganz eigenes Flair. Außerdem sind hier zwei besonders schöne Kirchen zu sehen (Seite 153, bei Tour 5).

Dann kehren wir zurück nach Porto, um weiter der Küste nach Norden zu folgen. Dabei durchqueren wir noch ein zweites Mal die roten Berge der Calanche und sehen sie, diesmal von der anderen Seite und aus einem ganz neuen Blickwinkel.

Von Porto nach Galeria

Die Küstenstraße zwischen Porto und Galeria hat ein paar kurze enge Felspassagen, ist ansonsten aber inzwischen gut ausgebaut und in gutem Zustand. Sie führt mit tollen Blicken auf das Meer hoch oben an der Küste entlang. Die Absicherung zum Abgrund ist rudimentär. Dies ist eine der Straßen, auf der wir sehr gerne entspannt an der Bergseite fahren und bei Gegenverkehr und eventuellen Ausweichmanövern nicht an die abschüssige Straßenkante, sondern nur nahe an die Felswand rangieren müssen. Bisher hatten wir auf allen schmalen Straßen Glück und der Gegenverkehr begegnete uns an passenden Stellen. *Hier hinter Porto erwischt es uns doch noch.* Direkt beim Einfahren in eine enge Felsenkehre kommt vor uns ein Wohnmobil um die Kurve. Die Breite der Straße reicht definitiv nicht für beide Fahrzeuge. Und hinter diesem Wohnmobil folgt direkt ein zweites und dann eine lange PKW-Schlange... Wir setzen also zurück. Wir und die beiden PKWs hinter uns. In Millimeterarbeit geht es an den Felsen heran. Der Fahrer des Wohnmobils eilt herbei und dirigiert uns genau so weit zurück, dass er, mit eingeklappten Spiegeln, gerade so an uns vorbeifahren kann. Respekt! So genau kennt kaum jemand die Abmessungen seines Campers. Die Insassen des nachfolgenden Allrad-Sprinters tun sich beim Vorbeifahren deutlich schwerer, obwohl ihr Bus ein gutes Stück schmaler ist. Warum wir diese Geschichte so ausführlich erzählen? *Wir werden oft gefragt, bis zu welcher WOMO-Größe man eine Strecke wie diese Küstenstraße fahren kann* – eine Antwort ist beinahe unmöglich. Wer so souverän unterwegs ist, wie dieser französische WOMO-Pilot, kann fast jede Route fahren. Wer mit einem wenig vertrauten Leihwohnmobil auf Tour geht, sollte eher vorsichtig sein. Auf der Strecke zwischen Galeria und Porto fahren übrigens auch Reisebusse – auch die kommen durch die Kurven. Wer dann besonders viel Pech hat, steht in unserer Kurve direkt vor so einem Monster.

Die Straße von Porto nach Galeria führt durch eine einsame, recht raue Berglandschaft. Schon kurz hinter Porto führt links eine erste Stichstraße zur **Plage de Bussaglia** hinunter. Schon oben an der Zufahrt warnt ein Schild, dass Sie ein Wohnmobil unten am Strand nicht parken dürfen. Wir fahren also noch ein gutes Stück weiter bis zum Dörfchen Partinello. Auf dem Weg kommen wir an einem der *kunstvoll gestalteten korsischen Kieselbrunnen* vorbei. Das Wasser fließt hier oft nur noch zögerlich, es lohnt aber trotzdem, die Bautechnik genauer anzusehen.

Ein weiterer Brunnen dieser Art steht rechts an der Ortsausfahrt von Partinello. Dort führt auch eine weitere Stichstraße zum Meer hinunter. Die **Plage de Caspio** ist so abgelegen, dass hier auch Wohnmobile geduldet werden – auf Nachfrage und mit Einkehr in der Bar darf man hier auch über Nacht stehen bleiben. Vom Kiesstrand schaut man über eine fjordartige Bucht hinüber zum gegenüberliegenden Capo Rosso.

138 Plage de Caspio

GPS: N 42°18'09.9", E 8°39'40.5". **Max. WOMOs:** 5. **Ausstattung:** Keine. **Beschreibung:** Großer Schotterplatz hinter dem etwas ruppigen Kies-Sandstrand von Caspio. Im hinteren Eck des Parkplatz gibt es auch ein oder zwei Schattenplätze. Zwei Strandbars in der Bucht, eine mit Kajak und SUP-Verleih. **Zufahrt:** In Partinello links zur Plage de Caspio abbiegen und der schmalen Straße bis zum Ende und zum Parkplatz am Meer folgen.

Noch ein paar Kilometer weiter durchqueren wir Curzu und ziehen dann weiter eine Kurve nach der anderen. Links kommt das Dörfchen **Osani** in Sicht und hier ist nach links die Plage de Gradelle mit Campingplatz und Strandrestaurant ausgeschildert. Bis hinunter zum Dorf Osani sieht die Fahrbahn noch aus wie eine schmale Straße. Im Dorf wird sie immer löchriger und ähnelt einem schlecht gewebten Flickenteppich. Links kann man an der Kirche parken. Die Asphaltdecke zum Meer bleibt so schlecht, wie sie im Ort beginnt, aber ansonsten macht die Straße keine Probleme. Sie wird sogar wieder ein bisschen breiter, bevor wir dann unten auf ein überraschend herausgeputztes Umfeld treffen.

Am Camping E Gradelle rechts an der Straße ist man kräftig am Renovieren und das Strandrestaurant am Straßenende ist schon beinahe edel. Die **Plage de Gradelle** ist ein Kiesstrand mit dicken runden Steinen und diesmal schauen wir über das Meer direkt auf die Mündung des Porto-Flusses. Auch die kleine Halbinsel mit dem Genueserturm von Porto ist zu sehen.

139 Osani – *Camping E Gradelle*

GPS/Kontakt: N 42°18'22.3", E 8°38'46.4", Gradella, Tel. 0033(0)495273201; www.camping-corsica-gradelle.com. **Öffnungszeit:** Mai bis September. **Ausstattung:** Baguetteservice, Bar. **Beschreibung:** Abseits gelegener, neu renovierter Platz mit etwas steiler Zufahrt. Schattige, in Terrassen angelegte Stellplätze. Wenig Platz für große Wohnmobile. Ausgangspunkt für Wanderungen auf dem Küstenweg, Infos gibt es an der Rezeption. Freundliches Personal. Die unmittelbare Umgebung des Platzes ist noch etwas verwildert. **Preise:** 29 €, Strom 5 €. **Zufahrt:** Von der D81 fünf Kilometer auf einer schmalen Straße, die zwar asphaltiert ist, aber mehr Löcher als Asphalt aufweist. Der Platz liegt 300 Meter vom Meer entfernt rechts an der Stichstraße zum Strand. **Alternative:** Wenn der Campingplatz geschlossen ist, kann man auch auf dem kleinen Parkplatz am Ende der Straße stehen bleiben.

Auf dem Weg zum Aussichtspunkt am Col de la Croix

Zurück auf der D 81 treffen wir in der nächsten Rechtskurve auf den höchsten Punkt unserer Straße – den **Col de la Croix**. Als Straßenpass ist er wenig auffällig. Der Parkplatz links der Straße ist trotzdem immer gut mit Autos gefüllt, denn auf der Passhöhe beginnt der gängigste **Wanderweg nach Girolata**. Girolata ist das Fischerdorf im Naturschutzgebiet von Scandola, das nicht über eine Straße erreichbar ist – also der Ort, den die vielen Ausflugsboote von Porto ansteuern. Wir haben die Wanderung selbst noch nicht gemacht, haben Ihnen aber die Eckdaten herausgesucht (Gehzeit 4 h, 10 km, 500 Hm). Eine Beschreibung finden Sie zum Beispiel bei Komoot. Wer hier nur einen kurzen Stopp einlegt, sollte auf jeden Fall zum beschilderten **Aussichtspunkt** hinaufsteigen. Der Weg führt nur leicht bergan und endet auf einem felsigen Mini-Berggipfel. *Von hier oben ist das Dorf Girolata gut zu sehen – und auch die vielen Boote, die weit unten käfergroß über das Wasser sausen.*

Balagne déserte – Galeria und das Tal des Fango

Hinter Girolata und der unerschlossenen Halbinsel Scandola beginnt die Region der Balagne. Das Eck hier im Süden wird als Balagne déserte, verlassene Balagne, bezeichnet. Genau so sieht die Landschaft auch aus. Zwischen Porto und Calvi durchfahren wir die wildeste und einsamste Ecke Korsikas. Grüne Berge und Felsen – das ist alles, was auf der Fahrt zu sehen ist. Dort wo die Straße nahe an der Küste verläuft, setzt das tiefblaue Meer einen intensiven Farbkontrast.

Mitten in dieser Einöde liegt der kleine Ort **Galéria**. Hinter einer großen Kiesbucht zieht sich eine Straße mit wenigen Häusern an der Küste entlang. Zwei kleine Supermärkte, einige Restaurants, ein Campingplatz. In der Nebensaison findet man hier absolute Ruhe. Oberhalb des Ortes mündet der Fango ins Meer. Hinter der Mündung liegt der lange, sehr breite, meist ziemlich einsame **Riciniccia-Strand**. Die Brandung ist hier oft etwas kräftiger und die Strömung nicht ungefährlich. Zum Baden kann man aber in den geschützten Strandbereich an der Fangomündung ausweichen. Zur Flussmündung gelangt man in wenigen Minuten vom großen Parkplatz, der unterhalb der Turmruine am Ortseingang liegt.

140 Galéria

GPS: N 42°24'59.7'', E 8°39'22.9''. **Max. WOMOs**: 15. **Öffnungszeit:** Ganzjährig. **Ausstattung:** Kompost-WC, Müllcontainer. **Beschreibung:** Gemischter Parkplatz auf mehreren Terrassen am Ortsausgang von Galeria und direkt am Meer. Strand über kurzen Fußweg erreichbar. **Preise:** Tagsüber kostenlos, 20–8 Uhr 20 €, abends kommt der Gemeindemitarbeiter zum Kassieren vorbei. **Zufahrt:** Dort wo die Straße nach Galeria aufs Meer trifft rechts an der Straße gelegen.

Der Strand, an dem der Fango ins Meer mündet, ist vom Parkplatz nicht zu sehen. Der Weg dorthin führt am Turm vorbei, in Kehren hinunter und über einen improvisierten Steg zum Wasser. Das **Mündungsdelta des Fango** kann während der Sommersaison mit dem Kanu befahren werden. Die Öffnungszeiten werden auf einer Tafel am Parkplatz angeschlagen, die Boote liegen unten an der Flussmündung (*www.delta-du-fangu.com*).

Fährt man weiter in den Ort hinein trifft man dort auf einen kleinen, sehr einfachen Campingplatz.

141 Galeria – *Camping Ideal*

GPS/Kontakt: N 42°24'39.3'', E 8°38'40.7'', Tel. 0033 (0)637203204. **Öffnungszeit:** April bis Oktober. **Ausstattung:** Bäckerei direkt nebenan. **Beschreibung:** Direkt hinter der Strandstraße gelegen, wenige Meter vom Strand entfernt. Er ist im vorderen Bereich schön schattig, aber nicht sehr einladend. Hinten gibt es schönere Plätze unter kleinen Bäumen. Sehr einfache, alte Sanitäranlagen und viele Dauercamper. **Preise:** 22 €, Strom 4 €. **Zufahrt:** Auf der Straße unten am Meer in den Ort hineinfahren. Die Zufahrt zum Campingplatz zweigt hinter der Bäckerei rechts ab.

Noch etwas weiter im Ort versteckt sich eine private Unterkunft mit hübschen Nischen im zugewachsenen Garten, in die aber nur kompakte Camper passen.

Die Küste am Stellplatz (140)

142 Galeria Van'park

GPS/Kontakt: N 42°24'25.6'', E 8°38'30.3'', Caterone, Tel. 0033 (0)788202375. **Max. WOMOs**: 5. **Öffnungszeit:** Ganzjährig. **Ausstattung:** Baguetteservice, Trockentoiletten, Warmwasserduschen im Freien. **Beschreibung:** Winziger, liebevoll gestalteter, privater Stellplatz unter Bäumen, nur für kleinere Mobile, da niedrige Äste. Sehr nette Gastgeber. Telefonische Anmeldung erwünscht und sinnvoll. **Preise:** 20 €. **Zufahrt:** Am hinteren Ende des Ortes und nur über schmale Straßen erreichbar.

Die größte Attraktion in **Galeria** ist der Fango, der dort ins Meer mündet. Westlich des Weilers Tuarelli bildet der Fluss tiefe Gumpen zwischen steil abfallenden Felsen und dicken Steinbrocken und eignet sich hervorragend zum Baden – oder auch für ein kleines Abenteuer im Wasser. Die Straße ins **Vallée du Fango** zweigt schon vor dem Ort von der D81 ab. Auf der D351 geht es in Richtung Barghiana. Die schmale Straße verläuft parallel zum Fluss. Von dort führen immer wieder Pfade hinunter zu herrlichen Badebecken zwischen großen Felsblöcken im Bach. *Besonders große Bassins finden wir bei der Ponte Vecchio und unter der Brücke beim Örtchen Tuarelli.* Ein markierter Parkplatz befindet sich nach 1,5 Kilometern kurz hinter der Steinbrücke **Ponte Vecchio** und der Pizzeria auf der rechten Straßenseite. Er eignet sich sowohl als Startpunkt für eine Wanderung als auch zum Baden. In der Hochsaison ist der Platz kostenpflichtig. 2023 konnte man hier wohl auf Nachfrage an der Kasse auch über Nacht stehen bleiben. In den Jahren vorher war das Übernachten im Camper im ganzen Tal strikt verboten.

TOUR 7

P Fangotal – N 42°23'45.0", E 8°42'51.0"

Vom Parkplatz läuft man wenige Schritte zur **Ponte Vecchio**, einer alten Steinbrücke, unter der eine große, sehr tiefe Gumpe zu finden ist. Ab hier führt der Weitwanderweg *Tra Mare et Monti* direkt am Flussufer entlang. Man kann ihm gut bis Tuarelli folgen. Der Pfad ist gut markiert, eben und führt durch teilweise sehr hohe Macchia immer am Fango entlang. Streckenweise verläuft er hoch über dem Fluss und nur ab und zu kann man auch einen Blick in die Schlucht werfen. An einigen Stellen kommt man jedoch gut zum Wasser hinunter und zu tiefen Badebecken zwischen den rötlich schimmernden Felsen.

Das Mündungsdelta des Fango kann man mit dem Kanu erkunden.

TOUR 7

Das Fangotal auf dem Tra Mare et Monti

Gehzeit: 2 h 30, 8 km, 80 Hm. Wir laufen vom Parkplatz ein paar Schritte zurück zur Ponte Vecchio, überqueren die alte Steinbrücke und biegen direkt rechts auf den Wanderpfad des *Tra Mare e Monti* ab. Nach etwa 20 Minuten blicken wir von oben auf eine große Gumpe zwischen hohen Felsen. Kurz darauf durchqueren wir eine Lücke in einem Steinmäuerchen. Dann führt unser Weg zum Wasser hinunter und verläuft ganz nahe am Flussufer. Hier ist der **Zugang zum Fluss** am einfachsten. Flussaufwärts gibt es mehrere seichte Badebecken, tiefere Bassins finden sich flussabwärts.

Ab hier verläuft der Weg weit oberhalb des Flusses. Vom einen oder anderen Plateau aus können wir zum Wasser hinunterschauen. Die wenigen Pfade, die jetzt noch zum Fluss führen, sind ziemlich steil. Nach weiteren 30 Minuten kommt die **Brücke von Tuarelli** in Sicht. Der Weg führt ein kurzes Stück vom Fluss weg. Dann geht es rechts über einen Bach, der im Hochsommer meist trocken ist. Wir steigen zur Straße hinauf und folgen dieser nach rechts. Linker Hand taucht kurz vor der Brücke die Zufahrt zur Gîte Alzelli auf, die inzwischen leider geschlossen ist. Über das Gelände kommt man gut hinunter zum Fluss, der oberhalb der Brücke tiefe Gumpen bildet. Zurück geht es dann auf demselben Weg.

Wasserwandern im Fango

Über Felsen klettern und durch tiefe Gumpen schwimmen – Wasserwandern im Fango macht Spaß. Und sogar ein bisschen »Wellness« ist möglich!

Der Fango eignet sich auch für eine **Wanderung im Wasser** – Canyoning light sozusagen. Dabei müssen mehrere tiefe Gumpen durchschwommen werden. Die felsigen Partien kann man auch gut an Land umgehen. Für einen ersten Versuch wechseln wir dort, wo der Wanderweg zum ersten Mal das Wasser berührt, in den Fluss. Für den Rückweg im Wasser muss man dann mindestens die doppelte Zeit rechnen. Wer seine Wasserwanderung ganz oben in Tuarelli startet, braucht im Wasser bis hinunter zur Ponte Vecchio mindestens vier Stunden. Wer das Wasserwandern ausprobieren möchte, sollte schon zu Hause an die passende Ausrüstung denken.

Die richtige Ausrüstung: Badekleidung und kurze Hosen oder in der kühleren Nebensaison ein Neoprenshorty, der auch gut vor Verletzungen schützt. An die Füße gehören gut sitzende Badeschuhe oder Turnschuhe, die nass werden dürfen. Zu empfehlen sind außerdem ein Sonnenhut, ausreichend Trinkwasser und ein kleiner Snack.

Alles, was mitgenommen wird, muss wasserdicht verpackt werden und so handlich sein, dass man damit schwimmen kann. Wer eine längere Wasserwanderung plant, schafft sich am besten einen kleinen wasserdichten Beutel an, wie sie im Kanusport genutzt werden. Alternativ kann man auch alles Wichtige gut in Plastiktüten oder Zip-Beutel verpackt in einem kleinen Rucksack verstauen, der beim Schwimmen auf dem Rücken kaum stört.

Fährt man weiter ins Tal hinein, gibt es außerhalb der Saison zwischen der Ponte Vecchio und Tuarelli auch Möglichkeiten am Straßenrand zu parken. Zwischen Mitte Juni und Mitte September ist das entsprechend der Beschilderung verboten. Der **Camping l'Alzelli**, der in Tuarelli in perfekter Lage direkt an der Flussbrücke zu finden war, ist leider seit 2023 geschlossen.

Fährt man von Tuarelli noch 1,5 Kilometer weiter hinauf, zweigt in einer Linkskurve die Zufahrt zum Parkplatz **Aire de Treccia** ab. Im Gegensatz zum Parkplatz an der Ponte Vecchio ist dieser Platz an der Zufahrt deutlich mit einem Nachtparkverbot beschildert. Er liegt direkt an einem besonders schönen Platz am Fango und ist tagsüber ein schöner Badeplatz.

P Aire de Treccia – N 42°22'43.9", E 8°45'18.1"

Von Treccia noch weiter ins Tal zu fahren lohnt zum Beispiel, wenn das schön gelegene Restaurant *A Muvrella* ihr Ziel ist. Direkt hinter dem *A Muvrella* führt eine

Straße links in Richtung Fluss, an deren Ende es einen letzten Parkplatz gibt. Ist in heißen Sommern die Brandgefahr besonders groß, kann hinter Tuarelli die Zufahrt ins Fangotal gesperrt werden, was wir selbst schon erlebt haben.

Fahren wir von Galeria in Richtung Calvi, finden wir auf der nördlichen Flussseite den am besten ausgestatteten Campingplatz der Region. Nachdem früher das Gelände an der Zufahrt immer etwas »rumpelig« daherkam, wirkt die Rezeption mit üppig blühendem Garten inzwischen sehr einladend. Der Platz ist aber nur im Sommer geöffnet. Der an der Brücke in Richtung Küstenstraße immer noch ausgeschilderte Camping Morsetta ist wohl übrigens dauerhaft geschlossen.

143 Galeria – *Camping Casadiluna*

GPS/Kontakt: N 42°24'45.0", E 8°41'25.9", La Vaitela, Tel. 0033 (0)674677301; casadiluna.net. **Öffnungszeit:** Mitte Mai bis Mitte September. **Ausstattung:** Baguetteservice, Verkauf von lokalen Produkten, Pool. **Beschreibung:** Schönes, weitläufiges Wiesengelände mit vielen Schattenplätzen. Die Sanitäranlagen sind schon etwas älter. **Preise:** 22–28 €, Strom 4 €. **Zufahrt:** Wenige Kilometer von Galeria entfernt, zurückversetzt von der D81 (kurz vor der Brücke über den Fango) am Fluss.

Zur Weiterfahrt müssen Sie jetzt entscheiden, ob sie zügig durchs Hinterland fahren oder auf der Küstenstraße mit spektakulärem Ausblick durch viele Kurven und über löchrigen Asphalt hoppeln. Egal wie Sie sich entscheiden – weiter geht es mit Tour 8.

Flussidylle an der Aire de Treccia

Tour 8

BASTIA
Patrimonio
Saint-Florent
Oletta
Biguglia
Ecomusée du Fortin
San Michele de Murato
Murato
Santa Maria Assunta
Casa Nostra
Folelli
Park Galea
Couvent d'Orezza
Golo
Ponte Novu
San Tumasgiu
Morosaglia
Monte San Petrone 1767
Santa Maria di Riscamone
Ponte Leccia
San-Gavino-di-Tenda
Lama
Plage de Loto
Plage de Saleccia
Désert des Agriates
Plage d'Ostriconi
L'Ile-Rousse
Belgodère
Sant'Antonino
Asco
Pont Génois d'Asco
Monte Cinto
Cateri
Montemaggiore
Pigna
Algajola
Occi
Lumio
Calenzana
Calvi
Notre Dame de la Serra
Galéria
Tour 7
Tour 9
T11
T20
T30
D82
D262
D615
D47
D147
D81
D51
D451
D251
D81B
10 km
N

Calvi und die Balagne

200 km

Zwischen zwei kargen, fast unbewohnten Regionen, der Désert des Agriates im Norden und der Balagne déserte im Süden, liegt eines der fruchtbarsten Gebiete der Insel. So nennt man die Balagne auch den Garten Korsikas. Hier wachsen Oliven, Wein und Orangen. Die Region zwischen den schönen Küstenstädten Calvi und L'Ile Rousse ist außerdem eines der attraktivsten Urlaubsgebiete der Insel. Das sind unsere besonderen Empfehlungen auf dieser Tour:

- **Festungsstadt Calvi**
- **Die Ruinen von Occi**
- **Pigna und Sant'Antonino**
- **Plage d'Ostriconi**
- **Désert des Agriates**

Um von Galéria nach Calvi zu kommen gibt es zwei Optionen: die gut ausgebaute D81, auf der man Calvi in einer guten halben Stunde erreicht oder die **Küstenstraße** D818, auf deren streckenweise recht löchriger Asphaltdecke man mit Tempo 30 bis nach Calvi kurvt. Die Ausblicke über das Meer sind grandios und die Straße ist fast überall so breit, dass Sie stressfrei an einem PKW vorbeikommen. Reisebusse sind auf dieser Straße zudem nicht zu erwarten, denn die fahren die schnellere Route durchs Landesinnere. Wenn Sie genug Zeit haben, empfehlen wir definitiv die Küstenstraße.

Stopps oder Sehenswürdigkeiten gibt es kaum auf der Route. Einige Parkbuchten an der Straße ermöglichen eine Pause in der Einsamkeit. Auf halber Strecke steht in **L'Argentella** die Ruine der ehemaligen Silbermine rechts an der Straße. Am Ortsende

streckt sich eine lange Kiesbucht und an deren Rand liegt links der Straße das Gelände des Camping Morsetta. Der Platz wurde 2018 geschlossen, weil die Auflagen zur Absicherung der Anlage in einem gefährdeten Gebiet nicht erfüllt waren. Die Mauer des oberhalb liegenden kleinen Stausees soll marode sein und der Platz läge im Überflutungsgebiet. Kurz hinter dem ehemaligen Campingplatz führt eine steile Schotterstraße hinunter zu einem Parkplatz hinter dem Strand, der mit seinen rötlichen Kiessteinen recht ungewöhnlich aussieht. Wer Spaß an schönen Steinen hat, wird hier viele kleine Schätze finden.

P Plage d'Argentella – N 42°28'11.8", E 8°40'55.4"

Wenige Kilometer weiter ist rechts oberhalb der Straße eine Ruine zu sehen. Sie war einmal das Schloss von Prinz Pierre-Napoleon Bonaparte, einem Neffen Napoleons. In den Hügeln rund um die Ruine beginnt man gerade Reben anzubauen. Im Sommer öffnet unten an der Straße das Restaurant ***Prince Pierre***, auf dessen Parkplatz Sie nach der Einkehr auch über Nacht stehen bleiben können. Die Küche soll gut sein und die Preise angemessen. Mitte Mai war das Restaurant jedoch noch geschlossen und wir konnten das nicht selbst testen.

144 Balagne déserte – *Restaurant Prince Pierre* – N 42°29'14.1", E 8°41'04.5"

Kurz darauf sind wir zurück an der Küste und sehen wieder das Meer. Wir nähern uns Calvi und die Straße wird besser. Auf der Meerseite sorgt die weit ins Wasser ragenden **Landzunge von Revellata** für eine besonders schöne Kulisse. Wo der Fußweg auf die Halbinsel abzweigt, sind fast immer einige Autos geparkt. Gegenüber führt eine schmale Straße hinauf zur **Kapelle Notre Dame de la Serra**, von der man einen tollen Ausblick über Calvi hat. Unterhalb der Kirche kann man problemlos parken und das

schöne Gelände eignet sich auch für eine Pause. Übernachten ist hier dagegen verboten. Eine breite Treppe führt vom Parkplatz zum Vorplatz der Kapelle aus dem 19. Jahrhundert, die auf den Mauern eines weit älteren Kirchenhauses errichtet wurde.

P Notre Dame de la Serra – N 42°33'06.8", E 8°44'08.6"

Dann erreichen wir **Calvi**. Die schroffe, ockerfarbene Mauer der Zitadelle und davor die meist gut besuchte, palmengesäumte Hafenpromenade prägen das unverwechselbare Bild der alten genuesischen Festung. Nicht nur am Hafen, in dem auch die großen Autofähren ankern, sondern auch in den Gassen der dahinter gelegenen Unterstadt reihen sich Restaurants und kleine Läden in einer bunten Kette. Der Strand von Calvi beginnt neben dem Jachthafen. Vor einem Streifen Pinienwald streckt sich der feine weiße Sandstrand gute vier Kilometer weit in Richtung Norden. In Stadtnähe stehen Liegen und Sonnenschirme vor den Strandbars, neben denen Tretboote und Surfboards verliehen werden. Weiter hinten wird es ruhiger und man findet mehr Platz für das Handtuch oder die Strandmatte. Das Wasser ist seicht, türkis-

Plage d'Argentella

blau und oft glatt wie ein Spiegel. *Calvi ist ein wirklich attraktiver Ort* und eines der beliebtesten Ferienziele auf Korsika. Ein Bummel durch die Gassen unterhalb der Zitadelle lohnt unbedingt, braucht aber etwas Zeit. Freistehen ist im Stadtgebiet verboten, dafür gibt es etliche Campingplätze mit erstaunlich moderaten Preisen.

Alle Campingplätze liegen an der Ostseite der Stadt hinter dem langen Sandstrand. In der ersten Reihe am Meer befindet sich der Camping La Pinède, der inzwischen überwiegend Bungalows anbietet. Alle anderen Plätze liegen oberhalb der Küstenstraße T30 am Stadtrand.

145 Calvi – *Camping La Pinède*

GPS/Kontakt: N 42°33'13.0", E 8°46'6.9", Route de la Pinède, Tel. 0033 (0)495651780; camping-calvi.com. **Öffnungszeit:** Ganzjährig. **Ausstattung:** Ver- und Entsorgung, Laden, Restaurant, Pool, Wellnessangebote, großer Spielplatz. **Beschreibung:** Sehr komfortabler Platz in toller Lage im Pinienhain hinter dem schönsten Teil der Bucht von Calvi. Nur die Strandstraße trennt das Campinggelände vom Meer. Die Altstadt von Calvi ist gut zu Fuß erreichbar. Die Plätze für Camper liegen allerdings ganz hinten, weit weg vom Strand und nahe an der viel befahrenen Straße. Der vordere Bereich in Meernähe ist inzwischen mit Häuschen zugestellt. Trotzdem ist es hier schon in der Vorsaison recht voll. **Preise:** 26–54 € inkl. Strom, ACSI-Rabatt. **Zufahrt:** Gegenüber dem Camping Paduella auf der anderen Seite der Straße nach L'Île-Rousse.

Auf der Küstenstraße kurz vor Calvi

Ebenfalls noch in fußläufiger Entfernung zur Altstadt und im Stadtgebiet befinden sich rechts der T30 die beiden komfortablen Anlagen des Camping La Clé des Champs und des Camping Les Castors/International. Unsere beiden Favoriten in Calvi liegen etwas ruhiger am Stadtrand.

146 Calvi – *Camping Paduella*

GPS/Kontakt: N 42°33'06.6'', E 8°45'52.8'', Tel. 0033 (0)495650616; www.campingpaduella.com. **Öffnungszeit:** Mai bis Anfang Oktober. **Ausstattung:** Ver- und Entsorgung, Baguetteservice, Restaurant, Aquapark, WLAN kostenlos. **Beschreibung:** Sehr gepflegter, gut aufgeteilter Platz am Ortsausgang oberhalb der Straße nach L'Île Rousse. Fünf Minuten zum Supermarkt und zehn Minuten über die Straße und durch den Pinienhain zum Strand. Die Straße ist gut zu hören. **Preise:** 24–37 €, Strom 5 €. **Zufahrt:** Hinter dem Kreisel am östlichen Ende von Calvi direkt rechts an der Straße.

147 Calvi – *Camping Bella Vista*

GPS/Kontakt: N 42°33'08.3'', E 8°45'22.4'', Route de Pietramaggiore, Tel. 0033 (0)420190093; www.camping-bellavista.com. **Öffnungszeit:** April bis Anfang Oktober. **Ausstattung:** Ver- und Entsorgung, Baguetteservice, Pizzeria, Laden nur in der Hochsaison, neuer Aquapark. **Beschreibung:** Großer, aber geschickt aufgeteilter Platz am Ortsrand von Calvi. Im vorderen Teil schön bepflanzt, die Plätze naturnah belassen unter hohen Bäumen oder in einem kleinen Waldstück. Ebene, abgeteilte Plätze für Wohnmobile und Wohnwagen. Picobello saubere Sanitäranlagen. Warmes Wasser auch zum Abspülen. 800 Meter zum Ortsstrand und zur nächsten Bahnstation, ein knapper Kilometer bis zum nächsten Supermarkt. **Preise:** 21–41 €, Strom 5 €, ACSI-Rabatt. **Zufahrt:** Am Kreisel am östlichen Ortsrand rechts hinauffahren und den Schildern zum Campingplatz folgen.

Von den Campingplätzen kann man nicht nur die Stadt Calvi, sondern auch den Rest der Region gut erkunden, ohne dazu den Camper zu bewegen: Die alte Zuglinie der ***Tramway de Balagne*** verbindet Calvi mit L'Ile Rousse. Der Zug schaukelt immer an der Küste entlang, hält an allen bewohnten Orten und auch mitten in der Wildnis an einigen abgelegenen Buchten *(Fahrplan und Preise unter cf-corse.corsica)*.

Wenn Sie gerne direkt hinter dem Strand stehen wollen, ist der Camping Dolce Vita ebenfalls empfehlenswert. Er liegt allerdings ein gutes Stück von Calvi entfernt. Die Stadt ist nur noch mit einem längeren Fußmarsch zu erreichen – oder mit der Balagne-Bahn, die direkt vor dem Eingang hält. Der Platz liegt allerdings in der Einflugschneise des kleinen Flughafens von Calvi auf dem vor allem Chartermaschinen starten und landen – je nach Saison mehr oder weniger.

148 Calvi – *Camping Dolce Vita*

GPS/Kontakt: N 42°33'15.3'', E 8°47'19.5'', Route de Bastia, Tel. 0033 (0)495650599; dolce-vita-calvi.com. **Öffnungszeit:** Ende April bis Anfang Oktober. **Ausstattung:** Ver- und Entsorgung, Mini-Markt, Restaurant, Spielplatz, WLAN, Station der Balagne-Bahn. **Beschreibung:** Naturnaher Platz im Uferwald an der Mündung der Restonica ins Meer. Sehr große, ebene Wiese unter hohen Bäumen. Der Platz liegt ein Stück zurückversetzt zwischen Straße und Meer. Große Stellplätze, schattig, ohne Unterteilung zum Nachbarplatz. Die unvermeidlichen Häuschen stehen in einem separaten Teil des Platzes. Großer relativ neuer Sanitärblock. Eigener Strandzugang über einen Pfad zum schmalen Sandstrand in der Bucht von Calvi, der in diesem Bereich teilweise steinig ist. Im Wasser ist der Boden jedoch sandig und fällt ganz sanft ab. Wer einen Platz direkt am Meer sucht, ist hier relativ gut aufgehoben. **Preise:** 23–36 €, ACSI-Rabatt. **Zufahrt:** Hinter der Flussbrücke links. An der T30 beschildert. Leicht anzufahren für Wohnmobile aller Größen.

Nachdem wir unseren Camper gut untergebracht haben, machen wir uns auf den Weg zum Wahrzeichen von Calvi: der Genuesischen Zitadelle.

Blick auf die Zitadelle vom Strand

Die Zitadelle von Calvi

»*Civitas Calvi semper fidelis*« (Die Stadt Calvi ist immer treu) liest man im Stadtwappen über dem Tor der Festung. Die Inschrift ist so alt, wie die mächtige Zitadelle und trifft mitten ins Herz der Stadtgeschichte. Als im Jahre 1278 die blutigen Auseinandersetzungen korsischer Adelsfamilien Calvi bedrohten, riefen die Bürger der Stadt Genua zur Hilfe. Unter dem Schutz Genuas wurde Calvi ein wohlhabender, gut befestigter Handelshafen. Die mit drei Wällen gesicherte genuesische Festung auf dem mächtigen Granitfelsen über dem Hafen galt lange Zeit als uneinnehmbar. Die Bürger der Stadt nahmen ihren Schwur ernst: Auch in der kurzen Phase der korsischen Unabhängigkeit unter Pascal Paoli blieb Calvi auf Seiten Genuas.

Man betritt die Zitadelle von der Place Christoph Colombe und kann sie entlang der Festungsmauern umwandern. Im ehemaligen Gouverneurspalast ist heute eine Kaserne der Fremdenlegion untergebracht, der Rest der Oberstadt innerhalb der wehrhaften Mauern ist frei zugänglich.

Sehenswert ist die **Kathedrale St. Jean Baptiste** mit einer schön geschnitzten Eichenkanzel. An einem Seitenaltar stehen das alte Ebenholzkruzifix des in Calvi besonders verehrten Christ de Miracles (Christus der Wunder) und die Marienstatue der Jungfrau vom Rosenkranz, die bei Prozessionen in festlicher Kleidung durch die Stadt getragen wird. Die Kirche wurde mehrfach zerstört, die heutige Bausubstanz stammt aus dem Jahre 1570.

In der Nähe der Stadtmauer birgt das **Oratoire St. Antoine** zwei Fresken aus dem 15. und 16. Jahrhundert, die die Kreuzigung Christi darstellen. Am anderen Ende der Oberstadt markiert eine

Tafel aus Marmor das **Geburtshaus des Christoph Columbus**. Neben einigen Städten auf dem italienischen Festland erhebt auch Calvi Anspruch darauf, der Geburtsort des berühmten Genuesen zu sein.

Unterhalb der Zitadelle, in den quirligen Gassen der Altstadt, bieten kleine Läden Kunsthandwerk, Produkte von der Insel wie Schinken, Salami, Honig und Wein an, und auch in den Bäckereien gibt es eine besonders gute Auswahl an korsischen Spezialitäten. Calvi ist ein guter Ort, um die korsische Küche besser kennenzulernen. Sie haben hier die Wahl zwischen vielen Restaurants. Unten am Wasser ist es besonders lebhaft, in der Saison gibt es dort Livemusik bis tief in die Nacht. Etwas ruhiger speist man eine Straße weiter oben in der Rue Clemenceau und in der Zitadelle.

Im Hinterland der Balagne

Die Balagne ist auch abseits der Strände und ihrer Küstenorte interessant. Verlässt man die Küste, befindet man sich schnell auf den schmalen Sträßchen einer noch recht ursprünglichen Bergwelt. Die Dörfer kleben an steilen Hängen oder thronen gar, wie das Bilderbuchdorf Sant'Antonino, in spektakulärer Lage auf der Spitze eines Berges. Schmale Gassen, viel zu eng für Autos, und würdige alte Steinhäuser prägen Orte wie Pigna, Corbara, Zilia oder Montemaggiore.

Wir beginnen unsere Runde durch das Landesinnere mit einem Ausflug in die Berge. Im nahen Calenzana beginnt der GR20, der berühmteste Weitwanderweg Korsikas. Ein beliebter Zustieg zum GR20, ist auch das *Maison de la Forêt* im **Wald von Bonifatu**. Auf dem Weg zur ersten Hütte, dem *Refuge de Carrozu*, geht es dabei über eine spektakuläre, 60 Meter lange Hängebrücke, die den Spasimata-Bach überquert. Die Brücke ist vom *Maison de la Forêt* mit einem Aufstieg von zwei Stunden erreichbar und auch ein beliebtes Ziel für eine Tageswanderung. Wer anschließend über Nacht auf dem Parkplatz bleiben möchte, fragt am besten in der Auberge um Erlaubnis. Eine Einkehr in der Gaststätte stärkt dabei sicher die Akzeptanz von Campern auf dem Parkplatz.

149 Bonifatu – *Maison de la Foret*

GPS: N 42°26'32.4", E 8°51'15.6". **Max WOMOs:** 5.
Ausstattung: Komposttoilette, Gaststätte oberhalb in der Maison de la Forêt.
Beschreibung: Parkplatz unterhalb der Straße, angelegt in mehreren schmalen Terrassen. Zufahrt zu den unteren Parkflächen auf einem Naturweg mit einigen Schlaglöchern. **Zufahrt:** Von der T30 rechts der D81 am Flughafen vorbei immer weiter ins Tal folgen. Die letzten Kilometer ist die Straße schmal und kurvig und führt über mehrere schmale Brücken. Sie endet am Forsthaus (Maison de la Forêt) von Bonifatu.

Aufstieg zur Spasimata-Brücke

Gehzeit: 4 bis 5 h, 11 km, 750 Hm. Vom Parkplatz folgen wir der Straße oben am Gasthaus weiter ins Tal hinein. Sie wird zu einem Forstweg, der nach 1400 Metern auf eine Variante des GR20 trifft, die von Calenzana kommt. Dieser folgen wir nach rechts. Auf einem schönen Wanderpfad geht es jetzt stetig aufwärts – meist durch schattigen Wald, ab und zu auch über Felsen. Dann kommen wir zur Lamitu-Hängebrücke, die neben einem Felsenchaos den Bergbach überspannt. Ab hier wird der Weg steiler und anspruchsvoller. Wir folgen immer den gelben Markierungen, bis wir schließlich zu einer Gabelung kommen, an der unser Weg auf den eigentlichen GR20 (rot-weiß markiert) trifft. Links geht es zum Refuge de Carrozzu, rechts zur Spasimata-Hängebrücke. Wir biegen rechts ab und wandern zunächst steil hinunter, dann hilft eine Seilsicherung über Felsen und wir stehen vor der spektakulären Brücke, die in 20 Metern Höhe über dem Fluss schaukelt. Vor dem Abstieg lohnt dann noch eine Pause auf der Terrasse der von hohen Felswänden umgebenen bewirtschafteten Hütte Refuge de Carrozzu.

Hängebrücke light – Spaziergang zu den Figarella-Gumpen

Gehzeit: maximal eine halbe Stunde (hin- und zurück). Für alle, denen der Aufstieg zur Spasimata-Brücke zu anstrengend ist, bietet ein Ausflug zum Figarella-Bach unterhalb des Parkplatzes zumindest ein bisschen Schaukelbrücken-Feeling. Folgen wir auf der untersten Terrasse des Parkplatzes dem rot-blau markieren Wanderweg, der links in der Ecke beginnt, stehen wir wenige Kurven tiefer vor einer kleinen Schwester der Spasimata-Brücke. Sie bringt uns sanft schwankend über den Figarella-Bach, der unterhalb der Brücke auch eine halbwegs badetaugliche Gumpe bildet.

Wenn Sie jetzt Lust haben, noch ein bisschen mehr vom Hinterland der Balagne zu sehen, biegen Sie auf der Rückfahrt zur Küste an der ersten Kreuzung rechts ab und folgen Sie uns nach **Calenzana**. An der Strecke haben Sie auch die Möglichkeit, Honig und Olivenöl direkt vom Erzeuger zu kaufen. Calenzana selbst ist einer der lebhafteren Orte in der Region. Hier beginnt nicht nur der GR20, sondern auch noch der Weitwanderweg Tra Mare et Monti, der auf halber Höhe durch kleine Bergdörfer und auch immer wieder zur Küste hinunter führt. Am Rand des Ortes gibt es eine Gîte mit Zeltplatz für Wanderer und rund um den Kirchplatz mit der ehemaligen **Stiftskirche Saint-Blaise** sind auch Restaurants zu finden. Die Kirche wurde zwischen 1691 und 1701 erbaut – mit einem Glockenturm im spätbarocken Stil. Im Inneren sind ein eindrucksvolles Deckenfresko und ein Barockaltar aus dem 18. Jahrhundert zu sehen.

Etwas außerhalb von Calenzana finden sie ein weiteres Kirchlein, die **Chapelle Sainte Restitude,** das an einem besonderen Platz zwischen uralten Olivenbäumen steht. Als wir dort eintrafen, wurde gerade das alljährliche große Pilgerfest vorbereitet, das jedes Jahr am 21. Mai gefeiert wird. Außerhalb dieses Termins ist auf dem großen Parkplatz viel Platz für eine Pause. Der Ort und die Kapelle haben für die Menschen in der Region große Bedeutung. Wer auch über Nacht hier stehen will, sollte sich entsprechend unauffällig verhalten und sich einen Platz etwas abseits der Kapelle suchen.

150 Calenzana – Chapelle Sainte Restitude – N 42°30'53.1", E 8°51'52.3"

Die Kapelle selbst wurde mehrfach umgebaut. Das erste Gotteshaus stand schon im 11. Jahrhundert an diesem Platz. In vorchristlicher Zeit befand sich hier ein Friedhof. In der Krypta entdeckte man bei Ausgrabungen im Jahr 1951 einen Marmor-Sarkophag aus dem vierten Jahrhundert mit Reliquien, die der Heiligen Restitude zugesprochen werden, die im Jahr 303 enthauptet wurde.

Ein Fresko im Inneren der Kapelle stellt die Hinrichtung der

Die Chapelle Sainte-Restitude steht zwischen uralten Olivenbäumen

Märtyrerin und ihrer Gefolgsleute dar. Sainte Restitude gilt als Schutzpatronin von Calenzana. In der Sakristei steht außerdem eine Menhirstatue aus Granit. Erkennbar sind ein schon ziemlich verwittertes Gesicht und eine angedeutete Wirbelsäule. Leider ist die Kapelle meist verschlossen, aber auch das *Gelände rund um das Gebäude mit seinen uralten Olivenbäumen* ist ein besonderer Ort.

An der Moulin U Fragnu kann man Olivenöl kaufen und etwas essen.

Wir folgen weiter der gut ausgebauten Straße in Richtung **Zilia**. Am Ortsrand befindet sich die Zilia-Quelle, an der das Wasser abgefüllt wird, das man überall auf der Insel kaufen kann. In der nächsten Kurve steht rechts an der Straße oberhalb eines kleinen Wasserfalles das ***Restaurant A Funtanella*** mit einer malerisch über dem Wasser liegenden Terrasse und guter korsischer Küche. Kurz darauf lädt rechts der Straße beim Weiler Lunghignano die schön hergerichtete **Ölmühle *Moulin U Fragnu*** zu einem weiteren Stopp ein. Hier können Sie verschiedene Olivenöle kosten und direkt vom Erzeuger kaufen. Im Laden werden auch noch andere Produkte aus der Region angeboten.

In den Gassen von Montemaggiore

TOUR 8

Vor uns taucht jetzt immer wieder ein Ort auf, der besonders malerisch auf einem Felssporn klebt. Das Dorf heißt **Montemaggiore**. Die Häuser im Dorf bröckeln noch vor sich hin und man beginnt gerade erst mit der Renovierung. Hinter der Spitzkehre gibt es Parkplätze am Straßenrand, sodass Sie einen Blick in die schmalen Gassen werfen können.

Quer hinüber nach Sant'Antonino

Hinter Montemaggiore könnten Sie links auf der D451 zur Küste zurückfahren. Wenn Sie jedoch Lust auf ein Bergsträßchen mit wirklich grandiosem Ausblick haben, folgen Sie uns weiter und fahren rechts auf der D151 hinüber nach Cateri. Die Straße ist schmal und nicht im besten Zustand, dafür ist hier meist nicht besonders viel los. Sie ist außerdem die kürzeste Verbindung zu

Montemaggiore, ein typisches Balagnedorf

Grandioser Ausblick vom Sträßchen hoch über dem Meer

TOUR 8

den unbedingt sehenswerten Dörfern Sant'Antonino und Pigna, die Sie alternativ auch von der Küstenstraße auf einer weniger dramatischen Route erreichen können.

Wir genießen die Fahrt am Hang hoch über dem Meer, tuckern gemütlich um die Kurven und würdigen den Ausblick mit vielen Oohs und Aahs, bis wir die Kreuzung bei **Cateri** erreichen. Wer sich für einen **Botanischen Garten** mit Obstbäumen interessiert, kann hier rechts einen Abstecher nach Avapessa machen. Wir wählen schräg links die Straße nach **Sant'Antonino**. Wenig später schickt uns der Wegweiser nach rechts auf die Stichstraße hinauf *zum Dorf, das auf einer Bergspitze thront wie ein Adlerhorst*. Die Straße ist inzwischen gut ausgebaut. Sollte Ihnen gerade ein Reisebus entgegenkommen, könnte es trotzdem eng und aufregend werden. Am Ende der Straße wartet ein kostenpflichtiger Parkplatz (N 42°35'21.9'', E 8°54'22.0''). Halten Sie am besten Kleingeld für die Parkgebühr bereit (2023 waren es 3 €), denn Sie müssen schon bei der Einfahrt am Automaten zahlen.

Die Gassen von Sant'Antonino sind für Fußgänger und Esel konzipiert.

TOUR 8

Wie ein Adlerhorst thront **Sant'Antonino** auf einem Felsen im hügeligen Hinterland der Balagne. Die engen Tunnel und Treppen zwischen den 75 Granithäusern sind für Fußgänger und Esel konzipiert – für Autos ist definitiv kein Platz. Eine lange Treppe führt hinauf durch ein steinernes Tor in enge Gassen, durch finstere Tunnel und über schmale Steintreppen. Im 9. Jahrhundert erbaut, diente Sant'Antonino nicht nur der adeligen Familie Savelli als Wohnstatt, hier fanden auch die Bauern aus dem Umland Zuflucht, wenn am Horizont die Schiffe sarazenischer Piraten auftauchten. Die dicken Mauern und ihr Gewirr schmaler Gassen machten die Siedlung zur beinahe uneinnehmbaren Festung. Steigt man vom Platz vor der Kapelle durch den Irrgarten der Gassen hinauf, erreicht man *am höchsten Punkt des Dorfes ein Aussichtsplateau mit echtem 360-Grad-Blick*. Besser kann ein Ausguck nicht sein.

Beim Spaziergang durch die Gassen treffen Sie auf mehrere nette Restaurants: Sant'Antonino lebt vom Tagestourismus. Besonders schön sind die Plätze auf den Terrassen – einen königlichen Ausblick haben Sie fast überall.

Hell und freundlich: das Künstlerdorf Pigna

Dann fahren wir zurück zur letzten Kreuzung und folgen der D151 weiter in Richtung Küste. Auf halbem Weg gruppieren sich links der Straße die Häuser des Künstlerdorfs **Pigna**. Der Ort ist ganz anders als das leicht düstere Sant'Antonino. Weiß und ockergelb getünchte Häuser mit blauen Fensterläden, *dazwischen steingepflasterte Gassen – viel zu schmal für Autos und ein beliebter Tummelplatz der Dorfkatzen* – Pigna ist hell und freundlich. Die Türen der Galerien, der Töpferwerkstatt und der Ateliers des Künstlerdorfs stehen meist offen. Interessierte sind willkommen. Im zauberhaften ***Café A Casarella***, von dessen Terrasse man einen unglaublichen Ausblick bis zum Meer hat, gibt es hausgebackenen Kuchen und Tapas. Jeden Sommer findet das Weltmusik-Festival *FestiVoce statt* und in der *Casa Musicale* spielt man am Abend regelmäßig korsische Musik (www.voce.corsica).

Auch Pigna mit seinen schmalen, sehr steilen Gassen ist nur zu Fuß zu erkunden. Parken kann man oben an der Straße. Rund um die Zufahrt sind hier Plätze markiert (N 42°35'53.7", E 8°54'11.6"), von denen einige auch für ein Wohnmobil funktionieren. Da diese kostenlos sind, ist es aber nicht einfach (vor allem nachmittags)

Pigna ist ein Paradies für Katzen

einen freien zu ergattern. Weiter unten vor dem Ort gibt es einen kostenpflichtigen Parkplatz mit PKW-Buchten, auf den aber nur Camper bis etwa sechs Meter Länge passen *(N 42°35'57.0", E 8°54'11.5", erste Stunde 2,50€, dann 50 Cent für 30 Minuten)*.

Bei der Weiterfahrt sehen wir rechts an der Straße das alte Kloster **Couvent de Corbara**. Es wurde 1456 von Franziskanern gegründet und Mitte des 19. Jahrhunderts von Dominikanermönchen übernommen und gründlich restauriert. Eine Besichtigung der Kirche wäre theoretisch möglich, die Zufahrt ist aber so schmal, dass man hier maximal einen VW-Bus hinaufsteuern sollte. Für größere Fahrzeuge ist auch auf dem Parkplatz kein Platz, nicht mal zum Wenden. Wir waren froh, als wir heil wieder unten waren.

Das letzte Dorf an der Strecke ist dann **Corbara**. Den ehemaligen Hauptort der Balagne kann man mit einem Audioguide durchwandern. *Der Höhepunkt der Besichtigung ist die Ruine des Castel de Corbara*, dem ehemaligen Sitz der einflussreichen Familie Savelli, hoch über dem Dorf. Unten an der Straße sprudelt neben einem Gemüsestand eine **Quelle mit Trinkwasser**. Von Corbara sind es nur noch wenige Kilometer zurück zum Meer.

An der Küste von Calvi nach L'Ile Rousse

Fährt man statt durch die Berge an der Küste von Calvi nach L'Ile Rousse, ist Lumio der erste interessante Ort an der Strecke. Hier entfernt sich die T30 vom Meer. Gleich am Ortsbeginn zweigt links eine Straße zur **Arinella-Plage** ab, dem Strand von Lumio, der einige Kilometer vom Dorf entfernt liegt. Die Stichstraße führt zu einem Parkplatz hinter dem Strand, Camping ist hier verboten. Er besteht aus einem dekorativen Gemisch aus Felsen und kleinen Sandbuchten und eignet sich gut zum Schnorcheln. An den ersten beiden Buchten kommt man noch recht gut ins Wasser, danach wird es steinig. Sollten Sie mit Kindern reisen: Jüngere Kids können hier gut im Wasser planschen und über die Felsen klettern. Auch für einen Spaziergang ist die Küste hier wunderbar. Ein gutes Ziel ist die Landzunge mit der Turmruine, die man schon von Weitem sieht. In der ersten Bucht am Parkplatz sitzt man an den Tischen des noblen Strandrestaurant ***Le Matahari*** mit bestem Blick auf die Zitadelle von Calvi.

P Arinella Plage – N 42°34'36.2", E 8°48'22.9"

Lumio hat aber noch ein weiteres spannendes Ziel zu bieten. Hoch über dem Ort auf einem Hügel bröckeln die **Ruinen des Dorfes Occi** vor sich hin. Der Weg hinauf nach Occi beginnt an der Ortsausfahrt in Richtung L'Ile Rousse, direkt neben dem Hotel *A Casa di Ma*. Im Ort gibt es Parkmöglichkeiten an der Zufahrt zur Kirche (N 42°34'45.5", E 8°49'53.6"). Ein weiterer Parkplatz ist unten an der T30 ausgeschildert. Die hypersteile Zufahrt führt zu zwei ebenen Parkflächen. Eine dritte Möglichkeit zum Parken größerer Fahrzeuge gibt es unterhalb der T30 am Sportplatz. Man folgt dazu dem Wegweiser zur Bäckerei links hinunter.

Die Arinella Plage ist mit knubbeligen Granitfelsen durchsetzt.

Innehalten im Paradies der Eidechsen

TOUR 8

Gehzeit: 1 h 30, 4 km, 250 Hm. Der Weg nach Occi ist an der Straße rechts vom Hotel mit einem Schild markiert. Zuerst ist er noch breit, dann zieht sich ein steiler Pfad in vielen Kurven weiter den Hang hinauf bis zum Dorf.

Occi ist schon lange nicht mehr bewohnt. Das Dorf wurde zur Zeit der Piratenüberfälle auf einer Ebene hoch über Lumio errichtet. Nahende Schiffe sah man von hier sofort, die Siedlung auf dem Berg blieb dagegen gut verborgen und ließ sich zudem leicht verteidigen. Heute sind die Häuser nur noch bröckelnde Ruinen, die Natur erobert sich den Berg zurück. In den Mauerritzen der Häuser leben Eidechsen, häufig zieht einer der Milane, die in den umliegenden Bergen zu Hause sind, über dem Platz vor der notdürftig instandgehaltenen Kirche seine Kreise und der Blick zum Meer ist unverändert schön. Stille ist in Occi eingezogen und schenkt dem Ort einen ganz besonderen Zauber.

Hinunter geht es auf demselben Weg. Alternativ kann man auch dem markierten Pfad am Hang entlang folgen und erst einen guten Kilometer weiter rechts zum Dorf hinuntersteigen. Der Weg ist durchgängig markiert.

Die Festung von Algajola

Fährt man am Ortsende von Lumio in die Berge hinauf, kommt man zu einem Campingplatz am Hang mit weitem Blick bis zum Meer.

151 Lumio – *Camping Le Panoramic*

GPS/Kontakt: N 42°35'25.4", E 8°50'54.7", Route de Lavatoggio, Tel. 00 33(0)495607313; vacances-andretrigano.com. **Öffnungszeit:** Mai bis September. **Ausstattung:** Laden, Pizzeria, Pool. **Beschreibung:** Ein Paar Kilometer zurück in die Berge. Einfacher Platz mit guter Aussicht. Terrassiert, schattig, ausreichende Sanitäranlagen. **Preise:** 25–37 € inkl. Strom, ACSI-Rabatt. **Zufahrt:** In Lumio auf die D71 abbiegen und der Beschilderung folgen.

An der Mole von Algajola

Unten an der Küste sehen wir jetzt die Häuser von **Algajola** vor uns. Reste der Festungsmauer weisen darauf hin, dass dieses Städtchen einmal wehrhaft war. 1767 war es ein wichtiger Stützpunkt Pascal Paolis. Mit dem Aufstieg von L'Ile Rousse verlor die kleine Festung dann an Bedeutung. Heute finden wir unterhalb der restaurierten Zitadelle ein paar schmale Sträßchen und einen großen Platz, sowie einige Restaurants, deren *Tische direkt über dem Meer* stehen. Der schmale Sandstrand **Aregno-Plage** beginnt direkt am Stadtrand. Das Wasser wird dort schnell tiefer und es hat oft mehr Brandung als in den geschützten Buchten von Calvi und L'Ile Rousse. Das macht die Bucht von Algajola zur attraktiven Tourismusprovinz für Reisende, die genau das zu schätzen wissen. An der Zufahrt zum Ort gibt es nur wenige Parkplätze, auf die ein Wohnmobil passt, näher am Zentrum ist das Parken eines Wohnmobils gleich ganz verboten. Von den beiden Campingplätzen, die nebeneinander zwischen der T30 und dem Strand im Uferwald liegen, sind es aber nur wenige Minuten Fußweg ins Dorf.

152 Algajola – *Camping de la Plage*

GPS/Kontakt: N 42°36'31.4", E 8°52'25.6", Tel. 0033 (0)495607176; www.camping-de-la-plage-en-balagne.com. **Öffnungszeit:** April bis Oktober. **Ausstattung:** Ver- und Entsorgung, kleiner Supermarkt, Restaurant, Pool, Fitnessraum, Station der Balagne-Bahn. **Beschreibung:** Schöner Platz an der D81 kurz vor dem Abzweig nach Algajola, nur durch die Bahnlinie von der Aregno Plage getrennt. Ebene Wiese mit ausreichend Platz unter hohen Bäumen. **Preise:** 28–32 €, Strom 4,50–9,50 €. **Zufahrt:** Der Platz ist an der T30 beschildert.

153 Aregno – *Camping A Marina*

GPS/Kontakt: N 42°36'33.0", E 8°52'32.7", Padule, Tel. 33 (0)495607541; www.marinacamping.fr. **Öffnungszeit:** Ende Juni bis Mitte September. **Ausstattung:** Ver- und Entsorgung, große Pool- und Spielelandschaft. **Beschreibung:** Sehr großer Platz direkt neben dem Camping de la Plage. Kurzer Weg zum Strand. **Preise:** 27–33 €, Strom 5 €. **Zufahrt:** Der Platz ist an der T30 beschildert.

Auf der Bergseite der T30 sind hier auch noch die beiden Campingplätze Balanea und Cantarettu zu finden, deren Lage aber nicht ganz so überzeugend ist. Zwischen Lumio und L'Ile Rousse verstecken sich zwei dann weitere schöne Sandbuchten in der felsigen Küste. Beide sind auch mit der Balagne-Bahn zu erreichen. Zur **Plage de Giuncheddu** führt eine schmale, unebene Schotterstraße hinunter. Der Parkplatz ist in der Saison kostenpflichtig, tagsüber sind hier Wohnmobile bisher akzeptiert.

P Plage de Giuncheddu – N 42°37'30.5", E 8°54'2.7"

Hinter der ebenso schönen, etwas kleineren **Plage de Bodri** liegt ein empfehlenswerter Campingplatz.

Küstenweg nach L'Ile Rousse

154 Corbara – *Camping Le Bodri*

GPS/Kontakt: N 42°37'35.5", E 8°54'58.2", Tel. 0033 (0)495601086; www.campinglebodri.com. **Öffnungszeit:** Mai bis September. **Ausstattung:** Ver- und Entsorgung, Restaurant, Minimarkt, WLAN, Station der Balagne-Bahn. **Beschreibung:** Großer Platz am Hang. Oben terrassiert und schattig. Unten eben, mit Hecken parzelliert und etwas sonniger. Über die Bahnschienen gelangt man in fünf Minuten zum herrlichen Strand. Deshalb ist der Platz recht beliebt. Die Sanitäranlagen sind modern, hell und freundlich. **Preise:** 23–32 €, Strom 6 €. **Zufahrt:** Die Zufahrt ist an der T30 mit einem Torbogen versehen und gut erkennbar.

L'Ile Rousse, das charmante, lebhafte Hafenstädtchen im Norden der Balagne, ist vom Camping Le Bodri über einen Küstenpfad zu erreichen. Wer dann nicht mehr zurückwandern möchte, steigt einfach in die Balagne-Bahn. Die Anreise mit der Bahn ist auch ansonsten die beste Wahl für einen Besuch der Stadt, ein Wohnmobil zu parken ist dort eher schwierig.

Ihren Namen verdankt die Stadt L'Ile Rousse der roten Felseninsel, die durch einen Damm mit dem Festland verbunden ist. Sie flankiert den Anlegeplatz der sporadisch eintreffenden Fähren vom Festland, und auf ihrer Spitze markiert der **Leuchtturm La Pietra** die Hafeneinfahrt. Isola Rossa, so ist der geläufigere korsische Name der Stadt, wurde 1758 von Pascal Paoli als Handelshafen und als Gegenspielerin zum genuatreuen Calvi gegründet. Die Planung auf dem Reißbrett erkennt man heute noch an der schachbrettartigen Anordnung der Altstadtstraßen. Ihren Gründer ehrt Isola Rossa mit einem Denkmal auf der zentralen Place Pascal Paoli.

Jenseits der Geschichte ist L'Ile Rousse heute ein quirliger Ferienort mit Charme. Der schmale Ortsstrand mit türkisblau strahlendem Wasser beginnt direkt neben den Häusern und verwandelt sich im Sommer zu einer ungewöhnlichen Location für ein romantisches Abendessen: Statt Liegen und Schirmen stellen die Wirte der Strandrestaurants Tische und Stühle ans Meer und Sie genießen ihr Essen mit den Füßen im Sand.

Weitere Restaurants finden Sie um die stets lebhafte und zeitweise mit Autos verstopfte **Place Pascal Paoli** und in den autofreien Gassen der Altstadt. Dort steht auch die alte offene Markthalle aus dem 19. Jahrhundert. Das altehrwürdige Gebäude ist auch heute noch voller Leben: Am Morgen wird Obst und Gemüse verkauft und abends spielt man dort Boule. Neben der Markthalle weht verführerischer Duft aus der Backstube der alteingesessenen ***Biscuiterie Artisanale Salvatori***. Ein Blick in die Backstube wird gerne gewährt. Damit die Auswahl leichter fällt, gibt es die eine oder andere Kostprobe, bevor Sie sich für *frisch gebackene Canistrelli mit Schokolade, Nüssen oder Anis* entscheiden. Sehr zu empfehlen sind auch die Biskuits aus Kastanienmehl – sie sind übrigens glutenfrei, was Menschen mit Unverträglichkeit sicher zu schätzen wissen.

Von den Altstadtgassen kommt man zum Bahnhof des Balagne-Zugs und zum Hafen, an dem auch die Fähren vom Festland anlegen. Ein Spaziergang führt über die rote Mini-Insel hinauf zum alten Leuchtturm mit schönem Blick auf die Stadt, den Hafen und die vorgelagerten Inselchen.

Nördlich der Stadt ist ein weiterer Campingplatz zu finden.

155 Monticello – *Camping Les Oliviers*

GPS/Kontakt: N 42°37'52.4", E 8°57'09.2", Route de Bastia, Tel. 0033 (0)495601992; www.camping-oliviers.com. **Öffnungszeit:** Ostern bis Mitte Oktober. **Ausstattung:** Ver- und Entsorgung, Pizzeria, WLAN kostenpflichtig. **Beschreibung:** Der Platz liegt direkt hinter der Straße, die vorderen Plätze sind entsprechend laut. Richtung Küste gibt es einige schöne Plätze mit Meerblick unter herrlichen, alten Olivenbäumen. Sanitäranlagen hell und freundlich, aber etwas ältlich und nicht ganz so sauber. **Preise:** 20–25 €, Strom 3–4 €. **Zufahrt:** Am Ortsende von L'Île-

Wenige Kilometer nördlich von L'Ile Rousse ist auf dem sieben Hektar großen Gelände einer Olivenplantage, die 1974 bei einem Feuer zerstört und aufgegeben wurde, in jahrelanger Arbeit der **Parc de Saleccia** entstanden. Er ist der einzige Landschaftsgarten Korsikas. *Im Frühsommer wandelt man auf den schön geschwungenen Wegen durch ein Meer von Blüten*, doch selbst im trockenen Hochsommer ist der schön strukturierte Garten mit typischen Macchiabüschen zwischen dicken Steinbrocken, kleinen Teichen und den herausragenden schlanken Silhouetten der Zypressen eine Augenweide. Gepflegte Wege führen durch die Anlage, in die auch einige Kunstwerke integriert sind. Von den Bänken am *Jardin des quatre couleurs* sieht man sogar das Meer. An der Spielwiese mit Rutsche und Schaukel stehen Picknickbänke unter knorrigen Olivenbäumen, inzwischen gibt es auch ein Restaurant *(April bis Oktober Di bis Sa 9.30 – 19 Uhr, Juli, August täglich. 10 €, Familie 28 €. www.parc-saleccia.fr).*

Vor oder nach dem Besuch des Gartens wäre der Parkplatz der Anlage durchaus als Nachtparkplatz geeignet. Fragen Sie am besten an der Kasse um Erlaubnis zum Bleiben.

156 Parc de Saleccia – N 42°38'10.6", E 8°58'45.5"

Ein Spaziergang führt vom Hafen von l'Ile Rousse auf die rote Insel und zum Leuchtturm La Pietra.

Hinter L'Ile Rousse verlassen wir den dicht bebauten Küstenabschnitt und nähern uns den kargen Bergen der *Désert des Agriates*. Eine letzte kleine Ansiedlung gruppiert sich hinter dem langen Strand **Plage de Lozari**. Die lange Sandbucht ist ein schöner, aber eher rauer Badeplatz. Der Sand ist nicht ganz so fein, das Wasser wird zügig tiefer und die Brandung ist oft etwas wilder, sodass die Bucht auch im Hochsommer nicht überfüllt ist. Parkplätze gibt es auf beiden Seiten. Zu beiden hoppelt man über einen schmalen Naturweg hinunter. Die Bucht von Lozari steht unter Naturschutz. Die Übernachtung ist auf beiden Plätzen daher nicht erlaubt.

P Plage de Lozari West – N 42°38'19.3", E 9°00'26.1"

P Plage de Lozari Ost – N 42°38'21.7", E 9°00'53.6"

Wer Stellplätze mitten in der Natur liebt, sollte hier einen sechs Kilometer langen Abstecher ins Landesinnere machen. Vor dem Camping à la Ferme gibt es auch ein Restaurant.

157 Belgodère – *Camping à la ferme Pietra Machja*

GPS/Kontakt: N 42°36‘18.3", E 8°58‘37.2", Tel. 0033 (0)495615023. mail: roselyne.hubert0436@orange.fr. **Öffnungszeit:** Ganzjährig (bitte reservieren). **Ausstattung:** Restaurant mit regionaler Küche. **Beschreibung:** Kleiner, einfacher und ruhiger Platz mit persönlicher Atmosphäre inmitten von Olivenbäumen bei Monticello. Auf dem Hof werden Mandeln, Oliven und Gemüse (bio) angebaut und es gibt auch Schafe und Hühner. Bitte bei Ankunft klingeln. **Preise:** 20 €. **Zufahrt:** Von L'Île-Rousse aus fährt man auf der N197 Richtung Osten. Nach 6.5 Kilometern rechts abbiegen auf die D113 in Richtung Barrage de Codole. Die Einfahrt liegt nach weiteren fünf Kilometern auf der rechten Seite.

Alternativ bieten zwei Campingplätze an der Straße nach Belgodère ein komfortables Quartier nahe der Plage de Lozari. Schon nach 200 Metern geht es rechts zum Camping Le Clos de Chênes. Einen Kilometer weiter folgt rechts die Zufahrt zum Camping La'Bel Balagne, der 2023 komplett umgebaut und erneuert wurde.

158 Belgodère – *Camping Le Clos des Chênes*

GPS/Kontakt: N 42°37'58.3'', E 9°00'42.3'', Lozari, Tel. 0033 (0)674530897; www.le-closdeschenes.com. **Öffnungszeit:** Ende April bis September. **Ausstattung:** Ver- und Entsorgung, Baguette-Service, Laden in der Saison, Pool, WLAN. **Beschreibung:** Großer Platz am Hang im Hinterland von Lozari. Im unteren Teil herrliche unparzellierte Plätze zwischen jungen Steineichen. Gute, gepflegte Sanitäranlagen. **Preise:** 21–30 €, Strom 3,80 €. **Zufahrt:** Von Lozari der RT301 nach Belgodère folgen. Zufahrt nach 200 Metern rechts beschildert.

159 Belgodère – *Camping La'Bel Balagne*

GPS/Kontakt: N 42°37'38.0'', E 9°00'34.8'', Lieu dit Bonaldello, Tel. 0033 (0)4 95 45 66 99; camping-balagne.com. **Öffnungszeit:** Ende April bis Mitte Oktober. **Ausstattung:** Ver- und Entsorgung, Baguetteservice, Laden, Pool. **Beschreibung:** Schattige Stellplätze unter Steineichen im unteren Platzbereich. 2023 komplett erneuert. Etwa 2,5 Kilometer vom Meer entfernt. **Preise:** 23–34 € inkl. Strom. **Zufahrt:** Von Lozari der RT301 nach Belgodère folgen. Zufahrt nach 1,2 Kilometern rechts beschildert.

Wir kurven jetzt auf der T30 um die ersten Ausläufer der Berge herum, die hier bis an die Küste reichen. In einer Rechtskurve befindet sich links an der Straße ein **Aussichtsplatz**, an dem im

Sommer eine Snack-Bar ihre Tische aufstellt. Dann sehen wir den langen **Strand von Ostriconi** vor uns, hinter dem die roten Berge am Rand der Agriates eine ungewöhnliche Kulisse bilden. Einer davon, die Punta Liatoggiu, sieht ein bisschen aus wie eine Mini-Version des australischen Uluru (Ayers Rock). Auf den Felsen führt tatsächlich ein Wanderweg hinauf. Zwischen Strand und roten Bergen befindet sich hier mitten in der Einsamkeit ein Campingplatz, von dem man beides gut erreichen kann.

160 Palasca – *Village de l'Ostriconi*

TOUR 8

GPS/Kontakt: N 42°39'14.3", E 9°04'01.0", Tel. 0033 (0)495601005; www.village-ostriconi.com. **Öffnungszeit:** Mitte April bis Mitte Oktober. **Ausstattung:** WC-Entsorgung, Baguetteservice, gut sortierter Laden, gutes Restaurant, Pool. **Beschreibung:** Bungalowdorf mit schönem Campingplatz in Alleinlage mitten in der Natur. Die Sanitäranlagen einfach, aber hell und freundlich und recht sauber. In der Hauptsaison ist die baumbestandene Wiese unten rechts geöffnet. Gut zehn Minuten Fußweg über einen schönen Pfad, durch eine Furt im Ostriconi, zwischen Kühen (und Kuhfladen) hindurch zum abgelegenen Peraiola Strand. Sehr hilfsbereites, freundliches Team. Ein toller Platz für Fans unberührter Natur. Langes Stromkabel empfehlenswert. **Preise:** 26,50–33,50 €, Strom 5,50 €. **Zufahrt:** Kurz hinter der Plage de l'Ostriconi befindet sich die Zufahrt links an der Straße. Hier geht es auch zum Strandparkplatz, der aber mit einer Höhenschranke versehen ist.

Auf dem Weg vom Campingplatz zum Strand

Die **Plage de Peraiola**, wie der Strand an der Mündung des Ostriconi ins Meer eigentlich richtig heißt, ist eine naturbelassene, feinsandige Bucht. Ab und zu stehen hier auch Kühe. Läuft man vom Campingplatz zum Strand, muss kurz vor dem Ziel der Fluss Ostriconi durchwatet werden. Erwachsene schaffen das meist noch mit trockener Badehose. Vom Strand kommt man leicht zu einem Weg, der am Fuß der Berge ins Landesinnere führt. Von diesem zweigt der Pfad ab, auf dem man die Punta Liatoggiu erklettern kann. Knapp zweihundert Meter erhebt sich der mit Kakteen bewachsene Berg mit der rötlichen Felsspitze über die weiße Sandbucht der Plage de l'Ostriconi – gerade recht also für ein kleines spannendes Bergerlebnis mit weitem Gipfelblick. Das letzte Stück des Weges geht über Felsen hinauf und erfordert rutschfeste Schuhsohlen und Trittsicherheit.

Blick über die Plage de Peraiola auf die roten Berge der Désert des Agriates

TOUR 8

Wanderung auf den korsischen Uluru (Ayers Rock)

Gehzeit: 3 h, 8 km, 215 Hm. Vom Campingplatz geht es hinunter zum Strand und rechts am Meer entlang bis zum Ende der Bucht. Hier führen mehrere Trampelpfade vom Meer weg, die aber vom Strand aus nur schlecht zu erkennen sind. Wir steigen deshalb zuerst am Ende der Bucht die Felsen hinauf und gehen dann auf dem Pfad rechts bis zu einem breiten Weg.

Diesem folgen wir landeinwärts, also weiterhin nach rechts. Er schlägt einen Bogen und führt am Fuße des roten Tafelberges vorbei. Wir stapfen durch den Sand, bis kurz vor einer niedrigen, rostroten Metallschranke links der Pfad auf den Berg abzweigt. Starten wir diese Wanderung vom Parkplatz an der Straße, erreichen wir diesen Punkt von der anderen Seite.

Zwischen Kakteen schlängelt sich der markierte Wanderpfad auf den roten Berg zu, taucht ab in eine Senke mit Bach und führt von dort durch einen schattigen Macchia-Tunnel weiter hinauf. Unser Ziel ist jetzt nicht mehr zu sehen. An der nächsten Kreuzung mit gelber Markierung zeigt ein Wegweiser links hinauf zur **Punta Liatoggiu**. Nach weiteren 30 Minuten Aufstieg verlassen wir den Schutz der Bäume und nähern uns dem felsigen Gipfel von hinten. Hier gibt es ein erstes Felsplateau mit Blick über die kargen Hügel der Désert des Agriates. Wer nicht ganz höhensicher ist, kann den Aufstieg hier beenden. Weiter hinauf geht es zuerst über eine hohe Felsstufe. Danach klettern wir über Felsen steil hinauf zu einer Felsrinne an der linken Kante der roten Felswand. Schon hier haben wir einen tollen Ausblick hinunter zur Bucht. Die Kletterpartie von hier auf den Gipfel ist Bergversierten vorbehalten.

Zurück geht es – etwas flotter als hinauf – auf dem bereits vertrauten Weg. Unten auf dem breiten Sandweg angekommen, lohnt für Menschen die am Parkplatz (161) losgewandert sind noch ein Abstecher zum Strand bevor sie dann zur Straße zurücklaufen.

Der Wanderweg ist nicht nur vom Campingplatz, sondern alternativ auch von einem Wanderparkplatz an der T30 gut zu erreichen. Dieser liegt ein Kilometer weiter, hinter der ***Pizzeria de l'Ostriconi***, links an der Straße. Die Pizza ist übrigens durchaus empfehlenswert und auf Nachfrage im Restaurant ist gegen Gebühr (15 €, WC und Dusche im Restaurant) auch eine Übernachtung auf dem Parkplatz möglich.

161 Ostriconi – N 42°39'06.5", E 9°04'45.0"

Durch die Désert des Agriates

Kurz hinter dem Wanderparkplatz verlassen wir die T30, biegen links ab in Richtung Saint-Florent und folgen der gut ausgebauten Straße, die sich am Rand der unbewohnten *Désert des Agriates*, der Agriates-Wüste, entlangschlängelt.

Die Agriates sehen aber gar nicht so aus, wie man sich eine Wüste vorstellt. Das Gebiet ist bergig mit Felsen aus Tuff und Granit, die von Macchia-Pflanzen überzogen sind. Auch Steineichen, Erdbeerbäume und einzelne Olivenbäume sind zu finden. Letztere sind Überbleibsel aus einer anderen Zeit. Während der genuesischen Herrschaft im 18. Jahrhundert wurden die Agriates landwirtschaftlich genutzt. Man hat hier Weizen angebaut und Oliven kultiviert. Auf den kargeren Flächen weideten Schafe und Ziegen. Heute gilt sie als eine der wenigen Wüsten Europas.

Zwei Pisten führen mitten durch die Berge. Die südlichere endet an der **Plage de Ghignu**, wo es eine einfache Unterkunft für Wanderer gibt, welche die Désert des Agriates auf dem Küstenweg umrunden. Die nördlichere Strecke beginnt in Casta, kurz vor Saint-Florent, und endet an der langen Sandbucht **Plage de Saleccia**. *Die zwölf Kilometer lange Fahrt über Stock und Stein ist nur mit einem Allrad-Fahrzeug zu empfehlen* und gehört auf Korsika schon beinahe zum Pflichtprogramm für alle, die einen entsprechend ausgestatteten Camper fahren. Direkt hinter dem langen Sandstrand liegt nämlich ein einfacher Campingplatz. Im Sommer gibt es dort auch ein Restaurant und einen kleinen Laden. Außerhalb der Saison sollten Sie das Einkaufen nicht vergessen, bevor Sie sich auf den Weg machen. Der Platz ist übrigens, nach eigenen Angaben, ganzjährig geöffnet.

162 Camping U Paradisu di Saleccia – N 42°43'14.6", E 9°12'06.8", www.camping-uparadisu.com

Außer mit einem Allrad-Camper sind der Strand von Saleccia und die benachbarte Bucht von Loto auch mit den allgegenwärtigen

Jeep-Taxis von Casta, zu Fuß auf dem Küstenweg oder per Bootstransfer von Saint-Florent zu erreichen. Neben der ***Popeye***, die schon seit vielen Jahren Badegäste zur Plage de Loto transportiert, sind inzwischen auch die schnellen großen Schlauchboote (Gommone) als Taxi-Boote im Einsatz. Mehr Infos dazu finden Sie bei Tour 9 (Seite 258).

Wer die Agriates mit dem Jeep kennenlernen will, hat an der D81 rund um **Casta** etliche Anbieter zur Auswahl. Am praktischsten ist es, einen der beiden Stellplätze in Casta zu nutzen, an denen diese Touren angeboten werden. Der erste liegt an der *Pizzeria U Salone* und ist auch für größere Fahrzeuge gut erreichbar. Der zweite folgt nur wenig weiter am Monte Oggio und ist nur für kompakte Camper anfahrbar.

TOUR 8

163 Santo-Pietro-di-Tenda – *Camping à la ferme U Salone*

GPS/Kontakt: N 42°39'29.5", E 9°12'12.7", Tel. 0033 6 65901948. **Öffnungszeit**: März bis Anfang November (außerhalb der Saison bitte anrufen). **Ausstattung:** Restaurant, Verkauf von regionalen Produkten. **Beschreibung:** Einfacher Naturcampingplatz neben dem Restaurant und unterhalb der D81. Stellplätze am Hang mit Blick in die Désert des Agriates. **Preise:** 18 € inkl. Strom. Anmeldung im U Salone, nur Barzahlung! **Zufahrt:** Direkt an der D81. Breite Zufahrt, die auch für Wohnmobile gut passierbar ist. **Hinweis:** Jeep-Touren in die Agriates: 35 € pro Person mit mehrstündigem Aufenthalt in Saleccia. Infos unter corsica-decouverte.fr

Die lange Sandbucht von Saleccia ist nur über eine holprige Piste oder mit dem Boot zu erreichen.

164 Santo-Pietro-di-Tenda – *Camping à la Ferme Monte Oggio*

GPS/Kontakt: N 42°39'46.1'', E 9°14'39.0'', campingmonteoggio.wordpress.com. **Öffnungszeit:** Mai bis September. **Ausstattung:** Imbiss, kein Strom! **Beschreibung:** Kleiner rustikaler Naturcampingplatz am Rand der Désert des Agriates mitten in der Natur und in der Macchia. Engagierte Besitzerin, gute Sanitäranlagen. Check-in zwischen 17 und 20 Uhr. Nur für kompakte Camper! **Preise:** 24 €. **Zufahrt:** Links an der D81. Schmale, steile Straße zum Campingplatz. **Hinweis:** Jeep-Touren in die Agriates: 35 € pro Person mit mehrstündigem Aufenthalt in Saleccia. 4x4 Agriates, deren Station etwa 500 Meter vom Camping Monte Oggio zu finden ist, bietet auch noch andere Jeeptouren durch die Agriates an. Infos unter www.4x4agriates.com

Mit dem Jeep zur Plage de Saleccia

Einmal an der Plage de Saleccia angekommen, können Sie ihre Zeit einfach am Strand verbringen. Alternativ lockt eine kurze Wanderung auf dem schönen Küstenpfad zwischen der Plage de Saleccia und der ebenso schönen Plage de Loto, aus der man leicht eine Runde machen kann. Der zweite Weg, der die beiden Strände verbindet führt durch die Wüste und zu einem verlassenen Dorf. Wir beschreiben den Weg bei Tour 9 (Seite 259).

Wenn Sie nicht in Casta übernachten wollen, stehen weitere Anbieter zur Wahl. Haben Sie dann bei der Entscheidung für eine Tour auch die Länge des Aufenthaltes im Blick. Drei bis vier Stunden sollten es schon sein, bevor Sie die Rückfahrt antreten – wenn Sie wandern wollen, gerne auch länger. Bei einigen Anbietern gibt es auch interessante Kombiangebote:

- Jeeptransfer zur Plage de Loto, Wanderung auf dem Küstenweg und Abholung mit dem Jeep an der Plage de Saleccia.
- Rundfahrt ab Saint-Florent mit der Kombi aus Jeep-Tour nach Saleccia, Wanderung zur Plage de Loto und einer Bootsfahrt zurück nach Saint-Florent, bei der man die Agriates vom Wasser und vom Land erleben kann.

(www.saleccia-off-road.com, www.navette-saleccia.com und www.nebbiu-aventura.corsica)

Im Inneren des Steinkreises stehen knorrige Steineichen

Für Fans einsamer Plätze mitten in der Natur gibt es in **Casta** noch eine dritte Übernachtungs-Option. Von diesem Platz kann man aber nicht auf Jeeptour starten, denn der Camping à la Ferme La Canardière liegt ein gutes Stück oberhalb der D81. Das Campinggelände ist eine große Wiese unterhalb des Hauses der gastfreundlichen Besitzerfamilie. Auf dem Gelände laufen Pferde herum, es gibt einen Hund und Hühner. Wir standen dort noch ganz alleine, als die Campingplätze unten am Meer schon recht gut besucht waren. Hinauf geht es allerdings nur auf einer schmalen, punktuell steil ansteigenden Piste voller Rillen und Schlaglöcher. *Das kleine Paradies gibt es nur, wenn Sie bereit sind langsam hier hinaufzuhoppeln.* Wir haben es auch ohne Allradantrieb gut geschafft, aber unser Bus ist nicht sehr groß. Es sollen aber auch schon Wohnmobile über sieben Meter Länge oben auf dem Hof gestanden haben.

165 Casta – *Camping à la ferme La Canardière*

GPS/Kontakt: N 42°39'00.7'', E 9°14'22.5'', Tel. 0033 4 95372079; www.lacanardiere.com. **Öffnungszeit:** April bis November. **Ausstattung:** Strom nur an einem Platz verfügbar, zwei Duschen, ein WC, Aufenthaltsraum mit Waschbecken, Verkauf von Produkten vom Hof. **Beschreibung:** Für Bullis und Zelte gibt es ein paar Terrassen mit Weitblick bis zum Meer. Höhere Fahrzeuge fahren auf eine große Wiese unterhalb des Hauses. Wir haben uns den Platz neben dem runden Steinpferch ausgesucht. In dessen Inneren wächst ein Ring aus ehrwürdigen Baumgreisen, deren Blätter quasi das Dach bilden. Das Ganze wirkt wie eine natürliche, kleine Kapelle. Zum Abendessen gab es dann Rührei mit frischen Eiern vom Hof. **Preise:** 20 €. **Zufahrt:** Kurz hinter dem Monte d'Orro rechts dem Wegweiser zum Camping La Canardière folgen und in den Schotterweg einbiegen. Die 1,2 Kilometer lange Strecke beginnt sofort mit einer steilen Passage mit üblen Rillen. Lassen Sie sich nicht ins Bockshorn jagen, die Piste ist zwar nicht in gutem Zustand, aber nicht durchgängig so krass wie der Start. Sie endet oben vor einem geschlossenen Tor, das geöffnet werden kann. Es sorgt nur dafür, dass die im Hof frei laufenden Tiere nicht stiften gehen. Auf der Tafel neben dem Tor steht eine Telefonnummer, unter der man sich bemerkbar machen kann. Die Anmeldung ist oben am Haus.

Von Casta sind es jetzt nur noch wenige Kilometer bis nach **Saint-Florent**. Der quirlige Badeort liegt am nördlichen Rand der Désert des Agriates und ist der gängigste Zugang zu deren Stränden und der Startpunkt unserer **Tour 9**.

Einer der ungewöhnlichsten Campingplätze der Insel. Auch hier hinauf führt nur eine Piste.

Tour 9

N
10 km
177
178
Tollare
Moulin Mattei
Centuri-Port
179
Macinaggio
176
175
174
Pino
180
Luri
Santa Severa
Seneca-Turm
P
181
Pietracorbara
Canari
182
173
Albo
183
Nonza
Erbalunga
172
D80
D80
Plage de Loto
171
Patrimonio
167
170
BASTIA
166
Désert des Agriates
Saint-Florent
169
184
Tour 8
D82
Ecomusée du Fortin
168
Oletta
001
Biguglia
Tour 1
P
San-Gavino-di-Tenda
D262
San Michèle de Murato
Murato
Santa Maria Assunta
T20
Casa Nostra
T11
Golo
D47
Ponte Novu

Saint-Florent und das Cap Corse
230 km

Die Traumstrände der Désert des Agriates sind vom quirligen Badeort Saint-Florent mit dem Boot erreichbar. Um das Dorf Patrimonio finden Sie eines der besten Weinbaugebiete der Insel, und mit dem Cap Corse umrunden Sie zum Abschluss der Reise die Insel noch einmal im Kleinen. Unsere besonderen Empfehlungen für Sie:

- **Zebrakirche San Michele de Murato**
- **Aufstieg zum Seneca-Turm**
- **Fischerdorf Centuri-Port**
- **Strand und Küstenweg in Barcaggio**
- **Erbalunga**

Aus der Désert des Agriates kommend, ist das Gewimmel in **Saint-Florent** erst einmal ein kleiner Kulturschock. Mit seiner hübschen Altstadt und dem großen Hafen hat der Ort aber durchaus Charme. Die Campingplätze von Saint-Florent liegen auf der südlichen Seite der Bucht hinter dem flachen Sandstrand **Plage de la Roya**. Am schmalen Sandstreifen wird immer mal wieder Seegras angeschwemmt, dann wirkt er wenig einladend. Die geschützte Bucht ist für Anfänger ein gutes Surfrevier, außerdem kann man hier Kajaks leihen, um die Küste der Agriates mit dem Boot zu erkunden. Immer am Strand entlang kommt man von diesen beiden Campingplätzen zu Fuß bis ins Ortszentrum.

166 Saint-Florent – *Camping U Pezzo*

GPS/Kontakt: N 42°40'26.4'', E 9°17'31.4'', Route de la Roya, Tel. 0033 (0)495370156; www.upezzo.com. **Öffnungszeit**: Mitte April bis Mitte Oktober. **Ausstattung:** Ver- und Entsorgung, Mini-Markt, Snack-Bar im Sommer, WLAN. **Beschreibung:** Nur durch die wenig befahrene Strandstraße vom Meer getrennt und hinter einem schmalen Sandstrand. Der Platz liegt angenehm schattig an einem Hang, der mit großen Eukalyptusbäumen bewachsen ist. Die Sanitäranlagen sind einfach, aber relativ sauber. Vorne an der Rezeption gibt es neben einem Kleintiergehege ein Mini-Spielplatz. Zur Straße hinaus stehen auf einer Terrasse die Tische der Snack-Bar. Der Besitzer spricht etwas deutsch, der Empfang ist sehr freundlich. **Preise:** 19–29 €, Strom 4–5 €. **Zufahrt:** Vor Saint-Florent links zur Plage de la Roya abbiegen. Am Camping Kalliste (nur noch Bungalows) vorbeifahren. Kurz darauf folgt der U Pezzu auf der linken Straßenseite.

167 Saint-Florent – *Camping L'Acqua Dolce*

GPS/Kontakt: N 42°40'26.2", E 9°17'12.1", Route de la Roya, Tel. 0033 (0)495370863; www.campingacquadolce.fr. **Öffnungszeit:** Mai bis September. **Ausstattung:** Ver- und Entsorgung, Pizzeria, Mini-Markt, WLAN. **Beschreibung:** Vergleichbar mit dem U Pezzo und liegt auch direkt neben diesem. Da man dem besten Teil des Strandes näher ist, ist es hier meist voller. Uns ist der U Pezzo angenehmer. Einfach beide anschauen und vergleichen **Preise:** 22 €, Strom 3,50 €. **Zufahrt:** Vor Saint-Florent links zur Plage de la Roya abbiegen. Am Camping Kalliste (nur noch Bungalows) und am U Pezzo vorbeifahren. Kurz darauf folgt der Camping Acqua Dolce auf der linken Straßenseite.

Ein dritter, deutlich komfortablerer Campingplatz befindet sich am Ufer des Aliso etwas abseits des Strandes.

168 Saint-Florent – *Camping La Pinède*

GPS/Kontakt: N 42°39'56.0", E 9°18'00.0", route Casta, Tel. 0033 (0)495370726; www.camping-la-pinede.net. **Öffnungszeit:** Mai bis September. **Ausstattung:** Ver- und Entsorgung, Mini-Markt, Snack-Bar, Pool. **Beschreibung:** Am Ufer des Aliso, ruhig gelegen, etwa 800 Meter von der Straße entfernt. Die Plätze beginnen unten am Fluss und ziehen sich im Schatten hoher Bäume in Terrassen den Hang hinauf. Gepflegte, moderne Sanitäranlagen. Abseits des Meeres, aber vergleichsweise nah an Saint-Florent. **Preise:** 24 €, Strom 4 €, Aufschlag für Plätze am Fluss. **Zufahrt:** Am Abzweig zur Plage de la Roya und vor der Flussbrücke rechts abbiegen und dem Hinweisschild folgen.

Fährt man geradeaus über die Brücke und um die Bucht herum landet man in Hafen von **Saint-Florent**. Parken sollte man am besten gleich hier an der Zufahrtsstraße oder am ersten Park-

Am Hafen von Saint-Florent

platz am Hafen (N 42°40'43.5'', E 9°18'09.0''). Kurz darauf beginnt ein buntes Gewimmel aus Motorrädern, Autos und flanierenden Menschen. Im schönen Naturhafen in der Mündung des Aliso liegt ein Freizeitboot neben dem anderen. Ein stilles, romantisches Fischerdorf ist Saint-Florent schon lange nicht mehr. Hat es am Hafen nicht geklappt mit dem Parken? Ein weitere Parkmöglichkeit befindet sich gut versteckt am Ortsrand unterhalb der Zitadelle. Hier stehen auch immer wieder Wohnmobile über Nacht.

169 Saint-Florent Zitadelle – N 42°40'57.0'', E 9°18'08.1''

Von hier kann es losgehen mit einem **Bummel durch die Altstadt**. Im runden, über der Stadt aufragenden Gebäude der alten **Zitadelle** kann man wechselnde Ausstellungen besuchen. Am Fuß der mächtigen Steinmauern ziehen sich die Gassen der Altstadt zum Hafen hinunter. Hier sind schon die ersten Restaurants zu finden. Unser Favorit in der Altstadt ist das ***Arrière Court***, dessen Tische im liebevoll gestalteten Hinterhof eines Hauses stehen. Es gibt nicht allzu viele Plätze, sodass Sie früh kommen oder reservieren sollten. Es gibt aber etliche gute Alternativen. Besonders schön sitzt man an der Promenade am Hafen, der mit der Altstadt das touristische Zentrum darstellt.

Nur eine der wichtigsten Sehenswürdigkeiten, die **Cathédrale du Nebbio**, ist außerhalb des Zentrums am östlichen Stadtrand zu finden. Der romanische Bau aus dem Jahr 1140, besteht außen aus unauffälligen glatten Steinquadern. *Bemerkenswert ist die mit stilisierten Pflanzen und naiven steinernen Tierfiguren verzierte Fassade* sowie der mit einigen Fresken geschmückte Innenraum. Ungewöhnlich sind auch die mumifizierten Reliquien des heiligen Florus, die in einem gläsernen Sarkophag in der Kirche aufbewahrt werden. Waffen und Tunika des römischen Kriegers

An der Plage de Pero

sind sehr gut erhalten. Mit einem kompakten Camper können Sie aus dem Ortszentrum dem braunen Hinweisschild folgen und die teilweise schmale Straße zur Kirche *Santa Maria Assunta*, wie die Kathedrale eigentlich heißt, fahren. Vor dem Kirchenportal gibt es eine Parkfläche (N 42°40'47.1", E 9°18'39.03"). Wer ein größeres Wohnmobil fährt, geht lieber zu Fuß hier hinauf.

Saint-Florent ist ein netter kleiner Ort, einen guten Teil seiner besonderen Anziehungskraft gewinnt er aber aus seiner Nähe zur *Désert des Agriates mit ihren Traumstränden*. Sie werden von Saint-Florent mit dem Boot angefahren. Die herrliche Plage du Loto mit glasklarem Wasser und die ebenso schöne Plage de Saleccia erreicht man entweder mit dem **Ausflugsboot *Popeye*** oder mit einem der kleinen schnellen Wassertaxis. Die *Popeye* fährt von April bis September. Die Zahl der Fahrten variiert nach Saison. Im Juli und August fährt sie ab 10 Uhr etwa stündlich bis 14.30 Uhr Richtung Strand. Prüfen Sie die Abfahrtszeiten am besten vorher am Hafen oder online. Passt das Wetter nicht, bleibt das Boot im Hafen. Das kann vor allem bei starkem Wind schnell der Fall sein (*einfache Fahrt 12 €, Hin- und Rückfahrt 20 €; www.lepopeye.com*).

Die Popeye fährt nur zur Plage de Loto. Wer auch die größere Bucht Plage de Saleccia besuchen will, kann auf dem traumhaft schönen Küstenweg dorthin wandern. Ein zweiter Weg führt über die kargen Hügel im Hinterland der Désert des Agriates mit bestem Weitblick zurück zum Bootsanleger, sodass zwischen den Stränden eine attraktive Rundwanderung möglich ist.

Plage de Loto

Von der Plage de Loto zur Plage de Saleccia

Gehzeit: gut 2 h, 6,5 km, 50 Höhenmeter. Nach der Anfahrt mit der Popeye folgen wir zuerst dem Küstenpfad und kommen nach wenigen Minuten zur *Paillote de Loto*, einer netten Strandbar. Dann geht es relativ eben immer direkt am Wasser entlang und vorbei an kleinen Buchten, in denen häufig Kühe ihren Mittagsschlaf halten. Nach einer guten Stunde taucht dann der lange Sandstreifen der **Plage de Saleccia** vor uns auf. Gleich am Beginn des Strandes führt links durch die Dünen ein Sandweg zur Strandbar *Piniccia*.

Vom Strand stapfen wir etwas mühsam durch den tiefen Sand bis zur Bar. Von dort aus wandern wir zuerst die Piste entlang, bis links ein Pfad nach *Loto* abzweigt. Er führt auf eine weitere Piste, der wir nach links folgen. Nach gut 300 Metern biegt rechts ein markierter Pfad ab. Dieser bringt uns zuerst zu den **Ruinen einer Bergerie**, überquert dann einen breiteren Weg und führt hinauf zum höchsten Punkt der Halbinsel. Mit grandiosem Blick auf die Bucht von Loto geht es dann wieder hinunter zu einer Kreuzung. Links kommen wir zum Bootsanleger, rechts lockt der makellose Sandstreifen noch einmal zum Baden, bevor wir mit dem Boot nach Saint-Florent zurückfahren.

Anfahrt mit dem Jeep: Alternativ kann man die Wanderung auch von Saleccia starten und dorthin mit dem Jeep fahren. Dieser Transfer ist weniger wettersensibel. Verschiedene Anbieter starten bei Casta südlich von Saint-Florent (Seite 251). Die Fahrt nach Saleccia und zurück kostet 30 bis 35 Euro pro Person. Wer nur eine Strecke laufen mag, kann auch eine Jeeptour buchen, die nach Lotu fährt und die Fahrgäste dann in Saleccia wieder abholt.

Rundfahrt durchs Nebbio

Von Saint-Florent starten wir jetzt eine kleine Rundfahrt durch die grünen Hügel des Nebbio, des bekanntesten korsischen Weinanbaugebiets. Außerdem werden in der Region auch sehr gutes Olivenöl und Honig produziert. Unsere Route führt auf der D82 von Saint-Florent in Richtung Oletta. Links an der Straße treffen wir aber zuerst einmal auf die Töpferei ***Poterie du Nebbio***. Richard Rousseau, der sympathische Töpfer, steht meist selbst im Laden, der direkt an die Werkstatt angrenzt, und ist einem netten Gespräch nicht abgeneigt. In den Regalen des Ladens finden Sie Geschirr in harmonischen Formen mit Glasuren in sanften Erdtönen und intensivem Mittelmeerblau.

Dann kurven wir hinauf nach Oletta und weiter zum **Col de Sant Stefano**. Unser Ziel ist hier oben ein kleines Kirchlein, erbaut im romanischen Stil. Die »Zebrakirche« San Michèle de Murato ist einer unserer persönlichen Lieblingsorte auf der Insel. Kurz bevor wir die Kirche erreichen, wartet rechts an der

Straße das einladende Restaurant *Chez Victor.* Aber auch der schattige Parkplatz an der Kirche eignet sich für eine Pause – es gibt dort sogar frisches **Quellwasser**.

P San Michèle de Murato – N 42°35'9.6", E 9°19'58.6"

Die romanische Kirche aus dem 13. Jahrhundert reckt einen schlanken quergeringelten Turm in den Himmel. Das charakteristische Zebramuster, das durch den Materialwechsel zwischen Kalkstein und grünem Serpentin erzielt wird, macht die alte Kirche unverwechselbar. In den Umrahmungen der Fenster und *an den Kapitellen der Eingangssäulen entdeckt man zwischen keltisch anmutenden geometrischen Mustern etliche ausdrucksstarke Figuren* – Tiere und Menschen. Der Turm ist nicht mehr im Originalzustand, er wurde bei einer Restaurierung im 19. Jahrhundert erhöht. Bei unserem letzten Besuch an einem Wochenende im Mai war das Portal geöffnet und auch der Innenraum konnte für einen geringen Eintritt besichtigt werden. Wer die Kirche geschlossen antrifft, verpasst nicht allzu viel. Am spannendsten sind die Figuren an der Fassade.

In Murato kann man umkehren und zurückfahren oder die **Rundfahrt über Piève, Santo-Pietro-di-Tenda und San-Gavino-di-Tenda** fortsetzen. Diese Orte sind wenig touristisch geprägt und bröckeln an vielen Stellen heftig vor sich hin. Auffällig sind die vielen großen Kirchen, ähnlich wie in der Castagniccia. Die Straße dorthin ist jedoch eine von denen, deren Mittelstreifen eher zur Zierde existiert, auf die Spuren passt maximal ein Quad. Sie ist entsprechend anstrengend zu fahren. Dafür ist meist nicht viel los.

Wir durchqueren Rapale und erreichen **Piève**. Hier stehen vor der Kirche **San Quilico** drei 4000 Jahre alten Menhirstatuen: Sie tragen die Namen Murello, Mortulla und Bucentone. Ein paar Kurven weiter durchfahren wir Sorio und treffen kurz hinter dem Dorf auf eine ungewöhnliche **Badegumpe**. Hier quert ein Bach

Die Badegumpe in der Straßenkurve kurz hinter Sorio

TOUR 9

die schmale Straße und unter der Brücke staut ein künstlicher Damm das Wasser zu einem grün schillernden Becken. Es ist tief genug zum Schwimmen und eiskalt (N 42°35'0.8", E 9°16'02.1").

In **Santo-Pietro-di-Tenda**, einem der nächsten Orte an der Route, erstaunt eine alte Kirche. Die ***Eglise Saint-Jean L'Evangéliste*** ist riesig und der Ort ist klein. Die Stiftskirche sieht aus, als hätte man hier 1748 eine Kathedrale in die Berge gestellt. Seit der Renovierung im Jahr 2016 ist die ursprünglich sandsteinfarbene Kirche zweifarbig: Der weiße Putz der Fassade beginnt aber bereits wieder zu bröckeln. Santo-Pietro-di-Tenda hat aber noch mehr zu bieten. *Unbedingt lohnend ist der Weg hinab zur Mielerie und zur Ölmühle von Olivier Murati.* Hier können Sie verschiedene Sorten von Macchiahonig und frisch gepressten Olivenölen kosten, bevor Sie ihre persönliche Wahl treffen. Der Honig mit dem Namen *Miel d'Arbousier* ist besonders ungewöhnlich. Gesammelt in den

Pause am Stausee von Padule

Blüten des Erdbeerbaumes, hat er einen herben, fast schon bitteren Nachgeschmack und wird gerne zum Veredeln von Fleisch und für Salatsaucen verwendet. Am besten läuft man von der Kirche hinunter, denn die Straße (Vezzi) ist schmal *(N 42°36'13.7", E 9°15'43.2", Lieu-dit-Vezzi).*

Von Santo-Pietro-di-Tenda wählen wir dann die Straße nach rechts, die in sanften Kurven zum Stausee von Padule hinunterführt. Rechts an der Straße liegt der **Corsica Zoo**, eine kleine Attraktion für Familien. Neben seltenen Haustierrassen, Kranichen und unterschiedlichen Papageienarten sind im Zoo auch Exoten, wie Kamel, Lama und Kängurus sowie einige Lemuren zu Hause *(www.corsicazoo.com).*

Kurz darauf rollen wir auf den **Stausee von Padule** zu, der schöne Pausenplätze bietet. Die ersten Buchten an der Straße befinden sich gleich links an der Kreuzung. Wir biegen hier links ab, fahren am See entlang und kommen dabei an weiteren Parkbuchten mit Seeblick vorbei.

P Stausee von Padule – N 42°37'37.6", E 9°19'37.0"

Unterhalb von Oletta treffen wir auf die D82, folgen ihr links zurück nach **Saint-Florent** und schlängeln uns zur Weiterfahrt aufs Cap Corse durch das belebte Ortszentrum. Knapp zwei Kilometer weiter ist links an der Straße der nächste Campingplatz zu finden.

170 Saint-Florent – *Camping d'Olzu*

GPS/Kontakt: N 42°41'36.9", E 9°19'36.1", Lieu dit Strutta, Tel. 0033 (0)495370334; www.campingolzo.com. **Öffnungszeit:** Ende April bis September. **Ausstattung:** Ver- und Entsorgung, kleiner Laden, Pizzeria, Pool, WLAN. **Beschreibung:** Nördlich von Saint-Florent, kleiner Platz, schön schattig unter alten Olivenbäumen, mit guten Sanitäranlagen und freundlichem Empfang. 60 Meter zu einer kleinen Kiesbucht, drei Kilometer nach Saint-Florent. **Preise:** 14–28 €, Strom 4,50–5,50 €, Ver- und Entsorgung erst ab 3 Übernachtungen kostenlos. **Zufahrt:** Links an der Küstenstraße, zwei Kilometer nördlich von Saint-Florent.

Auch die Kirche von Patrimonio hat die Maße einer Kathedrale.

In der nächsten Kehre zweigt rechts die Straße nach **Patrimonio** ab. Sie sind an einer Weinprobe und dem Einkauf direkt vom Weingut interessiert? Dann biegen Sie auf jeden Fall rechts ab. Patrimonio ist das Zentrum des Weinbaus hier im Norden und bekam als erste Region Korsikas das AOC-Siegel zugesprochen. *Rund um das gemütliche Dorf bieten über 20 Weingüter ihre Produkte zur Degustation und zum Verkauf an.* Probieren können Sie in jedem zweiten Haus. Wenn Sie sich auskennen, gehen Sie unbedingt selbst auf Entdeckungstour. Weine aus dem Patrimonio gelten als die besten der Insel. Wer gerne probieren möchte, aber keine großen Fachkenntnisse vorweisen kann und sich mit dem Besuch auf einem Weingut tendenziell überfordert fühlt, kauft unkompliziert im großen Laden der **Domaine Lazzarini** (N 42°42'00.1'', E 9°21'49.9''). Hier gibt es auch korsischen Käse, Canistrelli, Obstwein und Liköre. Ebenfalls gut zugänglich ist der Hofverkauf des **Clos Mafisi** (N 42°41'55.2'', E 9°21'20.7'') weiter unten im Ort. Vor beiden Läden kann man auch ein Wohnmobil parken. Folgen Sie im Ortszentrum (zu Fuß) der Route de l'Eglise, die tatsächlich auf die große Kirche zuhält, kommen Sie zum *Bistro Tropical* und dann zum ***théâtre de verdure***, einer Freilichtbühne, auf der im Sommer regelmäßig Konzerte stattfinden. Dort gibt es unter einem Schutzdach noch einmal eine über zwei Meter hohe

TOUR 9

Um die zwanzig Weingüter bieten um Patrimonio Weinproben an.

Megalithskulptur mit deutlich erkennbarem Gesicht zu entdecken. ***U Nativu*** nennt man den steinernen Menschen vor Ort. Die Figur ist gut 3000 Jahre alt und wurde 1964 bei der Feldarbeit auf einem Acker gefunden.

Wir rollen von Patrimonio zurück zur Küste und treffen an der **Marine de Farinole** auf die beiden letzten, bereits etwas rauen Sandbuchten, die *Grande* und die *Petite Plage de Farinole*. Hinter beiden Buchten ist auch ein Campingplatz zu finden.

171 Patrimonio – *Camping U Sole Marinu*

GPS/Kontakt: N 42°43'01.4'', E 9°19'49.2'', Tel. 0033 (0)495371220; www.usolemarinu.com. **Öffnungszeit:** Mai bis September. **Ausstattung:** Ver- und Entsorgung, Pizzeria, Mini-Markt und Baguette-Service. **Beschreibung:** Schattigen Stellplätze hinter einem Kiesstrand mit glasklarem Wasser, engagiert geführt. Einfache, saubere Sanitäranlagen. **Preise:** 22–26 €, Strom 6–7 €. **Zufahrt:** Von der D80 links der Beschilderung auf eine schmale Straße folgen, die am Tor des Campingplatzes endet.

Nur eine Bucht weiter bietet der nächste Campingplatz *eine Reihe wirklich ungewöhnlicher Stellplätze direkt am Meer.* Steht man in der vorderen Reihe, rollen die Wellen keine fünf Meter entfernt auf den groben Kies und man hat den perfektem Blick auf den Sonnenuntergang. Klar will dort jeder stehen, und da die Plätze weitgehend unparzelliert sind, parken die Camper in der ersten Reihe dicht an dicht, beinahe wie auf einem Parkplatz.

172 Patrimonio – *Camping A Stella*

GPS/Kontakt: N 42°43'46.0", E 9°20'34.1", Marine de Farinole, Tel. 0033 (0)495371437; campingastella.com. **Öffnungszeit:** Mai bis Oktober. **Ausstattung:** Ver- und Entsorgung, Snack-Bar, Brötchenservice, WLAN an der Rezeption. **Beschreibung:** Einfacher Platz auf der Westseite des Cap Corse. Man kann unter alten Bäumen auf Terrassen stehen oder direkt hinter dem Steinstrand in der Sonne. Die Sanitäranlagen sind, okay aber nicht besonders sauber. In der Nebensaison gab es aber unten auf dem Platz nur kaltes Wasser, heiße Duschen befanden sich oben an der Rezeption. Folgt man dem Küstenweg über einen Felsriegel, kommt man zur Sandbucht Grande Plage de Farinole. **Preise:** 28 €, Strom 5 €. **Zufahrt:** Links an der D80 Beschildert. Die Zufahrt zum Campinggelände ist eng und steil.

TOUR 9

Rund um das Cap Corse

Von Farinole machen wir uns dann auf den Weg, um das **Cap Corse** zu umrunden. Wie ein mahnend erhobener Zeigefinger ragt die Halbinsel an der Nordspitze ins Mittelmeer und verhilft der Insel zu ihrer markanten Form. Das Cap Corse ist ein Abbild Korsikas im Kleinen: Im Zentrum der Halbinsel ist es bergig und an der Westküste stürzen die Felswände beinahe senkrecht ins Meer. An der sanfteren Ostküste drängen sich die Häuser kleiner Fischerdörfer um die wenigen Kiesbuchten. Das Kap besticht durch seine Ursprünglichkeit und wilde Natur. Die Straße ist kurvig, aber inzwischen gut ausgebaut. ***Hinter jeder Kurve wartet ein neuer, atemberaubender Ausblick*** auf die steile, steinige Küste und ein schillerndes, türkisblaues Meer.

Die Fahrt entlang der Westküste des Kaps nimmt mehr Zeit in Anspruch, als die Kilometerzahl vermuten lässt. Für eine Rundfahrt um die Halbinsel sollten Sie deshalb mehr als einen Tag einplanen, obwohl die Strecke nur etwa 130 Kilometer lang ist.

Der erste sehenswerte Ort an der Route ist **Nonza**. Das Dorf thront 200 Meter über dem Meer und wird von einem eindrucks-

Genueserturm am grauen Strand von Marina d'Albo

vollen, gut restaurierter Wehrturm überragt. Ein schmaler Weg führt zwischen den Häusern hinauf. Oben im Turm werden Gemälde und Fotos verkauft. Am Fuß des Turms bietet ein Restaurant Sitzplätze mit grandiosem Meerblick. Auf dem Dorfplatz sitzt man im Schatten und genießt die Pause im ***Café de la Tour***. Ein Treppenweg führt hinunter zum schwarzen Strand.

Wenn Sie Nonza sehen wollen, sollten Sie allerdings früh aufstehen. Der romantische Ort erleidet nicht nur im Hochsommer täglich den Verkehrsinfarkt. Parkplätze sind knapp, Parkplätze für ein Wohnmobil noch knapper. Es gibt eine größere Parkbucht am Straßenrand vor dem Ort und noch zwei oder drei dahinter. Nach zehn Uhr brauchen Sie echtes Parkplatzglück, zur Mittagszeit haben Sie kaum eine Chance. Wir sind schon mehrfach ungeplant an Nonza vorbeigefahren – auch in der Nebensaison.

Auf der anderen Seite der schwarzen Bucht von Nonza gibt es noch einmal einen Parkplatz über dem Strand, allerdings dürfen Sie hier mit einem Wohnmobil nicht mehr hinunterfahren. Die Plage de Nonza ist also für Camper nur schwer zu erreichen. Ein guter Ersatz ist die etwas kleinere Kiesbucht unterhalb des Dorfes Albo. Beide Strände verdanken die Farbe ihrer Kieselsteine übrigens einem Asbeststeinbruch, der bis 1965 in **Marina d'Albo** betrieben wurde. Die Ruine der Industrieanlage passieren Sie kurz hinter dem Ort. Sie steht direkt an der Küstenstraße. Der schwarze Stein wurde mit dem Asbest abgebaut, hatte aber keinen Wert. Er wurde daher ins Meer geworfen und von den Strömungen an die Küste getragen, wo sich schließlich ein künstlicher Strand bildete. Obwohl die schwarzen Strände nach offiziellen Informationen für Menschen unbedenklich sind, verirren sich nur wenige Badegäste hierher, was aber wohl nicht nur mit ihrer Entstehungsgeschichte zu tun hat. Der grobe Kies und die häufig starke Brandung laden nicht unbedingt zum Baden ein. Um abends dem Murmeln zu lauschen, das vom auf- und ablaufenden Wasser auf dem Kies verursacht wird und der Sonne beim Untergehen zuzusehen, mögen wir den Strand jedoch sehr. Oben im Ort gibt es einen kleinen Laden (ausgezeichnete Croissants) und hinter dem Strand einen der wenigen offiziellen Wohnmobilstellplätze der Insel.

173 Ogliastro – *Marina d'Albo*

GPS: N 42°48'39.6", E 9°20'08.2", parking de la plage. **Max. WOMOs:** 30. **Öffnungszeit:** Im Sommer. War Ende Mai nach starkem Regen noch geschlossen. **Ausstattung:** Ver- und Entsorgung (frei zugänglich), WC in schlechtem Zustand. Müllcontainer. Laden und Restaurants im nahen Ort. **Beschreibung:** Naturbelassener Parkplatz unter Bäumen. Einige Plätze wegen tief hängenden Ästen nur für Bullis geeignet. 50 Meter Fußweg zum schönen grauen Kiesstrand. **Preise**: 7 €. Wird abends am Platz von einem Mitarbeiter der Gemeinde kassiert, Trinkwasser 4 € mit Jetons. **Zufahrt:** Von der Küstenstraße nach Albo abbiegen, in den Ort hinunterkurven und am Ortseingang rechts der schmalen Straße um ein Restaurant herum folgen. Sie endet auf dem Platz mit der Entsorgungsstation. Von dort geht es rechts auf den Stellplatz, links befindet sich der Strandparkplatz mit Höhenbeschränkung. Vorsicht beim Verlassen des Platzes, die Zufahrt ist eine Einbahnstraße. Hinaus geht es rechts am Parkplatz entlang, steil hinauf ins Dorf und oben links, durch den Ort und am Laden vorbei zurück zur Küstenstraße.

Die meisten Dörfer des Cap Corse liegen nicht direkt an der Küste. Schaut man rechts hinauf, kleben dort immer wieder mal die Häuser einer Ansiedlung in den Felshängen. **Canari** ist eines dieser Dörfer – ein besonders attraktives, meinen wir. Die Fahrt hinauf ist allerdings ein bisschen herausfordernd. Die Straße bleibt fast überall knapp zweispurig, ist aber an der Meerseite, an der es immer wieder steil abwärts geht, fast durchgängig ungesichert. Ansonsten gibt es hier keine besonders kniffligen Stellen. Der Weg hinauf ist also vor allem Nervensache...

Die Straße nach Canari zweigt im spitzen Winkel von der D80 ab. Nach drei Kilometern, im Dorf angekommen, geht es im Zentrum noch einmal nach rechts – auch diese Kurve ist eng, vor allem wenn hier Autos parken. Dann fahren wir zwischen den Häusern hinauf bis zum Platz mit dem Glockenturm (N 42°50'43.5", E 9°19'48.5"). Gibt es am Turm keinen Parkplatz mehr, kann man die schmale Straße links hinauffahren und nach 130 Metern rechts auf einen ebenen Parkplatz (N 42°50'40.6", E 9°19'54.0") abbiegen.

Der palmengesäumte Platz mit dem dekorativen weißen Glockenturm und dem tollen Blick aufs Meer ist sicher der schönste Ort in Canari, es gibt hier aber noch mehr zu sehen. Geht man am Restaurant *Au bon Clocher* (das Essen können wir aus eigener Erfahrung empfehlen) hinauf, steht rechts die Kirche ***Santa Maria Assunta***, die gerade restauriert wird. Das schlichte Gebäude aus grünem Schiefer wirkt auf den ersten Blick wenig eindrucksvoll.

Am Glockenturm von Canari reicht der Blick weit über das Meer.

Interessant sind die Details: Masken und Tierköpfe zieren den Türsturz und das Gesims. Errichtet Ende des 12. Jahrhunderts, wurde die Kirche nur wenig verändert und gilt als ein rares Beispiel der pisanisch geprägten romanischen Baukunst. Am Hang oberhalb der Kirche stehen etliche sehr alte Grabhäuser. Noch weiter oben thront, malerisch exponiert, auf einem Vorsprung über dem Ort eine kleine Kapelle. Sie gehörte zum Weiler Imiza, von dem heute nur noch Ruinen übrig sind.

Zur Kapelle von Imiza

Gehzeit: 1 h, 3 km, 150 Hm. Am ersten Abzweig am Friedhof von Canari gehen wir links weiter hinauf und folgen dann den gelben Markierungen in den oberen Ortsteil von Canari. Dort geht es links durch den Ort und, weiterhin den Markierungen folgend, hinaus auf eine Hochebene, auf der wir bald links die Kapelle sehen. Zurück laufen wir dann auf dem gleichen Weg.

Wer jetzt gerade erst Lust auf schmale Sträßchen bekommen hat, folgt von Canari der D33 am Hang entlang und kurvt erst in Conchigliu zur Küstenstraße hinunter. Schneller sind wir zurück auf der D80, wenn wir auf dem gleichen Weg wieder hinunterfahren, auf dem wir schon hinaufgekommen sind.

Den Abzweig zur **Marine de Giottani** lassen wir links liegen. Hier gab es einmal einen offiziellen Stellplatz, der aber nicht mehr existiert. Wenige Parkplätze an der Straße ermöglichen noch einen Badestopp, aber das war's dann auch.

Ein Stück weiter lohnt im Dorf Pino noch einmal ein Abstecher ins Innere der Halbinsel. Diesmal ist es ein alter genuesischer Turm in spektakulärer Lage auf einem Felssporn, der uns von der Küstenstraße lockt. Die Straße hinauf ist gut ausgebaut, so haben wir den **Col de Santa Lucia** schnell erreicht. An der Passhöhe steht rechts eine Kapelle und davor befindet sich ein Parkplatz.

174 Col de Santa Lucia – N 42°54'32.6", E 9°22'25.9"

Der Turm ist von hier aus schon zu sehen– weit oben auf einer grün bewachsenen Bergspitze. Auf den ersten Blick scheint der Aufstieg unmöglich, doch dieser Eindruck täuscht: Steil, aber unkompliziert windet sich ein Pfad durch den Wald – nur das letzte Stück führt über flache Felsplatten. Der Weitblick vom Fuß des Turmes ist grandios.

Wer einen Bulli fährt, kann sich ein Stück des Aufstieges ersparen und hinter der Kapelle rechts bis zum oberen Parkplatz an der Gîte de Seneque (N 42°54'17.2", E 9°22'28.8") weiterfahren. Für Wohnmobile ist die Zufahrt über das Sträßchen verboten.

Wanderung zum Seneca-Turm

Gehzeit: 1 h 30, 3 km, 180 Hm. Vom Parkplatz an der Kapelle wandern wir ein kurzes Stück den Fahrweg entlang, bis uns links ein Holzwegweiser zum Turm auf einen schmalen, schattigen Pfad schickt. Er endet nach knapp 200 Metern, kurz vor dem Gebäude des **Château dei Motti** wieder auf der schmalen Straße. Ein Teil des ehemaligen Kinderheimes, das lange leer stand, ist renoviert und wird als Gîte genutzt. Vor dem Gebäude befindet sich der obere Parkplatz.

Im hinteren Eck des Parkplatzes beginnt ein schmaler, steiniger, sehr steiler Fußpfad hinauf durch den Wald zum Turm. Der Aufstieg ist orange und rot markiert und dauert von hier etwa 20 Minuten. Am Waldrand unterhalb des Turmfelsens geht es eine Steinstufe hinauf. Von hier ist der Turm wieder gut zu sehen.

Die letzten Meter sind etwas anspruchsvoller und führen über Felsen. Zuerst muss ein bisschen geklettert werden, dann geht es über schräge, aber griffige Felsplatten hinauf. Dieser letzte Teil des Aufstiegs erfordert trockenen Boden. Ist der Felsen nass und rutschig, sollte man sich mit dem Blick auf den Turm und dem auch schon hier grandiosen Ausblick ins Tal zufriedengeben. Auf demselben Weg geht es dann zum Auto zurück.

Fährt man am Col de Santa Lucia weiter, kann man die Runde ums Cap Corse etwas abkürzen, verpasst dann aber die Spitze der Halbinsel. Wir kehren also wieder nach Pino zurück. Nach wenigen Kurven gibt es in einem Einschnitt noch einmal eine Kiesbucht. Der fehlende Balken der Höhenschranke ermöglichte bei unserem Besuch die Fahrt bis zum Grobkiesstrand, an dem gerade die Strandbar aufgebaut wurde.

175 Stellplatz am Kiesstrand – N 42°55'28.1", E 9°21'44.1" (vermutlich Höhenschranke im Sommer)

Der letzte Ort an der Westküste ist das Fischerdorf **Centuri-Port**. Nur wenige Häuser gruppieren sich um den geschützten Hafen, aus dem früh am Morgen die Boote der Fischer auslaufen. Der Fang des Tages kommt dann in den Restaurants des Ortes frisch auf den Tisch. *Die Fischer von Centuri sind spezialisiert auf den Langustenfang.* Wer hinunter zum Hafen will, muss die D80 verlassen und auf einem schmalen Sträßchen zum Parkplatz tuckern. Einen knappen Kilometer vor dem Ziel sehen wir links einen Campingplatz, von dem sowohl eine badetaugliche Kiesbucht als auch der Hafen von Centuri zu Fuß erreichbar sind.

176 Centuri – *Camping L'Isulottu*

GPS/Kontakt: N 42°57'32.5", E 9°21'14.0", Tel. 0033 (0)495356281; www.isulottu.fr. **Öffnungszeit:** Mai bis September. **Ausstattung:** Ver- und Entsorgung, Tauchschule, Snack-Bar. **Beschreibung:** Teilweise schattig, schöner Sonnenuntergangsplatz auf dem Hügel über dem Meer, ausreichende Sanitäranlagen. Zehn Minuten Fußweg zum Kiesstrand. 1,5 Kilometer außerhalb von Centuri-Port an der Straße nach Saint-Florent. **Preise:** 21 – 24 €, Strom 4 €. **Zufahrt:** Links an der Straße nach Centuri, einen Kilometer vor dem Ort.

Kurz darauf stehen wir am Parkplatz, der für Wohnmobile zu eng und daher verboten ist. Die Buchten am Straßenrand eignen sich besser (N 42°57'50.1", E 9°20'52.9"). Von hier aus sind es nur wenige Schritte zum Hafen. Um wieder auf die D80 zu kommen, muss man ein kurzes Stück zurück bis zur ersten Kreuzung. Hier kann man links oder rechts fahren. Die linke Route ist kürzer, die Straße aber schmaler als die schon bekannte Zufahrt rechts.

Zurück auf der D80 sehen wir schon von Weitem eine kleine weiße **Windmühle**. Sie ist das Wahrzeichen des korsischen Spirituosenhersteller Mattei, der die alte Mühle auch renovieren ließ. Vom Parkplatz am Col de la Serra führt ein breiter Fußweg in zehn Minuten hinauf zum Aussichtspunkt an der ***Moulin Mattei***. Im Hochsommer werden in der Mühle zugunsten des Naturschutzgebietes am Cap Corse lokale Produkte und die Liköre der Firma Mattei verkauft (N 42°58'24.4", E 9°22'00.3").

An der Spitze des Cap Corse führen dann beim kleinen Dorf **Ersa** zwei schmale Straßen hinunter zum Meer und zu den winzigen Orten **Barcaggio** und **Tollare**. In beiden Orten gibt es einen Stellplatz für Wohnmobile. Der in Tollare wurde leider kürzlich von einer Wiese am Meer auf einen großen Schotterplatz oberhalb des Dorfes verlegt. Dafür ist er jetzt mit einer frei zugänglichen Station zur Ver- und Entsorgung ausgestattet.

177 Tollare

GPS: N 43°0'21.6", E 9°23'08.3". **Max. WOMOs:** 20. **Öffnungszeit:** Ganzjährig. **Ausstattung:** Ver- und Entsorgung, Strom in Planung. **Beschreibung:** Neuer, von der Gemeinde eingerichteter Platz, 5 Minuten zu Fuß von einem schmalen Strand mit Strandbar entfernt. **Preise:** 15 € in der Hauptsaison. **Zufahrt:** Von der D80 in Richtung Tollare an der ersten Verzweigung unbedingt nach links in Richtung Tollare abbiegen. Diese Straße ist zwar ebenso hoppelig wie die rechte, aber inzwischen deutlich breiter, sodass entgegenkommende Fahrzeuge kaum ein Problem darstellen.

Der zweite Platz an der Spitze des Kaps ist ein großer Schotterparkplatz neben einer Sandbucht, der bei unserem letzten Besuch tiefe Schlaglöcher aufwies. Während der Badesaison ist es hier meist sehr voll, sodass man tagsüber kaum einen Parkplatz bekommt. Der Strand neben dem Parkplatz war einmal ein sanft ins Wasser abfallender Traumstrand mit weißem Sand. Hier im Naturschutzgebiet wird aber das Seegras, das die Küste vor der Brandung schützt, auch im Sommer nicht entfernt. Bei unseren letzten beiden Besuchen war vom Sand leider nicht mehr viel zu sehen. Das Wasser ist aber trotzdem glasklar und seicht, hat man es einmal geschafft hineinzukommen. An den Felsen lohnt auch das Schnorcheln.

178 Barcaggio

GPS: N 43°00'18.4", E 9°24'16.7". **Max. WOMOs:** 10. **Ausstattung:** Bar und Restaurant in der Hauptsaison. **Beschreibung:** Ebene Schotterfläche mit vielen Schlaglöchern, direkt an der Strandbar und neben einem Feuchtgebiet. Ein Fußweg führt über den Bach und durch die Dünen zum Strand. **Preise:** Juli und August 14 €, sonst kostenlos. **Zufahrt:** Der kürzeste Weg nach Barcaggio führt von Ersa rechts hinunter bis zum Dorf. An den ersten Häusern geht es dann rechts hinunter zum Parkplatz. Das letzte Stück der Zufahrt ist nicht asphaltiert. Nach Regenfällen stehen tiefe Pfützen in den Schlaglöchern und der Boden auf dem Parkplatz wird schmierig. Alternativ können Sie die breitere Straße von Tollare wählen, um hierher zu kommen, müssen dann aber die enge Ortsdurchfahrt in Barcaggio meistern.

Wandern auf dem Sentier des Douaniers

Gehzeit: 2 h, 5 km. An beiden Stellplätzen führt der Sentier des Douaniers, der Zöllnerpfad vorbei. Der Küstenweg verbindet Centuri-Port und Macinaggio und erschließt das Naturschutzgebiet von Capandula für Wanderungen. Er windet sich in stetem Auf und Ab immer am Meer entlang, teilweise durch hohe Macchia. Schöne sandige Badebuchten, ein herrlicher Ausblick über die Küstenlinie mit kleinen vorgelagerten Felsinseln und mehrere genuesische Wachtürme machen die Wanderung zu einem abwechslungsreichen Erlebnis. Von Barcaggio bis nach Macinaggio sind es zwölf Kilometer. Dazu ist man etwa vier Stunden unterwegs – und muss dann auch wieder zurück. Ein schönes, nicht ganz so weit entferntes Ziel am Küstenweg ist die **Tour d'Agnello**, ein alter Genueserturm, der sich schon hinter der ersten Landzunge verbirgt. Dazu laufen wir am Strand bis zum Ende der Bucht und folgen dort dem schmalen, aber deutlichen Pfad über die felsige Landzunge. Von dort ist das Ziel bereits gut zu sehen. Am Turm hat man dann einen tollen Blick über die unbewohnte, wilde Küste.

Auf dem Weg zum Wachturm

Die Ostküste des Cap Corse

Zurück in Ersa folgen wir der D80 nach **Macinaggio,** dem nördlichsten Ort an der Ostküste der beinahe unbesiedelten Spitze des Kaps. Um den mit 600 Liegeplätzen leicht überdimensionierten Jachthafen gruppieren sich im Sommer die Tische von Restaurants, Bars und Cafés. Man sitzt überall direkt am Wasser. Rechts an der Uferstraße gibt es außerdem eine ausgezeichnete Bäckerei und an der Ortseinfahrt einen kleinen Supermarkt. Im Hafen liegen die Jachten der Gäste Seite an Seite mit den letzten Fischerbooten und den Ausflugsbooten der Linie *U San Paulu*, die Sie ins Naturschutzgebiet von Capandula, zur Île de Capraia und nach Centuri-Port bringen (www.sanpaulu.com).

Nördlich von Macinaggio liegt einer der schönsten Badeplätze am Kap, wenn Wind und Strömung nicht gerade Berge von Seegras an den Strand spülen. Die Bucht ist bereits Teil des Naturschutzgebietes und wird nicht gereinigt. Ein breiter, nicht unbedingt wohlriechender Seegrasgürtel versperrt daher immer wieder mal den Zugang ins glasklare Wasser. Da man die löchrige Zufahrtsstraße zum Strand mit einer Höhenschranke versehen hat, ist die **Plage de Tamarone** für Camper am besten vom Campingplatz U Stazzu zu erreichen.

179 Macinaggio – *Camping U Stazzu*

GPS/Kontakt: N 42°57'51.6", E 9°26'50.1", Route Acqua Salse, Tel. 0033 (0)495354376; camping-u-stazzu.jimdofree.com. **Öffnungszeit:** Mitte Mai bis September. **Ausstattung:** Ver- und Entsorgung. **Beschreibung:** Schattige Stellplätze auf der Wiese neben dem Haus mit wenigen Schattenplätzen. Einfache Sanitäranlagen, wenig Stromanschlüsse. Morgens durchquert hin- und wieder die Schafherde des Patron auf dem Weg zur Weide den Campingplatz. Ein paar Schafsköttel vor den Sanitäranlagen sollten Sie nicht zu sehr stören. **Preise:** 22 €, Strom 4 €. **Zufahrt:** Vor dem Ort links in die Stichstraße zum Strand von Tamarone abbiegen. Der Campingplatz liegt dann links an der Straße. **Hinweis:** 1,5 km Schotterpiste (mit Höhenschranke) führen zum naturbelassenen Strand von Tamarone. Perfekter Ausgangspunkt für eine Wanderung auf dem Zöllnerpfad.

Die Straße an der Ostküste des Kaps führt ebenfalls direkt am Meer entlang und ist nicht weniger schön, fährt sich aber entspannter. Die Küste ist auch hier felsig, die Berge rücken aber ein Stück weg vom Meer und *die Straße verläuft nur wenige Meter über dem Wasser*. Eine Handvoll kleiner Orte gruppieren sich um schmale Buchten mit Stränden aus Kies oder grobem Sand, die aber alle direkt an der Straße liegen. Die erste ist die **Plage de Meria** beim gleichnamigen Genueserturm, an der es aber kaum Parkmöglichkeiten gibt. Hinter einer winzigen namenlosen Bucht ist dann der zweite Campingplatz an der Ostseite des Kaps zu finden. Er ist noch ganz neu, wirkt aber sehr einladend.

TOUR 9

180 Meria – *Camping Aria Marina*

GPS/Kontakt: N 42°54'19.7", E 9°28'00.1", Morteta, Tel. 0033 (0)678615226; camping-ariamarina.com. **Öffnungszeit:** April bis Oktober. **Ausstattung:** Restaurant, Pool mit Blick aufs Meer, Verkauf von Wurstwaren und Käse aus eigener Bio-Produktion, Kanu- und Mountainbike-Verleih. **Beschreibung:** Einfacher, naturbelassener und ruhiger Platz mit Meerblick, etwa 100 Meter vom Meer entfernt. **Preise:** 22–27 €, Strom 5–7 €. **Zufahrt**: Direkt rechts an der Uferstraße. Die Zufahrt ist beschildert.

Ein Dorf weiter folgt in Santa Severa ein weiterer kleiner Campingplatz, den wir sehr mögen.

181 Santa Severa – *Camping Santa Marina*

GPS/Kontakt: N 42°53'11.2", E 9°28'18.9", Route littorale du Cap Corse, Tel. 0033 (0)495350286; www.camping-santamarina.com. **Öffnungszeit:** Mai bis Mitte Oktober. **Ausstattung:** Ver- und Entsorgung, WLAN. **Beschreibung:** Kleiner Campingplatz mit Stellflächen unter großen Bäumen und Blick über eine Wiese. Sanitäranlagen einfach, aber sauber. Wenige hundert Meter zu einer Kiesbucht und zum kleinen Hafen von Santa Severa mit einigen recht guten Restaurants. **Preise**: 22–25 €, Strom 3,50 €. **Zufahrt:** Rechts an der Straße beschildert. Es geht über einen kurzen Schotterweg zum Platz.

Die nächste Ansiedlung an der Straße heißt Porticciolo und an der Ortsausfahrt rechts befindet sich ein **Direktverkauf der Domaine Terra di Catoni** *(N 42°52'10.9", E 9°28'40.6", www.terradicatoni.com)*. Die Domaine ist eines der größten Weingüter auf dem Cap Corse, produziert wird hier biologisch. An den Hängen des Weingutes wachsen neben den typisch korsischen Trauben Vermentinu und Sciacarellu auch Rebsorten vom Festland. Außerdem wird auf dem Hof Olivenöl produziert. Im Laden können Sie weitere korsische Produkte wie Käse, Salami, Schinken, Tee und Konfitüre kaufen – oder an den einladenden Tischen des zugehörigen Restaurant gleich vor Ort probieren. Die hochwertigen Produkte haben allerdings ihren Preis.

Zwischen Porticciolo und der Marine de Pietracorbara liegt links der Straße der lang gezogene Sandstreifen der **Plage de Misincu**. Am Strand gibt es eine hübsche Snack-Bar und am Straßenrand einen Parkstreifen. Hier war zumindest in der Nebensaison kein Parkverbot für Wohnmobile zu sehen – anders als an den meisten anderen Buchten.

P Plage de Misincu – N 42°52'36.1", E 9°28'21.4"

Dann folgt die lange **Kiesbucht von Pietracorbara**. Sie liegt etwas unterhalb der Küstenstraße. Der Parkplatz ist für Wohnmobile verboten. Wenn Sie dort baden wollen, müssen Sie am Ende der Bucht rechts schwenken und sich auf dem Weg zum Camping La Pietra machen. Von dort läuft man in wenigen Minuten über einen schönen, schattigen Pfad zum Strand.

182 Pietracorbara – *Camping La Pietra*

GPS/Kontakt: N 42°50'20.8", E 9°28'24.4", Lieu dit Presa, Tel. 0033 (0)495352749; www.la-pietra.com. **Öffnungszeit:** Ende März bis Anfang November. **Ausstattung:** Ver- und Entsorgung, Restaurant, Mini-Markt, Pool, WLAN gratis. **Beschreibung:** Relativ großer Platz, sehr gepflegt und komfortabel. Dichte Hecken umgeben die großzügigen Parzellen. Die Sanitäranlagen sind sauber und barrierefrei. Ein etwa 800 Meter langer Fußweg führt zum Sandstrand direkt hinter der Uferstraße und in zehn Minuten erreicht man ein Badebecken unter einer malerischen alten Genueserbrücke. **Preise:** 25,50–30 €, Strom 5,50 €. **Zufahrt:** An der langen Kiesbucht dem Hinweisschild nach rechts in eine schmale Straße folgen und 800 Meter bis zum Platz fahren, der rechts an der Straße liegt.

Erbalunga vom Wasser gesehen

Einen weiteren Campingplatz gibt es ein paar Kilometer weiter in Sisco.

183 Sisco – *Camping A Casaiola*

GPS/Kontakt: N 42°48'45.7128" E 9°29'8.1", Tel. 0033 (0)4 95 35 20 10; www.camping-acasaiola.com. **Öffnungszeit:** Mai bis Mitte Oktober. **Ausstattung:** Ver- und Entsorgung, gutes Restaurant am Strand, Baguette am Morgen, Pool, WLAN. **Beschreibung:** Kleiner Platz auf naturbelassenem Gelände, neue Sanitäranlagen, schöner kleiner Pool, 250 Meter zur Straße und zur Badebucht (häufig mit Seegras). Dort befindet sich auch das Strand-Restaurant. Die freundliche Besitzerin spricht gut Englisch. **Preise:** 20–25 €. **Zufahrt:** In Sicso rechts. Die Einfahrt ist beschildert und führt durch eine schmale Straße.

Jetzt nähern wir uns langsam Bastia und die Küste ist dichter bebaut. Kurz bevor wir ins Stadtgebiet kommen, taucht vor uns noch ein letztes in den Fels geschachteltes Dörfchen auf. **Erbalunga** ist die Bilderbuchversion eines Fischerdorfes, viele Häuser sind restauriert und *das Dorf steht unter Denkmalschutz*. In den idyllischen Gassen reihen sich Cafés und Geschäfte mit Stil und relativ hohem Preisniveau. Man bekommt hier schönen Schmuck aus korsischen Halbedelsteinen und Koralle. Ein Bummel durch die Gassen, eine Pause im Café – dem Charme von Erbalunga erliegt man sofort.

Parken können Sie am besten am ersten Parkplatz rechts an der Straße (N 42°46'35.0", E 9°28'34.5"). Sollte dort nichts zu machen sein, folgt wenig später der kostenpflichtige Besucherparkplatz mit einigen Busparkplätzen.

Dann werden die Straßen belebter. Pizzerien und kleine Läden reihen sich am Straßenrand und der Hafen kommt in Sicht. Wir sind wieder in Bastia und der Kreis ist geschlossen. Ein paar Tipps für Bastia sind wir Ihnen noch schuldig, bevor wir und Sie dann wieder auf die Fähre fahren und der schönen Insel »au revoir« sagen müssen.

Parken ist nicht so einfach in Bastia. Chancen gibt es in der Nähe des Bahnhofs. Entspannter ist es jedoch, das Wohnmobil außerhalb stehen zu lassen und mit dem Fahrrad in die Stadt zu fahren. Am südlichen Stadtrand gibt es hinter der **Plage de l'Arinella** einen großen **Parkplatz** *(N 42°40'9.7", E 9°26'45.6", verboten 22 bis 6 Uhr)*, auf dem außerhalb der Badesaison normalerweise viel Platz ist. Von hier aus sind es etwa drei Kilometer bis zur Zitadelle. Direkt daneben bietet der Camping Les Sables Rouges eine Alternative. Hier steht man auf einer Wiese ohne Schatten direkt am Meer – aber leider genauso nahe an einer Bahnlinie. Der Platz ist außerdem sehr einfach ausgestattet.

184 **Bastia – *Camping Les Sables Rouges* – N 42°40'24.2", E 9°26'41.5",** www.lessablesrouges.com

Ein Bummel durch Bastias Altstadt

Der **Porto Nuovo**, in dem die riesigen Fähren vom italienischen und französischen Festland ankern, ist allgegenwärtig. Man sieht ihn von der Place Nicolas, wo zwischen dem marmornen Standbild Napoleon Bonapartes und dem Kriegerdenkmal ein Cafétisch neben dem anderen steht. *Auch von den Tischen der gemütlichen Restaurants in der Zitadelle schaut man auf die gigantischen Fähren*. Im alten Hafen gleich nebenan, drängeln sich eng aneinandergeschmiegt Segeljachten, flotte Motorboote und die Kähne der Fischer. An Land setzt sich das Gewusel fort: Das Hafenbecken ist lückenlos gesäumt von Restaurants. Dazwischen suchen sich Autos und Motorroller ihren Weg. Seinen Höhepunkt findet das Spektakel am späten Nachmittag, wenn an den Tischen neben Touristen auch die Einheimischen Platz nehmen.

Sieht man Bastia vom Meer, ragen die beiden Türme der größten Kirche der Insel, der **Eglise St.-Jean-Baptiste**, die Johannes dem Täufer geweiht ist, hinter dem alten Hafen empor. Erbaut 1636 bis 1666, erhielt die als »monument historique« klassifizierte Barockkirche ihre charakteristischen Glockentürme erst Mitte des 19. Jahrhunderts. Die von florentinischen Künstlern gefertigte Innenbemalung mit Trompe l'œil-Effekten wird mit 1870 datiert.

TOUR 9

Als **Citadelle oder Terra Nova** wird das erhöht liegende Viertel innerhalb der mächtigen Stadtmauer bezeichnet. Zentrum der alten genuesischen Stadt war der Gouverneurspalast, in dem heute das Stadtmuseum untergebracht ist. In den schmalen autofreien Gassen zwischen den mehrstöckigen Häusern bleibt es auch im Sommer schön kühl. Einen tollen Blick hinunter zum Hafen hat man von den Restaurants an der Rue Saint-Michel. Ebenfalls stimmungsvoll ist die zentrale **Place Guasco**, in deren Umfeld auch kleine Läden zu finden sind.

Die bunten Häuser der Altstadt von Bastia stehen auf einem Felsen oberhalb des alten Fischerhafens.

In der Zitadelle steht auch die **Cathédrale Sainte-Marie-de-l'Assomption**. Sie wurde bereits 1625 zur Kathedrale geweiht und dann 1998 aufwendig restauriert. Das in Rosa und Gold gehaltene Innere der stattlichen Kirche wirkt leicht und heiter. Schön bemalte Holzstatuen aus dem 17. Jahrhundert und einige Gemälde aus der Sammlung des Kardinal Fesch verdienen Beachtung.

TOUR 9

Die **Chapelle Sainte-Croix** ist die einzige Kapelle Korsikas im Rokokkostil mit pausbackigen Putten. Der *Christ noir* in der rechten Nische der Kapelle wurde der Legende zufolge im Jahr 1428 von zwei Fischern auf dem Meer treibend gefunden. *Christ des miracles*, Jesus der Wunder, wird der schwarze Christus in Bastia genannt. Er gilt als besonderer Schutzpatron der Fischer.

Die Geschichte der Stadt Bastia steht im Mittelpunkt der Ausstellung des **Musée de Bastia** im ehemaligen Gouverneurspalast in der Zitadelle. Auf dem Felsen zwischen zwei Buchten, die als natürlicher Hafen genutzt werden, wird 1380 vom genuesischen Gouverneur eine Bastion errichtet, um den Seehandel zu stützen. Im folgenden Jahrhundert entwickelt sich um die Burg eine Stadt. Die Stadtmauer existiert noch heute als Außenbegrenzung der Zitadelle. So entstand die Terra Nova – das neue Land über der Terra Vecchia, der alten Ansiedlung unten am Hafen. Die Ausstellung ist in drei Themenbereiche gegliedert: Architektur und Stadtentwicklung, Politik und Wirtschaft, Kunst und Kultur *(Musée de Bastia, Place du donjon, La Citadelle, Mai bis September Di bis So 10–18.30 Uhr, Juli und August täglich, Oktober bis April Di bis Sa 9–12 und 14–17 Uhr. 5 €, Kinder bis 10 Jahre frei; musee.bastia.corsica)*.

Ein guter Platz zum Abschiednehmen versteckt sich zwischen der Zitadelle und dem alten Hafen. Von der breite Steintreppe, die vom Hafen in die Altstadt hinaufführt, schlüpfen wir durch ein schmiedeeisernes Tor und stehen im **Jardin Romieu**. Von einer Terrasse vorne an der Mauer können wir weit über das Meer gucken. Musik steigt aus dem Hafen hinauf – und das tiefe Tuten der großen Fähren weht über das Wasser. *Ciao Korsika. Wir kommen wieder!*

Tipps und Infos

Anreise

Die Fährlinien nach Korsika

Drei Fährgesellschaften teilen sich den größten Teil der Überfahrten nach Korsika. Am meisten Auswahl haben Sie bei **Corsica Ferries**, deren Fähren sowohl von der italienischen, als auch von der französischen Mittelmeerküste ablegen. Am besten frequentiert ist die mit vier Stunden kürzeste Überfahrt von Livorno nach Bastia. Von Toulon, Nizza und Savona werden auch Calvi, L'Île Rousse oder Ajaccio angefahren. Die italienische **Moby Lines** steuert Bastia von Genua und Livorno an. In einer etwas höheren Preisklasse rangieren die Fähren der französischen **SNCM**, die aus den französischen Häfen Marseille, Nizza und Toulon die Städte Bastia, L'Île Rousse, Ajaccio und Porto Vecchio auf Korsika anlaufen. Eines ist bei allen drei Gesellschaften gleich: *Die ersten Plätze sind stets deutlich billiger als die letzten*. Im gängigen Rabattsystem steigen die Preise mit der Belegung einer Fähre. Früh buchen lohnt also! Wenn Sie in der Hauptsaison fahren wollen, sollten Sie noch aus einem anderen Grund frühzeitig reservieren: Die Fähren sind im Sommer regelmäßig ausgebucht, was besonders für den begrenzten Raum gilt, der für Überhöhen zur Verfügung steht. Geld kann man auch sparen, wenn man den Samstag als Reisetag vermeidet. Samstags werden die meisten Ferienwohnungen neu besetzt und die Fähren sind voll und teuer. Überfahrten unter der Woche sind oft deutlich günstiger. Eine bequeme Sache ist auch die Anreise mit einer Nachtfähre: Buchen Sie zusätzlich eine Kabine für bis zu vier Personen und beginnen Sie den ersten Urlaubstag am frühen Morgen mit der Einfahrt in den Hafen. Ihr Fährticket können Sie online buchen – entweder direkt bei der jeweiligen Fährgesellschaft (www.corsica-ferries.de, www.mobylines.de, www.sncm.fr) oder über eines der Vergleichsportale wie directferries.de.

Anfahrt zur Fähre durch die Schweiz

Drei Hauptrouten führen von Norden zu den Fährhäfen an der norditalienischen Küste, zwei davon führen durch die Schweiz. Durch Gotthard- oder Bernardino-Tunnel unterqueren Sie die Alpen, wobei Sie auf der **Bernardino-Route** nicht durchgängig Autobahn fahren. Vor und hinter dem Tunnel geht es auf einer zweispurigen Straße kurvenreich durch schöne Berglandschaft.

Maut: Wer auf der Bernardino-Route auf der deutschen A96 am Bodensee vorbeifährt, durchquert auch ein kurzes Stück Österreich, braucht hier aber keine Vignette. Die Fahrt durch den **Pfändertunnel** ist seit einigen Jahren wieder mautfrei möglich, Sie müssen die Autobahn hinter dem Tunnel aber spätestens in Hohenems verlassen und auf die Schweizer Autobahn (Richtung Chur) wechseln.

Für die Fahrt durch die Schweiz brauchen Sie eine Jahresvignette für die Schweizer Autobahn, die seit Jahren konstant 40 Franken kostet. Wohnmobile über 3,5 Tonnen sind nicht vignettenpflichtig, müssen aber bei der Einreise in die Schweiz eine Schwerverkehrsabgabe (PSVA) entrichten. Diese wird auch fällig, wenn Sie keine Autobahnen nutzen. Die Höhe der Maut ist dann davon abhängig, wie lange Sie sich in der Schweiz aufhalten. Für einen bis 30 aufeinanderfolgende Tage zahlen Sie 3,25 CHF pro Tag, mindestens aber 25 CHF. Für zehn frei wählbare Einzeltage innerhalb eines Jahres zahlt man 32,50 CHF. Wählen Sie zum Anmelden großer Wohnmobile einen gängigen Grenzübergang, an dem auch Zollbeamte anwesend sind. Alternativ können Sie inzwischen aber auch die Smartphone-App *Via-Strassenabgaben* verwenden, die Sie bei der Einreise unabhängig von besetzten Zollstellen macht.

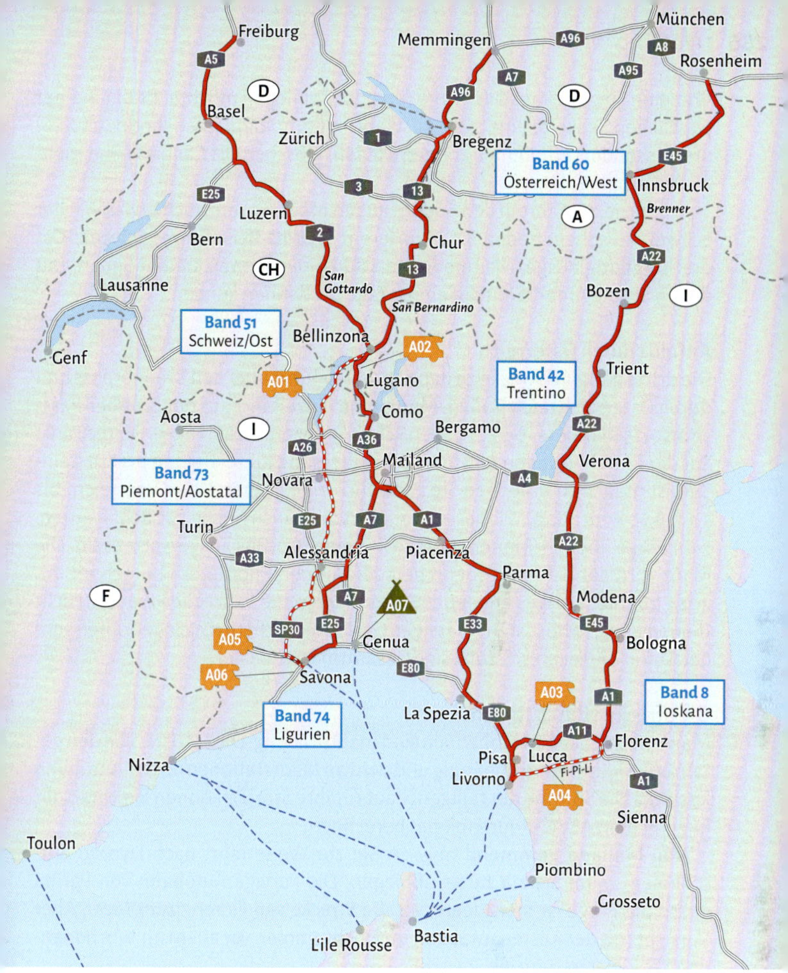

Beide Routen führen Sie über Lugano auf der A2 zur italienischen Grenze in Chiasso. Wer die Überfahrt von Genua oder Savona gebucht hat, könnte hier einen Stopp am Lago Maggiore einlegen und anschließend über die E25 an Mailand vorbeifahren. Das spart zwar nicht unbedingt Zeit, denn die Sträßchen am See sind schmal und kurvig, ist aber vor allem in der Nebensaison ein wirklich schöner Zwischenstopp. Alternativ liegt kurz vor Lugano auch ein großer offizieller Stellplatz nahe an der Durchfahrtsroute:

A01 Maccagno

GPS: N 46°02'24.0", E 8°44'09.0", Ebener Schotterplatz vor einer großen Wiese und an einem Sportzentrum. 200 Meter zum Kiesufer vor dem benachbarten Campingplatz. Kostenlos für max. 72 Stunden.

A02 Camper Area Tamaro

GPS: N 46°08'19.0", E 8°54'26.0", 560 m. Großer Stellplatz mit Ver- und Entsorgung, Strom und WLAN, Stellplätze auf einer großen Wiese, nahe an der Schnellstraße. Bis 12 Stunden 1,50 CHF pro Stunde, 13 bis 48 Stunden CHF 1 pro Stunde inkl. Strom. www.camperareatamaro.ch

Wer eine längere Pause am Lago Maggiore einlegen möchte, findet auf der westlichen Seeseite eine gute Auswahl an Campingplätzen direkt am Seeufer. Besonders empfehlen können wir den hübschen Ort Cannobio mit mehreren Campingplätzen.

Wenn Sie die Fahrt in den Süden nutzen möchten, um auch etwas von der Schweiz zu sehen, finden Sie in unserem **WOMO-Reiseführer Schweiz-Ost** drei sorgfältig ausgearbeitete Routen durch die Schweiz in den Süden, mit denen Sie die Anfahrt gut auf einige Tage ausdehnen können.

Anfahrt durch Österreich

Die dritte gängige Strecke zu den Fährhäfen führt über den Brennerpass und durch Österreich nach Italien. **Maut:** Eine Einzelfahrt auf der Brenner-Passstraße (25 Kilometer bis zur italienischen Grenze) kostet 11 Euro. Für die Fahrt auf der Inntalautobahn A 12 (nur Grenzübergang Kiefersfelden bis Kufstein-Süd ist mautfrei) brauchen Sie zusätzlich eine Vignette für Österreich (bis 3,5 t: 8,60 € für 1 Tag). Vignetten können vorab auch online gebucht werden. Fahrzeuge über 3,5 Tonnen müssen mit einer Go-Box ausgestattet sein. Die Maut wird dann entsprechend den gefahrenen Kilometern berechnet. Ab 2024 gilt hier übriges ein neues System und neue Fahrzeuge werden nicht mehr nach dem höchsten zulässigen Gesamtgewicht (hzG) eingeordnet, sondern über die technisch zulässige Gesamtmasse (tzGm).

Die Strecken durch Italien

Maut: Auch Italiens Autobahnen sind mautpflichtig. Die Maut ist von den gefahrenen Kilometern abhängig und wird an Mautstationen an der Autobahn kassiert. Die Summe der fälligen Maut für ihre Strecke können Sie vorab online mit dem ADAC-Routenplaner berechnen.

Von Mailand kommend müssen Sie zur Weiterfahrt nach Livorno entscheiden, wann Sie zur Küste abbiegen. Die kurvige Autobahn von Parma durch die Berge ist meist leerer als die Strecke von Florenz zum Meer. Aber Vorsicht mit der Küstenautobahn im Hochsommer, vor allem an Wochenenden kann hier extrem viel los sein.

Vom Brennerpass kommend fahren Sie am Gardasee vorbei und über Modena und Bologna nach Florenz. Zwischen Bologna und Florenz haben Sie die Wahl zwischen der alten Autobahnroute mit vielen Kurven und Tunneln und der begradigten neuen Trasse, auf der Sie deutlich besser vorankommen. Zwischen Florenz und Livorno können Sie Mautkosten sparen, wenn Sie statt der Autobahn A11, die kürzere Verbindung über die mautfreie Schnellstraße FI-PI-LI wählen, deren Asphaltdecke aber nicht im besten Zustand ist.

Spezielle Verkehrsregeln: In Italien ist das Mitführen einer orangen Sicherheitsweste für jede Person im Wohnmobil Pflicht. Auf einem Fahrzeugträger am Heck transportierte Fahrräder und Gepäckstücke müssen außerdem mit einem genormten rot-weißen Schild gekennzeichnet sein.

Maut sparen auf der Anreise

Wir haben bei unserer Recherchetour eine mautfreie Route durch Italien getestet, die wir durchaus empfehlen können. Sie funktioniert aber nur, wenn Sie von Savona nach Korsika fahren und für die Anreise eine der Routen durch die Schweiz wählen. Fahren Sie dann auf der Ostseite des Lago Maggiore nach Süden und folgen weiter den Schnellstraßen über Novara, Alessandria und Acqui Terme. Die Straße ist gut ausgebaut und landschaftlich sehr schön.

Ebenfalls spannend, aber doch recht zeitraubend ist bei einer Überfahrt von Livorno die Querverbindung von Modena auf der SS12 nach Lucca. Die

Stadt hat mehrere Wohnmobilstellplätze und ist definitiv einen Besuch wert. Dieser hier liegt etwas weiter vom Zentrum entfernt im Grünen. Von Lucca ist Livorno dann schnell erreicht.

A03 Lucca – *Il Serchio* – N 43°51'02.3", E 10°29'10.5"

Stellplätze an den Häfen

Livorno: Von der FI-PI-LI folgen Sie der Beschilderung zum Fährhafen und dann zur **Stazione Marittima**, um zum Anleger zu kommen. Dort fahren sowohl die gelben Fähren von Corsica Ferries als auch die blau-weißen von Moby-Lines. Im Hafen von Livorno gab es lange einen Wohnmobilparkplatz mit Ver-und Entsorgungsstation. Er war aber zuletzt nicht mehr nutzbar. Seitdem übernachten viele Camper an der Zufahrtsstraße zum Hafen. Gemütlicher ist es gleich ein Stück entfernt von Livorno zu übernachten. Einige Gemeinden entlang der FI-PI-LI stellen Plätze für Wohnmobile zur Verfügung. Einen kostenlosen Stellplatz gibt es zum Beispiel in Vicopisano. Die Campingplätze am Meer sind dagegen im Sommer oft sehr voll.

A04 Vicopisano – N 43°41'23.9", E 10°34'58.1"

Savona: Der Hafen von Savona ist relativ klein und eine Übernachtung auf dem Hafengelände ist nicht möglich. In direkter Nähe gibt es aber zwei große Wohnmobilstellplätze, die wegen ihrer Nähe zum Meer im Sommer immer sehr voll sind (nicht zu spät eintreffen). Näher am Hafen liegt der Stellplatz in Vado Ligure, der deutlich schönere befindet sich ein paar Kilometer weiter weg im Badeort Spotorno. Beide trennt nur die Straße vom Meer und einigen Strandrestaurants und der Preis lag 2023 bei fairen 16 Euro.

A05 Vado Ligure – N 44°16'40.6", E 8°26'28.2"

A06 Spotorno – N 44°14'13.9", E 8°26'04.0"

Genua: Von Genua sind wir selbst noch nie gefahren, weil wir eigentlich immer mit Corsica Ferries unterwegs sind und hier nur die Fähren von Moby Lines ablegen. Unsere Recherche ergab jedoch, dass man auch dort nicht im Hafen übernachten kann. Die besten Bewertungen unter den Campingplätzen in der Nähe hat der Campeggio Villa Doria westlich der Stadt.

A07 Genua – *Camping Villa Doria* – N 44°25'54.8", E 8°48'49.5"

Mit dem Wohnmobil auf die Fähre

Während der Fahrt dürfen Passagiere das Fahrzeugdeck nicht betreten. Es ist also sinnvoll, schon vor der Fahrt zum Hafen eine Tasche mit allem zu packen, was Sie auf der Fähre brauchen. Auf den Fähren gibt es ein recht ordentliches Self-Service-Restaurant, die Preise sind halbwegs in Ordnung.

Bei der Fahrt in den Hafen achten Sie zuerst auf die richtige Fährgesellschaft, dann auf Ziel und Abfahrtszeit, um die richtige Zufahrt zu finden. In den Warteschlangen werden dann die Fahrzeuge nach Höhe sortiert und während der Wartezeit das Ticket kontrolliert. Haben Sie eine Kabine gebucht, bekommen Sie dabei einen Aufkleber mit der Kabinennummer ein weiter Aufkleber landet auf der WOMO-Scheibe. Damit ist der Check-In erledigt. Spätestens jetzt muss das Gas im Fahrzeug für die Überfahrt abgedreht werden. Die Fahrzeuge mit Überhöhe werden zuletzt verladen, wenn die niedrigen PKW-Decks belegt sind, fahren am Ziel aber auch zuerst wieder von Bord. Wenn ihr Wohnmobil sicher steht, sollten Sie sich noch merken, wo Sie es wiederfinden. Buchstabe und Zahl an der Zugangstüre zum Laderaum sind dazu hilfreich, ebenso die Stelle oben auf der Fähre, wo die richtige Treppe wieder hinunterführt. Das war auch schon alles. Von Livorno fährt die Fähre etwa vier bis fünf Stunden, von Savona sind es sechs. Die Nachtfähren fahren langsamer und brauchen daher länger.

Die Segelqualle ist am Mittelmeer häufiger anzutreffen.

Baden und Strände

Ein nahezu durchgehender Sandstreifen säumt die ebene **Ostküste**. Hier gibt es besonders viele Campingplätze direkt hinter dem Strand. Die Ferienorte liegen meist direkt an der T10 und sind nicht besonders hübsch. Zwischen den Orten findet man an der Ostküste auch noch recht einsame Strandabschnitte. **Im Süden** unterbrechen Felsen die oft feinsandigen Badebuchten vor türkis schimmerndem Meer. Besonders fotogen, und auch besonders gut geeignet für Kinder, sind die beinahe tropisch anmutenden Strände um Porto Vecchio und an der Désert des Agriates. Man muss allerdings damit rechnen, dass es an den bekannten Traumbuchten, wie zum Beispiel der Plage de Palombaggia und der Plage de Rondinara selbst in der Nebensaison vergleichsweise voll ist. Auch die **Westküste** verfügt, neben der schroffen, landschaftlich besonders spektakulären Felsküste um den Golf von Porto, über sandige Buchten. Im Golf von Sagone ist die Küste etwas rauer, in der Balagne zwischen Calvi und L'Île Rousse trifft man dann noch einmal auf ein gut geschütztes Badeparadies.

Im Osten und Süden ist das Meer meist ruhig, an der Westküste peitscht auch mal kräftige Brandung. Vom seichten türkisblauen Planschbecken bis zu den ursprünglicheren, einsameren Sandstreifen am Golf von Sagone und am Cap Corse – auf Korsika können auch Sie Ihren Traumstrand finden.

Posidonia oder Neptungras: In der Nebensaison treffen wir an Stränden oft auf leicht muffig riechende angeschwemmte Pflanzenteile. Es handelt sich dabei nicht um Algen, sondern um Seegras. Die Pflanze wächst in großen Feldern auf dem Boden des Meeres, filtert Schadstoffe aus dem Wasser und ist eine wichtige Lebensgrundlage für Fische und Krustentiere. Seegras am Spülsaum einer Bucht ist also **ein guter Indikator für ein intaktes Ökosystem** und sauberes Wasser. Manchmal liegen auch Bälle aus Pflanzenfasern am Strand. Diese entstehen aus den Blüten der Posidonia. In der raueren Jahreszeit schützt der Seegrasteppich den Strand und sorgt dafür, dass der Sand nicht von der Brandung weggetragen wird. Im Sommer sind die Pflanzenberge, die durch den Zersetzungsprozess in der Sonne wirklich unangenehm riechen, weniger beliebt und werden an touristisch genutzten Stränden entfernt, was eigentlich der Natur schadet. In Naturschutzgebieten bleibt das Seegras daher liegen. Suchen Sie sich an naturbelassenen Stränden einen Bereich mit wenig Seegras und steigen Sie hinüber ins klare Wasser. Das Wasser in der Bucht ist durch Seegrasteppiche nicht belastet – das Gegenteil ist der Fall. Man kann dort ohne Bedenken baden.

Auch an der korsischen Küste gibt es im Meer Quallen. Meist handelt es sich um die harmlosen **Ohrenquallen**. Ihr Körper ist durchsichtig mit vier weißen, rosa- oder lilafarbenen Ringen auf der Oberseite. Unangenehmer ist die Begegnung mit den Fäden einer **Feuerqualle**, die rote, brennende Schwellungen verursacht. Bei der letzten Recherche haben wir auf Korsika zum ersten Mal blaue Quallen gesehen. Dutzende von blauen **Segelquallen** (Vellela Vellela) lagen an einem windigen Tag am Strand von Tonnara. Sie ähneln der **Portugiesischen Galeere**, einer blauen Qualle, die an spanischen Stränden und auf den Kanaren immer mal wieder für Aufregung sorgt. Die Portugiesische Galeere hat meterlange Tentakel, die bei einer Berührung Gift unter die Haut schießen, was auch für Menschen gefährlich werden kann. Die Segelqualle dagegen ist völlig harmlos, sie sieht nur aufsehenerregend aus.

Baden kann man auf Korsika auch in den Wasserbecken der Bäche und kleinen Flüsse im Gebirge. Von knietiefen Becken zum Planschen bis zu richtig tiefen **Gumpen**, in denen man auch schwimmen kann, gibt es alles. An den Bassins, umrahmt von Felsen und gespeist durch kleine Wasserfälle, kann man wahrlich idyllische Plätzchen finden. Oben in den Bergen sind die Gumpen auch im Sommer eiskalt. Flüsse wie Fango und Solenzara haben nahe ihrer Mündung ins Meer im Sommer angenehme Badetemperaturen. In den letzten Jahren waren sie durch einen zu niedrigen Wasserstand sogar deutlich zu warm, sodass das Ökosystem der Flüsse bedroht war. Vermutlich müssen wir in Zukunft zunehmend mit Badeverboten an den korsischen Flüssen rechnen. Zwischen 2013 und 2017 gab es außerdem nachgewiesene Bilharziosefälle nach einem Bad im Cavu in Südkorsika. Mehr Infos dazu finden Sie auf Seite 85.

Campingplätze und offizielle Wohnmobilstellplätze

Es gibt auf Korsika Campingplätze für jeden Geschmack. Viele davon liegen direkt hinter dem Strand, auf einigen wenigen kann man sogar direkt am Wasser stehen. Die Auswahl reicht vom einfachen Camping à la ferme in den Bergen oder auf dem Bauernhof bis zur komfortablen Viersterne-Anlage mit Pool und Wellness. Sie haben die Wahl. Die Preise sind, wie auf französischen Campingplätzen üblich, vergleichsweise moderat. In der Nebensaison übernachten Sie auf einem durchschnittlichen Platz mit einem Wohnmobil und zwei Personen zu Preisen zwischen 20 und 30 Euro. Auch die in unseren Stellplatzkästen angegebenen Preise beziehen sich auf einen Camper und zwei Personen. Die Dusche ist meist inklusive, der Strom geht extra. Die korsischen Campingplätze sind Sommerplätze und die **Sanitäranlagen** sind häufig etwas einfacher gehalten. Dass es auf den WCs kein Toilettenpapier gibt, ist im Süden üblich und auch auf teureren Plätzen ziemlich normal. Man bringt es selber mit. Mögen Sie Anlagen mit Pool, vergessen Sie nicht, für Jungs und Männer eine eng sitzende **Badehose** einzupacken. Badeshorts sind in Frankreich im Pool fast immer aus Hygienegründen verboten.

Während die Auswahl an Campingplätzen üppig ist, sind spezielle **Stellplätze für Wohnmobile** auf Korsika nicht üblich. Die auf der ganzen Insel vorhandenen sind leicht an zwei Händen abzuzählen. Drei von einer Gemeinde unterhaltene Plätze gibt es in Galéria und am Cap Corse. Am Strand von Palombaggia dürfen Sie gegen Gebühr auf dem Parkplatz übernachten. Das Preis-Leistungs-Verhältnis der Campingplätze ist aber meist besser.

Entsorgungsstationen/Quellwasser

Die einzigen beiden frei zugänglichen **Ver- und Entsorgungsstationen** auf Korsika befinden sich am Cap Corse, die meisten Campingplätze sind aber auf Wohnmobile eingerichtet und stellen neben einem Ausguss für Chemie-Toiletten auch einen Grauwassereinlass zur Verfügung. Da eine Reise auf Korsika ohne den Besuch von Campingplätzen kaum möglich ist, ist dann auch die korrekte Entsorgung kein Problem.

Frischwasser ist auf vielen Campingplätzen am Meer und auch an manchem öffentlichen Wasserhahn gechlort, was dem Geschmack von Tee und Kaffee nicht besonders zuträglich ist. Es gibt in Korsikas Bergregionen aber etliche **Quellen**, mit sehr guter Wasserqualität. Das Wasser ist dort normalerweise nicht dezidiert als Trinkwasser ausgezeichnet. An allen Quellen, die wir im Text angeben, holen aber auch Einheimische ihren Wasservorrat. Ob Ihnen das als Referenz reicht, müssen Sie selbst entscheiden. Wir nutzen die Quellen in den Bergen sehr gerne und hatten bisher noch nie Probleme mit der Wasserqualität.

Freies Camping/WOMO-Parkplätze

Wildcampen ist auf Korsika verboten und auch eine unauffällige freie Übernachtung im geparkten Fahrzeug wird sehr ungern gesehen. Da man auf Korsika gelernt hat, das Schicksal in die eigene Hand zu nehmen, greifen Einheimische ab und zu zur **Selbstjustiz**, wenn Wohnmobile an Plätzen stehen, an denen sie nicht erwünscht sind. Im besten Fall fliegen Eier und Tomaten, wir haben auch schon von aufgestochenen Reifen und Kratzern im Lack gelesen. Am ehesten funktioniert eine freie Übernachtung außerhalb der Saison hinter dem langen Strand der Ostküste und in wenigen kaum besiedelten Regionen in den Bergen. Erwünscht ist es aber auch dort nicht und Sie müssen immer damit rechnen, dass man Ihnen das auch deutlich vermittelt.

Ein Grund für das strikte Verbot des Freistehens ist der Küsten- und Naturschutz. Korsika ist eine der wenigen Mittelmeerinseln ohne große Hotelburgen am Meer. Das gehört mit zu den Dingen, die diese Insel so besonders machen, ist aber hart erkämpft. Dass der Ausverkauf der besten Plätze am Meer hier ausblieb, ist der Vehemenz zu verdanken, mit der die Einheimischen ihre Insel in den 80er-Jahren gegen Investoren vom Festland verteidigt haben. Mit der gleichen Vehemenz sorgt man heute für den Schutz der Natur auf der Insel. 2023 mussten etliche Strandbars, die ihre Holzhütten direkt in den Sand gebaut hatten, schließen und den Strand räumen. Warum sollte man also Campern erlauben, die Küste zuzuparken und Parkplätze zu blockieren? Der Tourismus ist Korsikas wichtigste Einnahmequelle. Die Saison ist kurz und der Platz auf der kleinen Insel begrenzt, im Sommer ist das Phänomen des »Overtourism« an manchen Ecken durchaus ein Thema. Die Menschen auf Korsika teilen ihre Insel mit uns Reisenden, sie wollen aber eine Gegenleistung dafür. Kann man eigentlich verstehen, oder?

Gas

Deutsche Gasflaschen können Sie in Frankreich nicht tauschen oder nachfüllen lassen. Am besten starten Sie Ihre Reise daher mit zwei vollen 11-Kilo-Gasflaschen. Geht Ihnen doch einmal das Gas aus, können Sie eine französische Gasflasche mithilfe des Euro-Adapters 4 anschließen. Der notwendige Adapter ist im deutschen Fachhandel erhältlich und gehört zum »Euro-Adapterset«. Die in Frankreich üblichen 13-Kilo-Flaschen haben jedoch teilweise andere

Abmessungen als die deutschen. Die silber-blauen Flaschen der Firma Butagaz passen aber ohne Probleme in das Gasfach unserer Womo-Kollegen. Die Flaschen enthalten Propangas und sind an den Tankstellen vieler Supermärkte zu finden. Achtung: Es gibt in Frankreich auch Butangas-Flaschen in der gleichen Größe, sie unterscheiden sich nur durch ihre Farbe. Butangas ist ebenfalls verwendbar, brennt aber nicht bei Minustemperaturen. Beim Erwerb zahlen Sie, wie auch bei uns üblich, Pfand für die Flasche. Die leere Flasche können Sie anschließend nur in Frankreich wieder zurückgeben. Sicherheitshalber sollten Sie dazu den Kassenzettel aufbewahren.

Einfacher haben es Besitzer von **Wohnmobilen mit Gastank**, der an Gas-Tankstellen nachgefüllt werden kann, die es in den meisten größeren Städten gibt. Auch hier hilft es, ein »Euro-Füllset« im Gepäck zu haben, weil die Anschlüsse von Land zu Land unterschiedlich sind. Gas-Tankstellen erkennt man in Frankreich am Schild GPL.

Am einfachsten ist es, Ersatz für die blauen **Campingaz-Flaschen** mit 2,7 Kilo Füllung zu bekommen, die in den meisten Campingbussen benutzt werden. Es gibt sie in Frankreich in vielen Supermärkten. Wir haben unsere schon häufig sehr preisgünstig im Baumarkt *Mr. Bricolage* eingetauscht.

Geld

In Zeiten des Euros ist Bargeld auf Reisen eigentlich kein Thema mehr. Geldautomaten finden Sie auf Korsika in jedem größeren Ort. Barzahlung ist auf der Insel durchaus noch üblich, Kartenzahlung auf größeren Campingplätzen aber ebenfalls möglich. An einem Teil der Tankstellen können Sie nur mit Karte am Automaten bezahlen.

Geschichte

Bei einer Reise über die Insel begegnen Sie Bauwerken aus verschiedenen Epochen der korsischen Geschichte. Damit Sie sie besser einordnen können, haben wir hier eine kurze Übersicht über die Geschichte der Insel und ihre wechselnden Besatzer zusammengestellt.

3500 v. Chr. – Megalithkultur: Mehrere Steinreihen und Dolmen zeugen im Süden Korsikas von der Besiedelung in der ausgehenden Steinzeit. Die korsischen Monumente sind nicht so mächtig wie Stonehenge oder so bedeutend wie die berühmten Alignements in der Bretagne. Einzigartig ist jedoch die Bearbeitung der Menhirsteine zu Figuren mit menschlichem Antlitz. Die wichtigste Ausgrabungsstätte aus der Zeit der großen Steine (mega = groß und lithos = Stein) ist Filitosa in der Nähe von Propriano. Ebenfalls sehr sehenswert sind die Alignements und der Dolmen von Cauria.
1500 v. Chr. – Torreanische Kultur: Mit der beginnenden Bronzezeit landet ein mit Schwertern aus Metall gut bewaffnetes Seevolk an der Küste Korsikas. Ihre ersten Siedlungen befanden sich vermutlich in der Region um Porto-Vecchio. Mit der Zeit drangen die Eroberer auch ins Innere der Insel vor und vertrieben das megalithische Hirten- und Bauernvolk. Nach ihren turmförmigen Rundbauten werden die Eroberer als Torreaner bezeichnet. Ihre Herkunft ist nicht eindeutig geklärt. Bekannte torreanische Bauten sind das Castellu d'Arraggiu bei Porto Vecchio und die Festung von Cucuruzzu im Alta Rocca. In Filitosa sieht man besonders gut, wie eine megalithische Siedlung von den überlegenen Torreanern überbaut wurde.
238 v. Chr. - 500 n. Chr. – Korsika als römische Provinz: Im Rahmen der punischen Kriege zerstören die Römer Alalia und erobern von dort aus Korsikas

Ostküste. Das Engagement Roms auf der Insel beschränkt sich wohl auf die Erhebung von Steuern und den Abtransport von Holz und Metallen. Die Korsen wehren sich erbittert und erst 100 v. Chr. gründet Marius nördlich von Alalia die Provinz Mariana. 81 v. Chr. baut dann Sulla die Stadt Aléria wieder auf. Sie wird römische Hauptstadt und hat in ihrer Blütezeit 20.000 bis 30.000 Einwohner. Der römische Einfluss trägt ab dem 3. Jh. auch das Christentum auf die Insel. Als das Römische Reich auseinanderfällt, erobern Wandalen und Ostgoten Korsika. Dann gehört die Insel 220 Jahre zum Byzantinischen Reich. Die Grundmauern des römischen Aléria mit Forum, Tempel und Thermen hat man ausgegraben. Die dabei entdeckte Keramik können Sie im Museum in Aléria besichtigen, auch die Ausgrabungsstätte ist zugänglich.

8. - 11. Jahrhundert – Sarazenische Schreckensherrschaft: Das Mittelmeer wird von nordafrikanischen Piraten (Sarazenen) unsicher gemacht. Sie gründen Stützpunkte auf Korsika, plündern die küstennahen Dörfer und verschleppen die Einwohner als Sklaven. Die Korsen ziehen sich in die Berge zurück. Das Motiv des schwarzen Gesichts auf weißem Grund, Basis der heutigen korsischen Flagge, soll im 11. Jahrhundert als Symbol für die Vertreibung der Sarazenen entstanden sein und wurde später von Pascal Paoli in veränderter Form als Nationalflagge verwendet.

1133 – Korsika zwischen Pisa und Genua: Um die chaotischen Zustände auf Korsika zu ordnen überträgt der Papst der Stadtrepublik Pisa die Verwaltung der Insel. Die Vielzahl an Kirchenbauten aus dieser Zeit lässt auf einen gewissen Wohlstand der Insel schließen. Auch die berühmten Kathedralen La Canonica (Tour 1) und Santa Maria Assunta (Saint-Florent), sowie die kleinere Kirche San Michèle de Murato (Tour 9) wurden unter pisanischem Einfluss errichtet. Anfang des 12. Jahrhunderts erhebt der aufstrebende Stadtstaat Genua Ansprüche. Um den Streit zu schlichten, teilt der Papst die Insel. Pisa erhält den Norden, Genua den Süden Korsikas. Die salomonische Lösung funktioniert jedoch nur kurzzeitig und Korsika wird zum Spielball des Kampfes um die Vorherrschaft im Mittelmeerraum, der 1284 in der Seeschlacht von Meloria mit einer vernichtenden Niederlage Pisas endet.

1453 – Die Bank des heiligen Georg: Genua übergibt Korsika zu Reduzierung seiner Schulden an die Bank des heiligen Georg. Für die Insel beginnt eine lange Phase des Friedens. Aus dieser Zeit stammen die Wachtürme und die mächtigen Zitadellen in den Küstenstädten. Eine erneute Welle von Überfällen durch Piraten aus dem nahen Nordafrika erfordert diese Schutzmaßnahmen für die Bevölkerung. Im zu dieser Zeit üblichen Feudalsystem hatte jedoch die Mehrheit der Bevölkerung keinerlei Rechte.

1729 - 1760 – Korsischer Unabhängigkeitskrieg: Der »Vierzigjährige Krieg«, auch »Korsische Revolution« genannt, geht aus einem Volksaufstand hervor, der sich, nach einer Hungersnot auf der Insel, ursprünglich gegen die hohen Steuern richtete. Unter den drei Anführern Ceccaldi, Gaffori und Paoli (Hyacinte, der Vater Pascal Paolis) gelingt es, die Genuesen in die Küstenorte zurückzutreiben. Zu einem echten Sieg fehlt es den Korsen an Ausrüstung. So kommt es 1736 zu einem korsischen Kuriosum. Der westfälische Baron Theodor von Neuhoff unterstützt die Rebellen mit Material und wird dafür zum König von Korsika erklärt. Nachdem aber der Nachschub an Waffen schnell ausbleibt, muss der neue König Korsika bereits nach sieben Monaten wieder verlassen. Die Unruhen bleiben und als Clement Paoli 1755 seinen Bruder Pascal in die Heimat zurückruft, ist das Inselinnere bereits in korsischer Hand. Pascal Paoli übernimmt die Führung der Rebellen und verhilft Korsika zu einer 14 Jahre andauernden Phase der Unabhängigkeit und der ersten demokratischen Verfassung Europas.

Im Landesinnern häufig zu sehen: Auf Schildern ist der französische Ortsname übersprüht und nur noch der korsische lesbar.

Ab 1769 – Korsika als Teil Frankreichs: Der Korse Napoleon Bonaparte steigt während der Französischen Revolution in der Armee auf, gewinnt an Macht und bindet seine Heimatinsel fest an Frankreich. Nachdem das napoleonische Imperium 1815 in der Schlacht bei Waterloo sein Ende findet, bleibt Korsika an die Geschicke Frankreichs gebunden und begleitet dieses im Wechsel zwischen Monarchie und Republik. In der Dritten Republik, die ab 1871 der Zeit von Kaisern und Königen in Frankreich ein Ende setzt, wird Frankreich zentralistisch von Paris regiert. Für korsische Sprache, Kultur und Eigenständigkeit ist wenig Raum.
1962 – Neue Siedler an Korsikas Ostküste: Nach dem Algerienkrieg werden 16.000 Algerienfranzosen an der Ostküste angesiedelt. Sie erhalten mit dem Hilfsprogramm SOMIVAC-Gelder der französischen Regierung und bauen in der Ebene hinter der Ostküste im großen Stil Obst und Wein an. Die korsischen Bauern, die trotz der Armut Korsikas nie in den Genuss von Subventionen kamen, fühlen sich von Paris hintergangen und ungerecht behandelt.

Korsika und die Unabhängigkeitsbewegung
1967 wurden mit der ARC und der FRC, die ersten Parteien gegründet, die sich für mehr Unabhängigkeit Korsikas von Frankreich einsetzen. Ihre Forderungen nach mehr Selbstbestimmung verhallen ungehört. Als 1975 einer der *Pieds-noir* genannten Neusiedler mit gepanschtem Wein und Finanzmanipulationen einen Skandal verursacht, der dem guten Ruf des korsischen Weines zu schaden droht, besetzen junge Korsen der ARC seinen Weinkeller. In der folgenden Auseinandersetzung sterben zwei Polizisten. Die ARC wird verboten. In Folge gründen sich die UPC (Unione di u Populu Corsu), eine legale Partei, die heute an der Regierung beteiligt ist und die FLNC (Front de Libération Nationale de la Corse - Nationale Befreiungsfront Korsikas), die in den folgenden Jahren mit Sprengstoffanschlägen auf SOMIVAC-Projekte und Hotelbauten von Großinvestoren vom Festland für Schlagzeilen sorgt. Nach dem Verbot 1982 arbeitet die FLNC im Untergrund, 2015 legt sie die Waffen endgültig nieder.

Seit 1982 hat Korsika einen politischen Sonderstatus. Ein korsisches Regionalparlament entscheidet über die Belange der Insel in der Tourismuspolitik und der Landwirtschaft.

1998 wird der französische Präfekt Claude Eyrinac in Ajaccio auf der Straße erschossen und der Konflikt eskaliert erneut. Es kommt aber auch zu heftigen

Protesten der korsischen Bevölkerung gegen die Nationalisten. Bei den folgenden Regionalwahlen verliert die im Parlament vertretene UPC die Hälfte ihrer Stimmen. Bei einer Umfrage der Zeitung Libération im Jahr 2001 lehnen fast 90 Prozent der Einwohner die Unabhängigkeit Korsikas von Frankreich ab. Gewünscht wird mehr Selbstständigkeit und Akzeptanz der korsischen Kultur, aber keine Trennung von Frankreich. So ist auch heute die Position von Gilles Simeoni, dem Präsidenten des Exekutivrats der Insel. Angestrebt ist ein autonomes, aber Frankreich zugehöriges Korsika.

Nach dem Tod des Nationalisten Yvann Colonna, der für den Mord an Claude Eyrinac in einem französischen Gefängnis saß und dort von einem Mithäftling umgebracht wurde, gab es 2022 erneut Demonstrationen und Krawalle. Präsident Macron hat Korsika daraufhin weitere Schritte in Richtung Autonomie zugesagt und im September 2023 auch einen ersten Vorschlag vorgelegt.

Gesundheit

In EU-Staaten gilt zur Behandlung bei Ärzten und im Krankenhaus über das Sozialversicherungsabkommen Ihre ganz normale deutsche Krankenversicherung. Notwendig ist vor Ort nur eine aktuelle Versicherungskarte mit dem Vermerk »Europäische Krankenversicherungskarte« auf der Rückseite. Abgedeckt sind damit medizinisch notwendige Behandlungen. Wenn Sie auch Krankenrücktransport und ähnliche Sonderleistungen abgesichert haben wollen, brauchen Sie eine spezielle Auslandskrankenversicherung.

GPS-Navigation, Landkarten

Sie müssen die GPS-Position der Stellplätze im Buch nicht per Hand ins Navi eingeben. Im Shop des WOMO-Verlags können Sie für alle neuen Bücher kostenlos die **GPS-Daten aller Plätze** herunterladen (Passwort auf Seite 312) und auf ihr Navi übertragen. Für ein handelsübliches Navi verwenden Sie dazu die gpx-Datei. Die Daten liegen aber auch im kmz-Format vor, das im zu *Google Maps* gehörenden Programm *My Maps* in eine Online-Karte übertragen werden kann. So haben Sie alle Plätze auf einer digitalen, zoombaren Karte, auf der Sie sich auch orten können.

Wer zusätzlich eine **Papierkarte** nutzen möchte, kann vor Ort in vielen Supermärkten die detaillierten Karten von IGN kaufen. Es gibt eine für die Nord- und eine für die Südhälfte (175 und 176) im Maßstab 1:100.000, aber auch eine Karte im Maßstab 1:200.000 für die ganze Insel. Alternativ können wir auch die robusten Karten des *World Mapping Project* von *Reise Know-How* empfehlen.

Haustiere

Mitreisende Haustiere wie Hund und Katze brauchen für alle Reisen innerhalb der EU einen EU-Heimtierausweis und eine gültige Tollwutimpfung (durchgeführt mindestens 21 Tage und maximal 36 Monate vor Grenzübertritt). Auf einigen Campingplätzen und an vielen Stränden sind Hunde im Sommer verboten.

Korsische Spezialitäten

Produits Corses steht groß über der Ladentür und im Inneren reihen sich Flaschen in den Regalen, hängen Würste und Schinken von der Decke und aus der Kühltheke duftet es dezent nach Käse. Wein, Liköre, Konfitüre aus

Feigen, Mandarinen oder den Früchten der Macchia, Honig, Canistrelli, Kastanienkuchen, Olivenöl, Ziegen- und Schafskäse und natürlich die typischen Schinkenprodukte Coppa und Lonzu fehlen in keinem korsischen Spezialitätengeschäft. Einen Laden mit »***Produits Corses***« finden Sie in jedem größeren Ort und auch in Supermärkten gibt es meist einen Bereich mit korsischen Produkten. Läden in Tourismuszentren und große Supermärkte sind ganztägig geöffnet. In kleinen Orten müssen Sie mit einer Mittagspause rechnen.

Der beste **Wein** der Insel kommt aus den Regionen Patrimonio, Cap Corse und Sartène-Figari und Ajaccio. Im großen Anbaugebiet der Pleine Orientale werden eher einfache Tafelweine gekeltert. Die am weitesten verbreiteten Reben sind Nielluccio, Grenache und Vermentino. Außerdem wird am Cap Corse und in Patrimonio ein ausgezeichneter Muscat produziert. Wer sich auskennt, sollte direkt in einer Domaine kaufen, wo man den Wein immer auch probieren kann.

Neben **Likören aus Myrte, Kastanie und der großen Cedrat-Zitrone**, bei der nicht das Fruchtfleisch und der Saft, sondern die Schale verarbeitet wird, sind auf Korsika auch Obstweine beliebt. Aus den Früchten des Erdbeerbaums, der überall in der Macchia wächst, kocht man Marmelade. *Arbousier* heißt die Frucht auf Französisch. Auch Kastanien und Feigen werden zu Konfitüre verkocht. Probieren Sie unbedingt die Kombination von Feige mit Walnüssen, die gerne zu frischem Ziegenkäse gereicht wird.

Eine ganz besondere Spezialität ist der **Honig aus der Macchia**. Alle Sorten schmecken etwas herber als unser Blütenhonig. Am mildesten sind der *Printemps* (Frühling) und der *Maquis d'été*. Unser Favorit ist der *Maquis de Printemps* mit leicht herbem, karamelligem Aroma. Der *Maquis d'automne* (Herbstmacchia) ist im Nachgeschmack schon leicht bitter und wird in der Küche für Saucen und Marinaden eingesetzt. Außerdem gibt es auch noch den *Miel de châtaigne*, der ebenfalls zu den herberen Honigsorten gehört.

Korsische Charcuterie: Bei original korsischen Produkten wird nur das feste, fettarme Fleisch der freilaufenden Schweine verarbeitet. *Lonzu* ist geräuchertes Filet mit viel Pfeffer. *Coppa* stammt aus dem Kamm und wird in Salz und Wein eingelegt und geräuchert. Der *Prisuttu* ist ein roher Schweineschinken, der gerne mit frischen Feigen serviert wird, und die *Saucisse corse* eine Schweinesalami. *Figatellu*, eine kräftig gewürzte grobe Bratwurst, enthält neben Fleisch auch Schweineleber.

Käse: Auf Korsika wird ausgezeichneter Käse hergestellt. Da auf den kargen Weideflächen in den Bergen der Insel vor allem Schafe (brebis) und Ziegen (chèvre) gehalten werden, ist korsischer Käse immer Schafs- oder Ziegenkäse, manchmal wird auch beides gemischt. Wer sich mit kräftig riechendem Weichkäse schwertut, sollte zum Probieren einen *Tomme* auswählen – einen festen, aromatischen Schnittkäse. Korsischer Weichkäse, vor allem der mit einer Rinde aus Rotschmiere, kann je nach Reifegrad einen recht markanten Geruch entwickeln, der Geschmack ist jedoch sensationell. Frisch ist der Käse etwas fester, mit einer Konsistenz wie Frischkäse und er passt perfekt zu Feigenmarmelade. Beim Reifen wird er dann weicher und entwickelt zuneh-

Produits Corses: Wein, Feigenmarmelade, Macchia-Honig und Olivenöl.

mend ein Eigenleben. Wenn Sie französischen Weichkäse mögen, müssen Sie unbedingt probieren – auch wenn die Preise für alle handwerklich auf der Insel hergestellten Produkte stolz sind. Alle korsischen Käse sind übrigens Rohmilchkäse und sollten gut gekühlt aufbewahrt werden.

Olivenöl: In den letzten Jahren wurden viele der alten Olivenhaine neu kultiviert und mehrere Betriebe der *Route de Sens* (Seite 43) produzieren auch Olivenöl.

Ein Besuch in der Boulangerie: Korsische Spezialitäten begegnen Ihnen nicht nur im Restaurant. In einer Bäckerei können Sie ein hervorragendes Picknick zusammenstellen. Sehr geeignet sind dazu die *Bastelles*, gefüllte Teigtaschen mit *Brocciu* und Spinat, Zwiebeln und ähnlichem. Ebenfalls probieren sollten Sie *Moelleux de châtaigne*, die im Gegensatz zum manchmal etwas trockenen Kastanienkuchen saftig und weich sind. Sie sind köstlich! Ergänzt wird das korsische Sortiment durch französische Spezialitäten wie *Quiche* (salzige Käse- und Gemüsekuchen), *Croissant* oder *Pain au chocolat*. Bon Appetit! Bäckereien sind auf Korsika auch am Sonntagvormittag geöffnet.

Souvenirs und Mitbringsel: Natürlich kann man auf Korsika nicht nur Essbares kaufen. Ein schönes Mitbringsel oder Andenken an die Insel sind zum Beispiel Schmuckstücke aus der Mittelmeermuschel *L'oeil de Saint Lucie*, dem nur auf Korsika vorkommenden Korsit, einem kugelförmigen Diorit, und Koralle. Wer handgearbeitete Keramik schätzt, findet in den Töpfereien besonders schöne Stücke. Zum netten Einkaufsbummel mit allerlei Kunsthandwerk und kleinen Boutiquen sind Sie am besten in Orten wie L'Île Rousse, Calvi, Ajaccio, Bonifacio, Corte und Porto Vecchio aufgehoben. Schönen Schmuck finden Sie auch in Erbalunga. Schalen oder Löffel aus Olivenholz und Gegenstände aus Kork gehören ebenfalls zum Sortiment. Eine Besonderheit sind die handgefertigten Messer. Es gibt sie sowohl in Form des schmalen, spitzen korsischen Stiletts, als auch als Klappmesser mit breiter blattförmiger Schneide. Sie werden in speziellen Läden angeboten oder im Direktverkauf in einem *Atelier de Coutellerie*. Düfte aus der Macchia sind ebenfalls ein unverkennbar korsisches Geschenk. Mehrere Kleinbetriebe destillieren vor Ort und verkaufen an Branchengrößen wie Primavera – aber eben auch direkt ab Hof und in Naturkosmetikläden der Tourismusorte.

Kriminalität

Die Diebstahlrate auf Korsika entspricht der auf dem europäischen Festland. Es gilt hier wie überall: Lassen Sie keine Wertgegenstände sichtbar im Wohnmobil liegen!

Anschläge der korsischen Unabhängigkeitsbewegung sorgten viele Jahre für Schlagzeilen in internationalen Zeitungen. Der Protest richtete sich jedoch nie gegen den Tourismus an sich, sondern gegen Großprojekte finanzstarker Investoren vom Festland. So waren es oft leerstehende Hotelrohbauten, die nachts in die Luft flogen, um das Recht auf den freien Zugang zur Küste zu verteidigen. Anschläge auf Touristen gab und gibt es nicht.

Literatur

Prosper Mérimée: Colomba (Reclam, 1988)
Erstaunlich modern in Sprache und Stil vermittelt der bereits 1840 veröffentlichte Roman einen Eindruck vom korsischen Selbstverständnis, das auch heute noch nicht ganz verschwunden ist.

Jérome Ferrari: Die Predigt auf den Untergang Roms (Secession Verlag)
Zwei junge Männer beenden vorzeitig ihr Philosophiestudium auf dem Festland, um in ihrem Dorf auf Korsika die »beste aller möglichen Welten« zu errichten. Der Autor gewann mit diesem Titel 2012 den renommierten französischen Literaturpreis Prix Goncourt.

René Goscinny und Albert Uderzo: Asterix auf Korsika (Egmont, 1986)
Wildschweine und Hinkelsteine hat Korsika genug: genau das richtige Ziel für Asterix, Obelix und Idefix! Das Buch ist amüsant und doch nicht ohne Wahrheitsgehalt. Eben ein typischer Asterix.

Jean Renard: Der Kopf des Korsen (Emons Verlag)
Der flüssig zu lesende Krimi erlaubt einen Einblick in das Leben in einem korsischen Dorf und beleuchtet die schwierige Beziehung zwischen dem französischen Kommissar und der Familie seiner korsischen Frau. Wir fanden beides sehr spannend.

Stefanie Holtkamp: Korsika – Wander- und Entdeckertouren für Familien
(Naturzeit Reiseverlag, 7. Auflage Mai 2022)
Familienprogramm leicht gemacht: Hier finden Sie spannende, aber nicht zu lange Wanderungen an der Küste und in den Bergen. Badebecken und einsame Buchten, eine Flusswanderung, Hochseilgärten, Schildkrötenpark und die schönsten Strände für Familien. Alle Touren sind ausführlich beschrieben. Karte, Höhenprofil und viele Fotos sorgen für gute Orientierung. So entdecken Sie auch mit Kindern die wilde Natur Korsikas.

Macchia

Die Macchia ist ein typischer Bewuchs der Mittelmeerinseln. Sie besteht aus einem Konglomerat niedrig wachsender Bodendecker und halbhoher Büsche. Macchiapflanzen, wie Mastix, Myrte, Ginster, Rosmarin und Zistrosen sind immergrün. Größere Büsche bilden Wacholder und Baumheide. Aus dem Buschland ragen Erdbeerbaum und Steineichen, die ihre Blätter ebenfalls im Winter nicht verlieren. Dieser immergrüne und undurchdringliche

Buschwald erreicht eine Höhe von zwei bis fünf Metern und bedeckt rund die Hälfte Korsikas. Im Süden wachsen neben Stein- auch Korkeichen. An der Küste dominiert dagegen der nicht ursprünglich korsische Eukalyptus und die Pinie. In den Bergen gedeiht außerdem die Laricio-Kiefer.

Notfälle

In allen EU-Staaten gilt bei medizinischen Notfällen die einheitliche Notrufnummer **112**. Um bei Autopannen nicht alleine dazustehen, empfehlen wir eine Mitgliedschaft in einem Automobilclub wie dem ADAC.

Preise

Korsika ist eine der teuersten Regionen Frankreichs und setzt vor allem im Süden in der Region um Porto-Vecchio und Bonifacio zunehmend auch auf Nobel-Tourismus. Die Preise der Campingplätze halten sich dagegen im Rahmen, wie fast überall in Frankreich – vor allem wenn Sie außerhalb der Hochsaison reisen können. Essen im Restaurant ist teurer als in Deutschland, was sich auch bei so einfachen Urlaubsfreuden wie Pizza oder Eis bemerkbar macht.

Reisezeit und Klima

Auf der kleinen Grundfläche der Insel finden wir ganz verschiedene Landschaften mit unterschiedlichem Klima. In den **Küstenregionen** sind – typisch für das Mittelmeer – die Sommer heiß und trocken und es bleibt bis in den Herbst hinein warm und sonnig. Die Badesaison geht von Anfang Mai bis Mitte Oktober. Die regenreicheren Monate liegen zwischen Oktober und April. Auf Korsika fällt in dieser Zeit deutlich mehr Regen als etwa in Südfrankreich. Bäche, die im Hochsommer einem Rinnsal gleichen, entwickeln sich im Frühjahr zu reißendem Wildwasser. Mit Durchschnittstemperaturen zwischen neun und zehn Grad ist der Winter eher mild.

In den Bergen liegt dagegen im Mai oft noch Schnee. Im Winter sind die Bergpässe verschneit, die höheren zeitweise gesperrt. Wanderungen im Hochgebirge sind daher frühestens ab Juni zu empfehlen. Im Sommer kann an der Küste die Sonne scheinen, während es weiter oben kühl und regnerisch ist. Vor allem im Hochsommer ziehen in den Bergen schnell und manchmal recht unerwartet heftige Gewitter auf. Insgesamt regnet es im Inneren der Insel mehr als an der Küste, in der Ebene der Ostküste mehr als an der schrofferen Westküste und im Norden mehr als im Süden.

Die beste Reisezeit variiert mit Ihren Plänen. Zum Wandern in den Küstenregionen kann man schon ab Ostern auf die Insel reisen. Zu dieser Zeit öffnen auch die ersten Campingplätze. Ab Mai sind auch Wege in den Bergen gut begehbar. Nur wer ins Hochgebirge möchte, muss bis zum Juni warten. Im Mai und Juni steht die Macchia in voller Blüte und die berühmte Behauptung Napoleons, er könne seine Insel mit geschlossenen Augen am Duft erkennen, gewinnt an Wahrheitsgehalt. Ab Juni wird Regen selten und das Wasser erreicht langsam behagliche Temperaturen. Die Saison beginnt. Jetzt öffnen auch die Restaurants und Bars in den Tourismusorten, die zwischen November und Mai in tiefen Dornröschenschlaf sinken, wieder ihre Türen. Der Juli und der August sind die Zeit für einen klassischen Badeurlaub. Temperaturen über 30°C sind normal und Regen ist fast ein Fremdwort. Jetzt ist auf der Insel Hochsaison. Das Sport- und Kulturprogramm ist besonders attraktiv, die Öffnungszeiten sind überall verlängert, die Preise der Campingplätze steigen sprunghaft und die beliebtesten Strände sind tagsüber genauso voll wie die Restaurants am Abend. Schon Ende August ist der Zauber vorbei, obwohl der September und teilweise auch der Oktober noch mild sind. Das Meer ist warm vom Sommer und die Strände sind leer. Im Gegensatz zum Frühjahr ist das Land nicht saftig und grün, sondern eher braun und von der Sommerhitze ausgelaugt, trotzdem ist auch der Herbst auf Korsika eine attraktive Reisezeit. Die meisten Campingplätze schließen aber schon Ende September und spätestens ab November ist es auf Korsika nicht mehr ganz einfach, legale Übernachtungsplätze zu finden.

Restaurants und korsische Küche

Obwohl Korsika zu Frankreich gehört, unterscheidet sich die typisch korsische Küche deutlich von der französisch-mediterranen. Die Korsen sind ursprünglich Hirten und Jäger. Basis ihrer Küche sind Schafs- und Ziegenkäse, Olivenöl, die Kräuter der Macchia, das Fleisch der frei lebenden Schweine, Schafe und Ziegen, Wildschwein, Feigen, Nüsse, Honig und Kastanien. Sollte dabei auch einmal Fisch auf den Tisch kommen, handelt es sich wahrscheinlich um eine frische Bergforelle. Meeresfrüchte, Austern, Krabben, Langusten und Mittelmeerfisch werden vor allem in den Restaurants an der Küste zubereitet, wo französische und italienische Einflüsse eine große Rolle spielen. Aber auch in der Gastronomie am Meer haben korsische Gerichte ihren Platz erobert. Restaurants haben mittags von 12 bis etwa 14.30 Uhr, und wieder ab 19 Uhr geöffnet. Gegessen wird abends üblicherweise zwischen 20 und 22 Uhr.

Eine besonders wichtige Rolle in der korsischen Küche spielt der **Brocciu**. »Brutsch« spricht man das auf Korsisch aus, »brutschiju« sagen die Franzosen. Beide meinen den aus einer Mischung aus Molke und Milch hergestellten Frischkäse, der nur auf Korsika produziert wird. Frische Milch von Schaf oder Ziege gibt es erst im Herbst, wenn die ersten Jungtiere auf die Welt kommen. *Da Brocciu frisch innerhalb von zwei bis drei Tagen nach der Herstellung gegessen wird, bekommt man ihn normalerweise nur vom Herbst bis zum Frühsommer.* Man isst ihn als Dessert oder verarbeitet ihn zu *Fiadone*, einem flachen Käsekuchen ohne Boden. In salziger Form dient er als Füllung von Canneloni oder Ravioli. Eine beliebte Vorspeise ist ein *Omelette au Brocciu* und auch die süßen Krapfen mit dem Namen *Beignets au Brocciu* sollten Sie unbedingt probieren. Im Sommer, außerhalb der Brocciu-Saison, ersetzt der ähnlich aussehende *Brousse* das wichtige Basisprodukt der korsischen Küche. Der Geschmack ist jedoch nicht der Gleiche, das behauptet man jedenfalls auf Korsika.

Das korsische Menü von Charcuterie bis Moelleux à la Châtaigne

Ein besonders gutes Preis-Leistungs-Verhältnis und dazu die Chance zum genussvollen Probieren, bietet Ihnen ein Menü. Für einen Pauschalpreis können Sie bei jedem Gang zwischen zwei bis vier Gerichten wählen. Die Portionen sind etwas kleiner als beim gleichen Gericht à la carte. Mittags gibt es manchmal zu einem günstigen Preis eine »formule petit« mit zwei Gängen bei der Sie die Wahl zwischen Vorspeise oder Dessert haben. Für Franzosen ist ein Menü eher die sparsame Variante des Restaurantbesuches, da üblicherweise auch à la carte mehrere Gänge verspeist werden. Gastronomisch anspruchsvolle Restaurants bieten daher oft keine Menüs an.

Beginnen wir das Menü bei der Vorspeise: Ebenso beliebt wie das bereits erwähnte Omelett ist Charcuterie Corse mit Coppa, Lonzu und Prisuttu und der Schweinesalami Saucisse corse. Nicht ganz so häufig angeboten werden

Beignets, die leckeren frittierten Teigbällchen gefüllt mit Käse oder Zucchini und die gehaltvolle *Suppa Corsa*, die einer Ministrone ähnelt. Typische Hauptspeisen sind Canneloni und Ravioli mit Brocciu, gegrilltes oder als Ragout zubereitetes Fleisch von Kalb, Lamm, Schwein oder Wildschwein gewürzt mit Kräutern der Macchia. Als Beilage gibt es oft Tagliatelle, seltener wird *Pulenta*, ein Brei aus Kastanienmehl angeboten. Auch verschiedene Formen der Lasagne – zum Beispiel mit Wildschwein – sind sehr beliebt. Eine regionale Spezialität sind die *Aubergines à la bonifacienne*.

Wie in Frankreich üblich, folgt nach der Hauptspeise der Käse. Neben dem festen Tomme corse bekommt man hier meistens einen relativ frischen, leicht bröckeligen Schaf- oder Ziegenkäse, der mit der dazu gehörigen Feigenmarmelade einfach köstlich schmeckt. Das Dessert wird dann zur Sternstunde der Kastanie: Gâteau de châtaigne, Mousse à la châtaigne, Moelleux à la châtaigne und der Brocciukuchen Fiadone sind klassisch korsisch. Aber auch französische und italienische Klassiker wie Crème brulée, Mousse au chocolat, Tiramisu oder Panna cotta sind beliebt.

Auch bei den italienischen und französischen Klassikern der schnellen Küche wie **Pizza und Crêpes**, die Sie vor allem an der Küste bekommen, haben *typisch korsische Geschmacksnuancen* Eingang erhalten: Köstlich sind zum Beispiel Crêpes aus Kastanienmehl mit Ziegenkäse und Feigenmarmelade oder eine Pizza mit Ziegenkäse, Walnüssen und dem leicht herben korsischen Macchiahonig. Der Test lohnt unbedingt!

Korsischer Wein und Likör: Zu einem guten korsischen Essen gehört auch ein korsischer Wein. Viele Restaurants bieten zu einem sehr attraktiven Preis einen offenen Hauswein, der eigentlich immer schmeckt. Wer es spezieller mag, wählt von der Weinkarte. Bestellt man dazu eine *Caraffe d'eau*, wird Leitungswasser im Krug serviert. Sollten Sie Sprudelwasser vorziehen, probieren Sie unbedingt das korsische Orezza aus der Castagniccia mit gutem Geschmack und natürlicher Kohlensäure. Auch für Biertrinker gibt es eine landestypische Spezialität: Das beliebte La Pietra wird mit Kastanienmehl gebraut. Der typische Aperitif ist neben dem französischen Klassiker Pastis der »Cap Corse« und süße Liköre wie Cédratine, Myrten- und Kastanienlikör. Als Digestif räumt nach dem Essen ein »Eau de Vie« mit Kräutern aus der Macchia den Magen auf.

Sprache und Identität

Die Amtssprache und offizielle Landessprache Korsikas ist Französisch. An der Küste kommen Sie meist auch mit Englisch gut zurecht, im Landesinneren sind französische Sprachkenntnisse jedoch außerordentlich nützlich. Im Bergland der Insel wird jedoch nicht nur Französisch gesprochen. Fast alle Straßenschilder der Insel sind zweisprachig: Unter dem französischen Ortsnamen steht immer auch ein korsischer. Korsisch ist kein Dialekt, sondern eine eigenständige romanische Sprache. Nach einer langen Phase der Ächtung durch das französische Mutterland ist sie seit 1974 in Frankreich als Regionalsprache anerkannt. Wer ein wenig Italienisch spricht, wird geschriebene Texte in den Grundzügen verstehen. Auch Latein hilft weiter. Basis des Korsischen ist das mittelalterliche Toskanisch. Die korsische Sprache ist auf der Insel ein wichtiges Symbol der Eigenständigkeit. So werden in Regionen mit starker Unabhängigkeitsbewegung gerne die französischen Ortsbezeichnungen auf den Straßenschildern übermalt. Zu jedem französischen Ortsnamen gibt es auch noch mindestens einen korsischen – meist in mehreren unterschiedlichen Schreibweisen. Wir haben uns für dieses Buch für die Schreibweise entschieden, die auch bei visitcorsica.fr oder Wikipedia verwendet wird. Sie werden vor Ort sicher weitere finden.

Strom

Französische Steckdosen unterscheiden sich vom deutschen Pendant durch den aus der Dose ragenden Schutzleiter. Alle neueren runden Stecker und die flachen Eurostecker passen trotzdem. Geräte mit Schweizer Stecker lassen sich dagegen nur mit Adapter anschließen. Die elektrische Spannung entspricht den üblichen 220/230 Volt.

Telefon und Internet

Die Vorwahl aus dem EU-Ausland nach Frankreich ist 0033.

Das Handynetz auf der Insel ist gut. Offline sind sie eigentlich nur in entlegenen Bergregionen. Datenverbindungen in Frankreich sind normalerweise vom Roaming-Datenvolumen des heimischen Mobilfunkvertrags abgedeckt. Wenn das Datenvolumen nicht reicht, macht es Sinn, sich zusätzlich nach einer Prepaid-SIM umzuschauen. In Frankreich ist seit Jahren die Prepaidkarte von »free Mobile« unser Favorit. Das Datenvolumen war schon immer großzügig und wird jährlich ausgebaut – derzeit sind es 210 GB für 19,90 Euro plus Anschlussgebühr. Sie müssen die SIM-Karte an einem Automaten des Anbieters kaufen. Dazu brauchen Sie eine französische Adresse – das kann aber auch einfach die Adresse eines Campingplatzes sein, die Sie bei der Anmeldung parat haben sollten. Die Automaten stehen oft in kleinen Läden, wo auch mal jemand hilft, wenn man nicht alleine zurechtkommt. Wo die nächste Verkaufsstelle ist, können Sie auf der Website nachsehen: mobile.free.fr.

Verkehr/Straßen

Schilder mit offizieller Begrenzung für größere Fahrzeuge – egal ob Höhe, Breite oder Gewicht – existieren auf Korsika kaum. Theoretisch können Sie die Insel also auch mit einem Liner im Reisebusformat bereisen. Empfehlen würden wir das aber nicht, denn Korsika ist extrem bergig und die Straßenführung oft anspruchsvoll. Auf kleineren Küsten- und Bergstraßen sind außerdem selten Leitplanken vorhanden. Den ersten Hinweis darauf, wo Sie

Gegenverkehr auf der Küstenstraße zwischen Porto und Galéria

Typisch Korsika. Diese Ziegen verbringen den Sommer frei in den Bergen und laufen – genau wie Schweine und Kühe – häufig auf den Straßen herum.

mit jedem Camper stressfrei fahren können, gibt ihnen die Benennung der Straße. Alle Straßen mit einem »T« (T10 bis T50) sind problemlos auch mit großen Wohnmobilen zu fahren. Auf der T10 fahren Sie die Ostküste hinunter, die T40 führt, teilweise im Landesinnern, von Bonifacio nach Ajaccio, die T20 durchquert die Berge von Ajaccio nach Corte. Von dort kommen Sie auf der T30 in die Balagne und auf der T20 zurück nach Bastia.

Viele Straßen außerhalb dieser Route sind schmal und kurvig, sodass Sie nur sehr langsam vorankommen. Rechnen Sie dort mit einem Reisetempo um die 40 Stundenkilometer. Die krassesten Stellen, an denen sich früher regelmäßig die Fahrzeuge stauten, sind aber inzwischen entschärft und fast alle Straßen sind in gutem Zustand. Mit einem Campervan, einem Kastenwagen und kompakten Wohnmobilen werden Sie auch auf den Bergstrecken unserer Touren gut zurechtkommen. Besonders anspruchsvolle Sträßchen auf unserer Route haben wir auf der Karte markiert. Je größer ihr Camper ist, desto besser sollten Sie mit ihm vertraut sein, wenn Sie die Runde der T-Straßen verlassen (Seite 208). Wer vor Ort ein Wohnmobil leihen möchte, sollte deshalb unbedingt darauf achten, dass es nicht zu groß ist.

Die Korsen sind ein Volk mit Temperament, sie fahren flott und risikoreich. Als Gäste sollten Sie dagegen unbedingt einen defensiven Fahrstil pflegen. Vor allem die schmalen kurvigen Straßen an den Steilhängen der Westküste und in den Bergen erfordern umsichtige Fahrweise, da es am Straßenrand oft senkrecht hinunter geht. Auch frei laufende Tiere sind auf Bergstraßen nicht ungewöhnlich.

Wie überall in Frankreich liegt die Promillegrenze bei 0,5. Höchstgeschwindigkeiten sind im Ort 50 km/h und auf Landstraßen 90 km/h. Nur auf den wenigen zweispurigen Schnellstraßen dürfen 110 km/h gefahren werden. Eine durchgezogene, gelbe Linie am Bordstein signalisiert absolutes Halteverbot, eine gestrichelte, gelbe Linie bedeutet Parkverbot. Blaue Parkzonen, in denen die Parkzeit montags bis samstags von 9 bis 12 Uhr und von 14 oder 14.30 Uhr bis 19 Uhr auf eine Stunde begrenzt ist (Parkscheibe verwenden!), sind auf Korsika seltener anzutreffen. Seit 2012 ist das Mitführen eines Promillemessers im PKW erforderlich, ebenso müssen orange Sicherheitswesten mitgeführt werden.

Waldbrandgefahr

Die hohe Feuergefahr ist überall im Süden ein Thema. Die Inseln Korsika und Sardinien mit ihren riesigen Macchiaflächen sind ganz besonders gefährdet, weil die Macchia so gut brennt. Um in der Sommerhitze zu überleben, produzieren viele der immergrünen Macchiapflanzen ätherische Öle, die sie vor dem Austrocknen schützen. Diese Öle sind aber besonders leicht brennbar. Im Hochsommer gibt es jedes Jahr Hunderte von kleinen Feuern in der Macchia, die *Pompiers* (die Feuerwehr) sind zu dieser Zeit jederzeit einsatzbereit auf den Wachposten auf der ganzen Insel stationiert. Außerdem sind mehrere Canadair-Löschflugzeuge im Einsatz, die man ab und zu beobachten kann, wenn Sie Wasser aus dem Meer holen – zur Übung oder zum nächsten Einsatz in den Bergen.

Wandern und Outdoorsport

Wandern: Außer den Weitwanderwegen GR20, Tra Mare et Monti und den drei Mare a Mare-Routen, die in Ost-West Richtung über die Berge führen, gibt es auch jede Menge spannende Tagestouren. Wanderwege auf Korsika sind zwar gut markiert, aber fast immer schmal und steinig und es gibt auch weglose Passagen. Sie brauchen also auf jeden Fall Wanderschuhe, eine Wander-App mit Offlinekarten ist ebenfalls hilfreich. Hütten, wie man sie aus den Alpen kennt, existieren kaum. Proviant und Wasser müssen Sie selbst mitnehmen und auch ein Regenschutz gehört immer in den Rucksack. Im zentralen Bergland der Insel sind die Wetterverhältnisse hochalpin und können sich in Windeseile verändern. Hier im Buch haben wir einige der markierten Wanderungen beschrieben. Wenn Sie weitere, anspruchsvollere Wandervorschläge suchen, empfehlen wir den Korsika-Wanderführer des Rother Bergverlags. Für kurze und mittellange Tourenvorschläge mit detaillierter Wegbeschreibung, guten Karten und GPS-Tracks zum Download möchten wir Ihnen unseren Familienwanderführer (Naturzeit mit Kindern: Korsika, Naturzeit Reiseverlag) ans Herz legen – auch dann, wenn Sie gar nicht mit Kindern unterwegs sind. Wir stellen spannende, abwechslungsreiche Wanderrouten vor, für die Sie zwischen einer und etwa vier Stunden unterwegs sind.

Hochseilgärten: Parcours Aventures, Hochseilgärten, sind auf Korsika weit verbreitet. Es gibt sie über die ganze Insel verteilt. Die größeren Abenteuer-Parks, die wegen ihrer Auswahl an Parcours besonders spannend sind, liegen meist ein paar Kilometer zurück im Bergland, wie zum Beispiel am See von Ospedale (Bavella-Gebiet), oberhalb von Vero bei Ajaccio und im abgelegenen Asco-Tal. Ein gut ausgestatteter Platz in Küstennähe ist A Tyroliana bei Sainte-Lucie de Porto-Vecchio. Viele eignen sich auch für Familien.

Neben klassischen Hochseilgärten gibt es auf Korsika auch Kombinationen aus Klettersteig, Hochseilgarten und Tyrotrekking. Unter Tyrotrekking versteht man das Überqueren von Schluchten mit Klettergurt eingehängt in ein Drahtseil. Diese Seilbahnen, wie es sie in überschaubaren Dimensionen auch in Hochseilgärten gibt, heißen auf Französisch *Tyroliennes*. Kombiniert wird Tyrotrekking oft mit der Begehung eines Klettersteiges, denn schließlich muss man erst hinauf, bevor man über eine Schlucht sausen kann.

Ein Klettersteig unterscheidet sich vom klassischen Klettern am Fels. Es geht nicht senkrecht an der Wand hinauf, sondern meist aufregend knapp am Berg entlang und über Leitern und Trittstufen nach oben. Gesichert ist man dabei in einem durchlaufenden Drahtseil. Deshalb heißen die Steige auch Via Ferrata – Eisenweg. Klettersteige, die sich gut für einen ersten Versuch eignen, findet man am See von Ospedale und im *Parc Asco Vallée Aventure*. Wagemutige können sich an der längeren Via Ferrata im Parc Aventure von *G Aventura* im Hinterland von Solenzara versuchen.

Canyoning: Grün oder blau schimmernde tiefe Gumpen mit Wasserfällen zwischen hohen Felsen – die Bilder korsischer Canyons sind so verlockend, dass sich das Canyoning auf der Insel zur Trendsportart entwickelt hat. Canyoning heißt: Durch Wasserfälle rutschen, von Felsen springen und durch den Fluss schwimmen, höhere Felsstufen werden mit Abseilen überwunden. Zur Ausrüstung, die vom Veranstalter gestellt wird, gehört außer Neoprenanzug und Helm auch ein Klettergurt. Einsteigertouren finden meist am Policellu, Zoico oder dem unteren Vecchio statt.

Balades aquatiques: Wasserwanderungen sind eine einfachere Version des Canyonings, die auch vorsichtigeren Menschen den Zugang zu tollen Schluchten ermöglichen. Es gibt nur kurze Rutschen durch Wasserfälle und kleine Sprünge. Schwierige Stellen können umgangen werden. Die unkomplizierte Wasserwanderung durch den Fango (Seite 217) können Sie ohne Begleitung wagen. Eine geführte Wasserwanderung hat Alpha Corse in Chisa nordwestlich von Solenzara im Programm. www.alpa-corse.com

Reiten: Reitställe gibt es in allen Regionen Korsikas. Außerhalb der Badesaison sind auch Ausritte am Strand möglich. Für einen einstündigen Ausritt müssen Sie mit etwa 35 € rechnen, Halbtagesritte kosten um die 85 €

Ein **Fahrrad** ist auf Korsika ein Sportgerät und nicht als normales Verkehrsmittel anzusehen. Fahrradwege existieren nicht, nicht einmal in den größeren Städten. Mountainbikes können Sie dagegen in vielen Orten leihen. Der E-Bike-Trend hat die Insel inzwischen auch erreicht. Seitdem haben Sie auf dem Bavella-Pass nicht nur vierrädrigen Gegenverkehr, die Strecke wird auch gerne mit dem E-Bike gefahren. Räder für diese Tour können Sie zum Beispiel in Porto-Vecchio leihen: www.corsicaebike.com

Wassersport und Bootstouren

Schnorcheln: Die Anschaffung von Schnorchel und Brille ist für Korsika schon beinahe Pflicht. Schon an den ersten Felsen am Rand der Sandbuchten treffen Sie auf Schwärme von kleinen Fischen. Ein echtes Schnorchelparadies sind die Îles Lavezzi (siehe Seite 113).

Tauchen: Die Tauchgründe rund um Korsika sind eine fischreiche bunte Unterwasserwelt. Lohnende Spots und Tauchschulen gibt es rund um die Insel. Besonders interessant sind die felsige Westküste und die wilde Südspitze mit der Meerenge von Bonifacio. Bei Calvi gehört das Wrack eines Bombers aus dem Zweiten Weltkrieg, der in moderater Wassertiefe vor der Zitadelle im Meer rostet, zu den begehrten Zielen. Im Süden sind die beinahe zahmen

riesigen Zackenbarsche und die vielen Inseln in der Meerenge, die größten Attraktionen beim Tauchen. In diesen Schulen wird Deutsch gesprochen:
- **L'Île Rousse, Beluga Diving:** PADI-Tauchschule und Tauchausflüge. Die fischreichen Riffe vor L'Île Rousse, Revellata und das Cap Corse sind die Spots der Tauchschule von Miriam Berz. www.beluga-diving.com
- **École de plongée internationale de Calvi:** PADI-Tauchschule im Hafen von Calvi. Fahrten nach Revellata und zum Wrack des Bombers vor Calvi. Kurse, Tauchfahrten und Materialverleih. www.epic-plongee.com
- **L'Hippocampe bei Porto Vecchio:** CMAS-Tauchschule mit Anfängerausbildung in deutscher Sprache. Viele interessante fischreiche Spots in unmittelbarer Nähe im Gebiet der Îles Cerbicales. Basis auf dem (FKK-)Camping La Chiappa, die Tauchschule ist jedoch öffentlich! www.hippocampe.de

Wind- und Kitesurfen: Die besten Surfspots Korsikas befinden sich an der Südspitze der Insel. Sehr gut geeignet für erste Versuche sind die Buchten von Figari, Chiappa, Piantarella und bei L'Île Rousse und Saint-Florent in der Balagne. Profispots findet man beim passenden Wind in Algajola (Balagne) und Santa Manza bei Bonifacio. Eine geschützte Bucht und deutschsprachige Kurse für Anfänger sowie Ausflüge zu den Îles Cerbicales für Geübte bietet die Surfschule La Chiappa in der FKK-Ferienanlage La Chiappa.

Ausflüge mit dem Boot werden an allen Häfen in den größeren Orten der Insel angeboten: von der Ein-Stunden-Tour bis zum Tagesausflug. Besonders beliebt sind Touren ins Naturschutzgebiet von Scandola und zum Golf von Girolata (von Calvi, Porto, Cargèse und Ajaccio). Aber auch die kleineren vorgelagerten Inseln werden angefahren. Oft ist auch ein Badestopp eingeplant.

Wer sich traut, kann auch auf eigene Faust die Küste erkunden. Kodiak-Schlauchboote (mit 6-PS-Motor), die ohne Führerschein gefahren werden dürfen, kann man in vielen Häfen mieten. Bei ruhiger See ist das ein ungefährliches Abenteuer. Für einen halben Tag muss man mit 65 bis 100 Euro rechnen. Benzin wird meist extra berechnet. Beim Mieten eines Bootes ist es üblich, dass man eine Kaution hinterlegen muss.

Wochenmärkte

Schafs- und Ziegenkäse, frisches Gemüse, Würste und Schinken erhalten Sie hier frisch vom Produzenten. Märkte sind auch eine gute Gelegenheit korsische Spezialitäten wie zum Beispiel Beignets au brocciu, Bastelles oder korsischen Nougat zu probieren, die hausgemacht auf den Markttischen warten.

Bastia: jeden Samstag und Sonntag Vormittag (Place de l'hôtel de ville)
Ajaccio: jeden Vormittag (Place Abbatucci)
Bonifacio: Freitag Vormittag, von April bis Oktober
Calvi: täglich in der Markthalle
Corte: Freitag Vormittag (Parking Tuffelli)
Ille Rousse: jeden Vormittag (Place Paoli)
Macinaggio: 1. und 3. Freitag im Monat, von Mai bis September
Porto-Vecchio: Sonntag vormittag (Place de l'hôtel de ville)
Patrimonio: Samstag vormittag (Maison des Vins)

Der WOMO® Online-Service

Nutzen Sie auch das Angebot unseres Online-Shops!
Unter **www.womo.de** finden Sie nicht nur sämtliche Reiseführer, sondern weitere wertvolle Anregungen und Zusatzinformationen – von der Gesamtübersicht aller Touren eines WOMO-Reiseführers bis zu weiterführendem Material. Dazu gehören:

- die **besten Autokarten**, die garantiert die komplette Reiseroute abdecken
- und die **passenden Rother-Wanderführer** mit den schönsten Wanderregionen Ihres Reiselandes.

Einfach sicher unterwegs.

Sichern Sie Ihr Wohnmobil ab: mit unserer **exklusiven**, universellen und **sofort sichtbaren** Einbruchssperre. Sie wird **ganz einfach** in die beiden Tür-Armlehnen eingehängt, zusammengeschoben und abgeschlossen.

Der WOMO® Knackerschreck

- Passend für Ducato, Peugeot, Renault Master, MB Sprinter bis 2018 und VW (alle Typen)
- Krallen aus **10 mm massivem**, einbrennlackiertem, also nahezu unverwüstlichem Stahl

Nur 64,90 €

und nur bei **www.womo.de**

Alle WOMO® Reiseführer auf einen Blick

Albanien, Ulrike und Frank Staub
Allgäu, Heiner Newe
Andalusien, Christina und Christian Winkler
Baden-Württemberg, Heiner Newe
Baltikum, Stefanie Holtkamp und Andrea Bergmann – Neu 2024
Bayern Der Nordosten, Heiner Newe
Bayern Der Südosten, Christina und Christian Winkler
Bayern Der Nordwesten, Heiner Newe
Belgien/Luxemburg, Ulrike und Frank Staub
Bretagne, Anette Scharla-Dey und Franz Peter Tschauner
Burgund, Ralf Gréus – Neu 2024
Dänemark, Anke Globi
Elsass, Ralf Gréus
England Der Süden, Christina und Christian Winkler – Neu 2024
England Der Norden, Christina und Christian Winkler
Finnland, Uwe und Annegret Rohland
Französische Alpen, Heiner Newe
Französischer Jura, Heiner Newe
Griechenland, Waltraud Roth-Schulz und Reinhard Schulz
Harz, Heiner Newe
Hessen Der Norden, Anette Scharla-Dey und Franz Peter Tschauner
Hessen Mitte und Süden, Anette Scharla-Dey und Franz Peter Tschauner
Hunsrück/Mosel/Eifel, Anette Scharla-Dey und Franz Peter Tschauner
Irland, Uwe und Annegret Rohland
Island, Jutta und Alexander Ramin
Katalonien, Ulrike und Frank Staub – Neu 2024
Korsika, Stefanie Holtkamp und Andrea Bergmann – Neu 2024
Kroatien und Montenegro, Anne und Michael Lindner – Neu 2024
Languedoc-Roussillon, Ralf Gréus – Neu 2024
Ligurien, Ralf Gréus
Lothringen, Friedrich Riehl
Lüneburger Heide, Heiner Newe
Marokko, Ulrike und Frank Staub
Mecklenburg-Vorpommern Teil 1, Stefanie Holtkamp und Andrea Bergmann
Mecklenburg-Vorpommern Teil 2, Stefanie Holtkamp und Andrea Bergmann
Münsterland, Regina Stockmann
Namibia, Ute Nast-Linke und Frank Linke
Neuseeland Nordinsel, Andrea Lossen und Dieter Giesen
Neuseeland Südinsel, Andrea Lossen und Dieter Giesen – Neu 2024
Niederlande, Friedrich Riehl
Normandie, Anette Scharla-Dey und Franz Peter Tschauner – Neu 2024
Norwegen Der Süden, Waltraud Roth-Schulz und Reinhard Schulz
Norwegen Der Norden, Waltraud Roth-Schulz und Reinhard Schulz
Österreich Der Osten, Christina und Christian Winkler
Österreich Der Westen, Christina und Christian Winkler
Ostfriesland, Heiner Newe

Weitere Infos unter **www.womo.de**

Pfalz, Ralf Gréus
Piemont und Aostatal, Ralf Gréus
Peloponnes, Waltraud Roth-Schulz und Reinhard Schulz
Polen Der Norden, Nicola Kluftinger
Portugal Der Norden, Stephanie Seufert Neu 2024
Portugal Der Süden, Stephanie Seufert Neu 2024
Provence Der Westen, Ralf Gréus
Provence Der Osten, Ralf Gréus
Pyrenäen, Stefanie Holtkamp und Andrea Bergmann
Rumänien, Christina und Christian Winkler
Sachsen, Anette Scharla-Dey und Franz Peter Tschauner
Sardinien, Waltraud Roth-Schulz und Reinhard Schulz
Schleswig-Holstein und Hamburg, Heiner Newe
Schottland, Anke Globi Neu 2024
Schwarzwald, Ralf Gréus
Schweden Der Norden, Uwe und Annegret Rohland
Schweden Der Süden, Anke Globi Neu 2024
Schweiz Der Osten, Stefanie Holtkamp und Andrea Bergmann
Schweiz Der Westen, Stefanie Holtkamp und Andrea Bergmann
Sizilien, Christina und Christian Winkler Neu 2024
Slowakei, Ulrike und Frank Staub
Slowenien, Silvia Sussmann und Peter Simm
Spanien Der Norden, Waltraud Roth-Schulz und Reinhard Schulz
Süditalien Der Osten, Waltraud Roth-Schulz und Reinhard Schulz
Süditalien Der Westen, Waltraud Roth-Schulz und Reinhard Schulz
Südafrika Krügernationalpark, Ute Nast-Linke und Frank Linke
Südwestfrankreich, Stefanie Holtkamp und Andrea Bergmann
Südtirol, Waltraud Roth-Schulz und Reinhard Schulz
Tal der Loire und Paris, Anette Scharla-Dey und Franz Peter Tschauner
Thüringen, Katja Eisenschmidt
Toskana und Elba, Ralf Gréus
Trentino und Gardasee, Angela Misslbeck Neu 2024
Umbrien und Marken, Ralf Gréus
Ungarn, Silvia Sussmann und Peter Simm
USA Südwesten mit Yellowstone, Regina Stockmann Neu 2024
Venetien und Friaul, Christina und Christian Winkler
Wales, Christina und Christian Winkler Neu 2024
Zentralspanien Der Osten, Ulrike und Frank Staub
Zentralspanien Der Westen, Ulrike und Frank Staub

Außerdem im Programm:
Die gordische Lüge – Reiseroman, Ralf Gréus
Allgemeines Wohnmobil Handbuch, Reinhard Schulz
Allgemeines Wohnmobil Kochbuch, Waltraud Roth-Schulz
Heitere Wohnmobil Geschichten, Silvia Sussmann und Peter Simm

Ihr WOMO® Stellplatz-Dienst

Wir führen Sie zu den **schönsten Orten**, die unsere erfahrenen Autoren **selbst besucht und getestet** haben. Die GPS-Daten ihrer Stell- und Campingplatz-Empfehlungen finden Sie im Online-Shop unter **www.womo.de**

Mehr erfahren. Mehr erleben.

womo.de ist der **Spezialist** für Ihren entspannten **Erlebnisurlaub auf vier Rädern**. Profitieren Sie für Ihre Reisevorbereitung und -planung von unserer **jahrzehntelangen Erfahrung**. Seit 2022 arbeiten wir daran, Bewährtes noch besser zu machen: Dazu gehört die **moderne Optik** unserer neu gestalteten und **neu aufgelegten** Reiseführer.

Selbstverständlich werden unsere WOMO-Reiseführer permanent auf einen **aktuellen inhaltlichen Stand** gebracht. Jeder einzelne bietet eine Fülle an Ideen, Inspiration und Information **für Ihren Erlebnisurlaub**.

Wenn Sie persönliche Anregungen oder **konkrete Fragen zu Ihrer Reiseplanung haben**, dann schreiben Sie uns gern unter: **verlag@womo.de**

Den kostenlosen Download-Link für die **GPS-Daten** zu diesem WOMO-Reiseführer finden Sie im Shop unter: **www.womo.de** Ihr Passwort lautet: **Ki5rto**

WOMO®
Der Wohnmobil-Verlag
An der Liethe 4
36452 Kaltennordheim
Telefon: 036946 20691
www.womo.de